U0054026

消費文化與現代性

Consumer Culture & Modernity

著者：Don Slater

譯者：林祐聖・葉欣怡

弘智文化事業有限公司

Don Slater

Consumer Culture
& Modernity

Chinese edition copyright © 2003
By Hurng-Chih Book Co., Ltd..
For sales in Worldwide.

ISBN 957-0453-86-9 （平裝）
Printed in Taiwan, Republic of China

目 錄

導 論

　　本書是對於消費文化領域的簡介。更精確地說，本書的焦點在於探討消費文化的理論，以及部分人們形成他們對於現代世界的消費與文化觀點有深遠影響的議題。本書的基本目標是提供說明，並且賦予這些理論與議題適當的意義，以作為更廣闊現代思想發展的一部分。本書並未放太多心力在「什麼是消費文化」這個問題上，而更關心某些社會經驗與困頓局勢如何出現：隨著消費社會的興起，需求與社會結構之間的關係，介於選擇自由與商業體系權力之間的關係，在後傳統主義中，自我與認同所處的情境，社會秩序的再生產，愛好與進步，社會地位與類屬的關係，以及個人命運與親密、私人和日常生活的關連。

　　這樣的討論架構歸根究底就是所謂的**現代性**(modernity)。這些議題與概念指涉的消費文化，與啓蒙以來普遍的智識文化所關心的，正是同樣的消費文化。然而，晚近與嶄新的論點卻強調消費文化既非某種社會經驗，也非關於經驗的議題：消費文化是貫穿現代性的結構問題，是現代西方思想特有與熱衷型態的再現。

　　這個介紹消費文化領域的方式，是對於這個「領域」知識性問題的回應：消費文化每隔幾十年便會產生顯著的改變；更嚴格地說，自十六世紀以來，消費文化每隔一個世代就經過重新設計、重新包裝與重新安排，成爲某種嶄新的學術或政治產品。而最近的重新安置—透過1980年代興起的後現代主義(postmodernism)與新自由主義(neo-libralism)—已經經由消費者革命而建立穩固的「新紀元」。其中尤以後現代主義，帶來許多驚人的洞察與建設性的破壞。然而，由於其獨特的思想脈絡，後現代主義傾向將消費文化界定爲對現代性的反動，如同後現代對於現代性的批判與破壞一般。這個領域的新成員，努力挖掘豐富的新材料來尋覓自己的方向，或許會在試圖將消費文化和後現代主義本身串連到更長遠的現代思想脈絡時，遭遇到莫大困難。

　　這樣的論點(與組織著作的方式)有其特定立場。這樣的立場假設後現代的思想與經驗只有透過較早的現代思想與經驗，才「具有意義」，後現代主義或後現代性都無法將其棄之不顧。因此，本書是以另一種特性爲基礎(我也不清楚該從何談起)：某種符合寬鬆定義下的「社會學」做法。消費文化或許並非一個研究領域(建立穩定並具有明確標誌的生產領域)，而更像是各種學科、方法論與政治交錯的複雜路徑。所有相關的基本問題都屬於「社會」的範疇。其中所產出的研究，都建立在消費文化的研究並非僅限於背景或文本，個人的選擇，或是對

於需求與欲望的感知的研究，而是針對發生於社會關係、結構、體系與制度中的選擇或感知的研究基礎之上。這是對有關個人與社會需求，以及社會資源組織之間，相互界定之社會條件的研究。

那麼我們如何才能讓消費文化與那些被含糊的容納在「社會」的事物建立關係呢？作為本書討論對象的幾個基本主題，已經在現代論述中，建立起消費文化與社會的關係。最重要的主題是「需求」的概念，它探討了私人生活與公共制度之間的關連。而思考兩者關連的方式，進一步地圍繞於三個核心議題發展：商品化與社會；文化生產；「道德」與認同。

普遍來說，成為一個消費者關乎明白本身的需求，並且滿足這些需求：選擇、購買、使用與享受──或是無法滿足。需求通常不被視為某種特別的社會概念。一方面，需求可以被當成中性與不言自明的存在(像是「基本需求」，食物、衣服與庇護所)；在另一方面，需求被視為是任意與主觀的──像是「需要」、「幻想」、「偏好」或「欲望」，而侷限於個人特質之中。這兩種研究取徑都忽略了需求所處的基本社會情境。我們必須先弄清楚一件事：需求並非僅僅因為「社會」對於「個人」的形塑，像是「社會影響」、「社會壓力」或是「社會化」的過程，而具備社會的意義。關鍵點在於另一個部分。當我提到「我需要某物」，我便至少作出兩個基本的社會陳述：第一，我說的是我「需要」某物*以便*維持特定型態的生活，

維持與他人的特定關係(例如某種家庭型態),成為特定類型的人,採取特定的行動以求達成特定的目標。需求的陳述所處的環境受限於人們將會、可以或是應當生存於社會之中的預設:需求不只是社會的,同時也是政治的,更涉及社會利益與計畫的論述。當需求被看成是除了中性與「完全的主觀性」以外,什麼都與需求無關時,這樣的關係就遭到某種程度的忽視(這些觀點特別引自 Kate Soper 1981,1990 的作品;同時參見 Doyal and Gough 1991)。

　　第二,提到「我(或是我們,我所屬的社會團體、我的社群、我的階級)需要某物」時,就是要求社會資源,就是要求權利資格。在這個層面上,需求同時是社會的,也是政治的:他們指出物質與符號資源、勞動、權力是否是透過當代的社會過程與制度,以維持人們期待的生活方式分配的問題。綜觀整個現代,主要的預設是社會的生產終究反映了社會的價值。不同的意識形態以不同的方式完成這些價值的建立:自由市場將個人視為主權權威的單位;保守主義則將傳統、歷史與文化奉若神明;馬克思主義則提出人類創造性權力的道德主張。而它們共同指出的是消費文化的位置,應該透過其維持所欲的生活,也就是滿足需求的能力來判斷。除此之外還包括另一個問題,這亦可能是消費文化研究的核心議題,意即資源分配的社會體系,是否能滿足由社會團體或社群自主界定的需求,更客觀地說來,這些體系(市場力量、

私人企業、媒體與文化機構、現代「知識」、科學與專業技術)是否有權力為人們界定他們的需求,或是減少某些人們得到資源的途徑(滿足他們的需求),不正當的限制他們界定與走向一個他們認為最良善生活的能力。

　　也因此,儘管數個世紀以來,認定消費文化已將社會生活貶抑為瑣碎唯物主義的論點廣為流傳,但我們卻可以肯定,沒有什麼是與消費文化完全無關的。除此之外,消費文化的重要性在於它是透過何種方式將一些核心議題串連起來,亦即消費文化將我們應當或期望如何生存的問題,與社會如何被組成的問題連結－且是在日常生活的層次上:我們生存之地所具備的物質與符號結構,以及我們如何生存;我們吃的食物與穿的衣服;我們遭受的空乏與不平等;我們在「自由時間」所做的活動;甚至包括我們更經常處於的不自由空間。即便(特別是?)最瑣碎的消費對象,也造就了我們意義生活的組織,以及將親密或世俗世界與重要的社會爭議領域連結起來。在每一個有助於建構私人生活的過程中,消費文化無可避免地的將親密世界與公眾、社會或鉅觀層面連在一塊,並且(如同許多批判一再指出的)允許它們在極大的範圍內侵入私人領域。消費文化大部分是世俗的,然而所謂的世俗之地,是我們生存與呼吸的地方,而且我們逐漸意識到公共的生活領域成為可資消費的美地,而公共領域卻遠非是一種可以直接參與的場域。因此,「消費文化」可說是為了尋覓日常生活靈魂的奮鬥故

事，是一場控制日常生活脈絡的戰爭。

　　我們至少可以從三個重要層面來討論這些社會爭議，而這三者其實是交織在一起的。首先，商品與服務的消費需要社會資源的動員，而這樣的動員始終都在生產組織、技術能力、勞動關係、財產與分配的特定社會安排下所運作。特定的配置，也就是生產關係與消費關係相互傳遞的方式，將消費放置於我們生活在一個什麼社會這個問題的核心：如何達到對於消費對象的管制；是什麼樣的邏輯決定一個日常生活世界擁有的商品情境；我們需求、認同與生活方式的概念是如何被界定、被辨識與被中介？在現代社會中，消費的對象大多是商品，有時甚至只是潛在性的商品，或只是在其生命循環的部分時期才具有商品特性者(Appadurai 1986)：它們協助日常生活運作的能力，姑且不論生活的範圍與品質，是透過金錢與市場關係所建構。除此之外，商品的消費讓日常生活暴露在經濟力量與代理人大規模與理性化的干預之下。這種消費的組成方式，所引出的重要問題便是日常生活的商品化，在某種程度上日常生活的靈魂深刻地受到由經濟驅力所左右的行動者或系統，以及財富市場導向的分配所造成的不平等與罪惡所中介。

　　其次，眾所週知的，所有的消費對象在指涉到廣泛的文化再生產領域時，都有其意義存在。最為私人的消費行動刺激了公眾與符號的社會系統，這不一定要具備公共展現的意義(像是「趕上他人」、「炫耀性消費」或是

「地位競爭」)，而是透過更基本的文化再生產過程所達成：在消費時，我們—永遠—不只是再生產我們的身體存在，同時也再生產(維持、發展、捍衛、爭辯、想像與拒絕)特定而有意義的生活方式。在俗世的消費中，我們在社會資源以外建構社會認同與關係，而成為一個微妙的社會行動者。隨著消費前所未有的成為建立我們公民權的主要途徑，對於物質、金融以及象徵力量與資源配置的鬥爭，便成為日常生活世界的文化再生產的中心議題。

最後，更為模糊的爭論領域是日常生活的角色與認同以及道德問題之間的關係：我們是什麼樣的社會行動者？許多我們的問題都和我們作為現代主體的形式有關，以及我們對於日常生活世界與公共領域之間關係的理解，我們的道德與社會價值，我們的隱私與支配我們生活的權力，我們到底是誰等等面向有關—許多這類問題，都與消費有關，而我們的社會地位也取得了新的代號，那就是「消費者」：我們將自己視為選擇、「自由」與自我管理、決定我們是誰、想要什麼，並且利用購買商品、服務與經驗將這些認同計畫付諸實現的個體。總而言之，消費文化是一個關於日常生活鬥爭的故事，部分是因為消費者文化與社會的「道德」、認同與自我所處的情境(用傅柯的說法)領域有關。

在最普遍的看法中，這些爭辯領域都不是新鮮的產物。儘管商品化一向是西方現代性以外的邊緣化特點，

消費卻始終依賴著社會配置,也就是我們現今所說的「經濟」,來管理物質資源。消費的對象永遠具有文化上的意義,對於社會認同的文化再生產有著極為密切的關係。有關於範圍、情境與消費的社會秩序的道德問題,普遍被視為公正的社會賽局,以及對於自我的道德與宗教規範。總而言之,消費的社會情境與一個許多社會理論家從未提及的普遍預設有著密不可分的關係。

然而,本書將不會廣泛的關照這些問題。我們將之統稱為消費文化,圍繞著日常生活的特定衝突,透過當代社會日常生活的物質基礎、文化形式以及道德地位的特定配置,是經過建構與遭受抗爭的──這些配置是西方現代性與眾不同的「成就」,起源於十八世紀的認知形式,並且因為現代性的全球化角色,而對於世界歷史具有一定的重要性。這是人們思考相關經驗的方式,也形成本書的主體。因此,第一章就指出一個消費文化所具備的普遍角色,也就是作為現代性長期以來的一環,包括一連串的特性,透過這些特性,我們得以辨識出現代的現象。

第二章則關乎*消費者*與消費者主權:我們將會自啟蒙以來,到自由主義政治與當代「企業家文化」的經濟概念,檢視消費者的概念,與核心的現代價值,包括理性、自由以及社會進步之間的關係。第三章的焦點則是在文化:對於許多針對現代性的現代批判來說,「消費文化」是一個極為矛盾的語彙。因為消費文化代表著透過

工業與資本主義關係，將穩定的傳統社會秩序加以毀壞，這同時也貶抑了真實的文化，並破壞了對於社會凝聚力不可或缺的社會價值，更造成人們社會認同的混亂、流動，以及無窮的困擾。第四章則討論異化與疏離(alienation)的問題：消費文化經常被體驗為事物(things)的爆炸性生產，並以富裕和繁榮允諾將帶給人們滿足感，但最後看來只造就了貧窮、厭倦與疏離感。第五章則關於所有與消費相關事物的意義，以及事物的角色與它們在社會實踐中的意義。意義的問題引發許多其他關於需求與對象、環境與文化以及意義與社會實踐之間關係的問題，且大部分透過符號的討論被呈顯。這些將在第六章進一步被提及，並根據長期以來社會理論對於理解商品的意義角色是如何進入文化認同、成員身分、地位與意識形態的文化再生產之中的企圖來加以說明。最後，第七章則探討在當代的消費文化中，必須立即處理的課題，在過去幾十年來，經濟與文化關係已有了劃時代的改變，讓消費與文化成為社會生活的核心，改變了消費文化在社會在生產中所扮演的角色與運作的方式，並且讓我們從現代進入「新紀元」：一個後現代、後福特主義或是「去組織」(disorganized)的資本主義嶄新時期。

謝　詞

就像許多人的頭一胎，本書經過長時期的醞釀，更歷經長期的延宕，撰寫所花的時間既長且累人。我要感謝 Catherine Bradley 在前幾年所給予我的支持，以及兩位協助我校定全書用語的同事：Helen Thomas，在撰寫開始前數年的幫忙，以及 Chris Jenks，他是本書的助產士，不住叮嚀我時間到了，並且催生本書的完成。我對於 Jo Entwistle 在各個階段的協助表示由衷的感謝：她協助概念的釐清，在本書的撰寫與完成郵寄的過程中提供支持。如同所有的生產，這個孩子已經出生，而他如果有任何缺陷，都與他們無關，而都是遺傳我的緣故。

謹將本書獻給我兩個可愛的孩子，Daneil 與 Ben。

第一章

消費文化與現代性

　　無論何時何地，消費都是一種文化過程，然而「消費文化」，作爲一種消費行爲的文化，卻具有獨特而分殊化的特質：它是西方在現代性歷程中，所發展出的主要文化再製（又譯再生產）模式。消費文化的觀點之所以被視爲重要，是因爲它幾乎就等同於現代的西方文化—想當然爾是現代世界日常生活中饒富意義的實踐核心；而且更經常的與定義西方現代性的核心價値、實作與制度緊繫在一塊，例如選擇權，個人主義和市場關係。倘若我們要爲消費文化的屬性，做出單一的定義，其說法可能是：消費文化意味著某種社會安排，在此間「生活文化」(lived culture)和社會資源間的關係，與有意義的生活方式和他們所倚賴的象徵性與物質性資源間的關係，都必須透過市場機制加以中介。消費文化標示出一個社會系統，在這當中消費由商品的消費所主宰，且在此系統中，文化複製泰半被認爲是個人在日常生活的私領

域中，依靠自由意志的選擇所完成。

消費文化並非過去三百多年來，唯一被運作的文化複製模式，當然現在也不是。就像我們思及生產模式時一般，我們可以區辦出殘餘或突然乍現，和離經叛道或稀奇古怪的文化複製模式。以紐約人為例，他們在十九世紀尾聲時，開始在曼哈頓的住宅區內飼養小動物作為家庭玩賞之用 (Baverman 1974：274)。直至今日，我們仍然會由商品交換中區分出禮物的餽贈；我們也可能認為某些文化優點(例如，友誼，個性)無法由金錢換取；我們甚至可能自己親手製造某些生活用品，而非花錢購買。同樣地，福利國家原始構想中所體現的不過是迎合需求的一種另類模式，而且視集體糧食的供給優於私有商品的消費。換言之，消費文化並非唯一實現消耗與日常生活再製的方式；但卻必然是主要的方式，並具備觀點的實際性與深邃的意識型態，使得消費文化在很大的範圍內，能夠將其餘模式加以組織與容納。

消費文化也不純粹就是西方的活動。消費文化約莫於十八世紀始興起於西方，是西方用來宣稱本身的現代化、進步性、自由與理性化，與世界其他地方截然不同的一角。但是消費文化的概念中，卻包含著主導與貶抑的預設，西方人認為自己擁有高度文明，註定富裕，且所抱持的價值觀也必然具備普遍性。消費文化一向是卓越的西方商業，西方市場與西式生活方式的標竿。作為西方現代性普同化推展的觀點，消費文化不但偽裝為全

球化的樣貌，並不斷朝向全球化發展。

　　最後，將消費文化以**現代**西方一詞界定也顯得突兀：畢竟這種文化複製模式是由十八世紀一直綿延至現代。對許多人而言，消費文化似乎直到**後現代**時期才發展完全。然而，就整體而言，消費文化卻與現代性密不可分的糾纏一氣。這句話代表著兩個意義。其一，消費文化的核心制度，基礎建設與實踐活動萌生於現代早期，至今某些部分更得到長足的發展(至少對某些社會階層和某些經濟部門而言)。消費文化並非晚期工業化現代性與文化現代性的後果，也並非某種尾隨著現代知識份子與工業勞動力之後的實現物。它反而比較像是造就現代世界的部份力量。其次，消費文化與現代性、現代經驗與現代社會主體的**概念**綁縛在一起。「現代」其本身圍繞著某種對於世界感知的範圍加以構成，在此世界內社會行動者被視為擁有個人的自由與理性，不再透過傳統來加以管理，而是經由不斷轉移的權力核心，且此世界的構成是經由理性的組織與科學的理解，隨後，消費的屬性和消費主義的經驗便同時開啟了新世界，並且融入它的創造物之內。

回　顧

　　透過這種長期的觀點看待消費文化時，將和某些我們習以爲常的消費文化常識觀點有所矛盾。實際上，消費文化棲息於一個詭異的時間架構：一方面，消費的現代模式—就像大部分經濟學理論中出沒的市場現代模式般—通常被視爲具備著普遍和永恆的特質；另一方面，日復一日所體驗到的消費文化，卻又彷彿居住於一個永無止盡的創新真空紀元中。消費文化透過所接觸事物彰顯的嶄新，流行，時髦或時尚性，以及不斷地翻新與改善等諸特質，不斷的進行自我創造。爲求與它所提供的時尚經驗一致，消費文化的概念總是持續預示著創新的來臨：即使左派與右派的評論家都指出，我們已經立足於一個失去價值且冷酷無情的富裕之島，資本主義的哥倫布市市民仍在每個世代重新發覺充滿自由的樂土。

　　下面的章節中，我希望能夠透過講述過去消費文化的歷史，打破永恆創新的觀念。這將有助於我們追溯每個「新時代」的前身，並對於消費文化如何與「現代性整體」交織在一起有更清晰的理解。

　　消費主義是在一九八〇年代，最爲強烈的被重新發現。消費者成爲當時的英雄人物，他們所扮演的角色不

僅是提供購買力，以挹注經濟成長的供應者(當然這也佔有核心位置，同時還透過異常快速的信用擴張、帳面赤字與減低所得稅等加以鼓勵)，消費者所代表的其實是現代國民與公民的典範。作爲新自由主義—尤其是雷根經濟學(Reaganomics)和柴契爾政策(Thatcherism)的例子，消費者的選擇性成爲所有社會關係的必然模式，以及公民動態主義與自由性施展的舞台。在激進的個人主義面前，集體與社會供給紛紛讓步(如同柴契爾所下的註解：「除了個人與其家庭，沒有其他與社會相同的事物了」)。這兒所謂的個人充滿著事業心—汲汲營營且毫不害臊地自私自利—這些特質在《華爾街》片中的雅痞和傑可(Gekko)一角身上可見一斑。一九八〇年代也宣示著生產透過行銷的形式從屬於消費之下：設計，零售，廣告和生產的概念已經成爲主流，更反映在後現代理論中的符號勝利，以及日常生活的美學化之中。許多針對資本主義生產以及他們與國家關係的重組(後福特主義，去組織化的資本主義，彈性積累)所做的公開討論，都認爲福特式的大眾消費—消費文化的先驅—已經不再興盛，或者認爲這種大眾消費催生了更新、更真實之瞄準特定對象的消費文化與利基行銷(niche marketing)，在這種類型中原本被冶煉在一塊兒的個人認同，將堅決地、使人愉悅地從工作與政治的世界中解放出來，轉而在一個多元，充滿可塑性，與玩笑式的世界中實踐消費者之認同感，此過程透過對於圖像，風格，慾望與符號的把玩加以統

治。消費文化如今不過就是「和那些愛炫耀的傢伙保持不同」罷了。

新自由主義和後現代主義都宣稱，並看來贊同以消費者主權來扼殺重要的理性：除卻那些個人在市場中傳遞的偏好外，標準化的價值都被嘲弄為菁英論，保守性或僅僅是毫無根據的論調。一九八〇年代的消費主義意識型態，於是一方面強調激進的個人主義和利己主義，另一方面本身則擱淺於符號與意義的程式之內(並非需求與渴望)：這種消費文化是無可救藥的膚淺，且無可救藥的重視外表。物質主義無所謂好或壞—它是這裡僅存的。當這種情況普遍化後，就像威廉斯(Raymond Williams，1980：185)所言，我們最後根本不會成為「赤裸裸的唯物主義」：核心社會認同與生理需求所造就的心神不寧，讓消費主義轉變為純然的符號嬉戲。一九八〇年代消費文化所導致的意識型態奇蹟，便是要將搖擺不定的淺薄形象，和現代最為深厚與牢固的結構價值及希望連結在一起：個人自由，經濟成長，公民能動性與政治民主。經過新自由的復活以及馬克思主義美夢的破碎(同時在西方和東方)，消費文化儼然成為市場機制中自由特權的展現，也因此同時成為經濟成長與個體自由的保證人。

諷刺的是，一九八〇年代消費文化，無論是新自由，後現代或者是批判性的位置，大多將本身視為抗拒一九五〇年代與一九六〇年代的回應，例如對於後冷戰共

識破滅的評論(包括正反雙方的觀點)。但是這樣的共識是在特定時代中自然而然的展現出來,象徵著應允極端控制消費者的產業世界的來臨。這個時期的重要背景是經濟管理主義的壓倒性勝利,從凱因斯經濟學到福利國家主義,克服了經濟大恐慌時期所表現出傾向批判資本主義的情況。「組織資本主義」(organized capitalism,Lash and Urry:1987)的興起與逐漸擴張的繁榮,讓消費文化被視爲富裕的動力來源,一個管理經濟與維持政治穩定,並且爲整個體系的成員帶來利益的重要工具,因而被置於核心的位置。管理集體主義與消費者個人主義的完美結合,或說這樣的混成經濟,正是一九八〇年代新自由主義所厭惡的立場,我們可以經由管制的概念,並且將社會提供的福利以及基礎建設,與私人企業分離。然而,在這段日子中,則出現「你從來沒過得這麼好」的口號。這段經濟奇蹟的時期,讓我們直接經驗到消費水準的提升。事實上,在一九七〇年代的氛圍中,消費文化的批判對於一個系統性穩定與滿足個人的世界如何可能的問題,只有零星的說明,於是被其他的知識份子,以及他們以往的革命夥伴視爲徹底失敗。

實際上,對於後冷戰時期的消費者,與消費浪潮(consumer boom)的想像可說是分裂的。一方面,消費文化,特別是一九五〇年代,象徵著一種新服從,或說「組織人」(organization man)、「受支配的自我陶醉者」,以及一個透過奴隸般大量消費標準化與大批生產的產品

，像是大型建築 (Levittown)與美國車，所形成的大眾文化麻醉劑，或是與自己地位相仿的人們一樣，成為沙發上馬鈴薯的時代(Mills 1951；Riesman 1961；Whyte 1957)。消費者是「富裕的工人」(Goldthorpe and Lockwood 1968-9)，在長期工作無虞的框架下，穩定的建立國內資本。家庭日復一日的穩定消費，正是凱因斯國家的避風港，它們的結構就像是一張桌子，旁邊圍繞著名為組織政府、組織企業與組織勞工的椅子。福特主義(Fordism)的主張，提供一個未被實現的願景，讓日常生活成為企業或是強調地位取向與服從，以及大量與反個人主義消費規範的殖民地。繁榮與物質生活則意味著跟上與自己地位相仿人們的能力。

　　另一方面，所謂「富裕社會」(Galbraith 1969)意指新社會團體中，情緒激動與快樂主義的消費模式，他們的消費對於團體之間的區分至為重要：青少年、巴特林(Butlins)工人階級以及偏遠家庭等等團體的興起。富裕社會就是消費的社會，經濟上的繁榮帶來永無止境與違反道德的慾望，這是與工作道德有關的價值危機，一個值得尊重的消費(家庭所需的消費，經由國內資本的積累，擴大資產階級的財富)與快樂主義、反道德以及無關家庭的消費之間的分歧點(Bell：1979)。從馬克思主義的角度來看，這段時期也證實了長久以來對於消費文化的分析結果，消費不過是某種社會與政治管理主義的型式，透過與大眾有關的糧食政策或雜要，來確保人們在政治

上的百依百順。

　　如果我們把時間拉到後冷戰時期，消費文化反映了福特主義的大量生產，與凱因斯的經濟管理主義的發展達到高峰，兩者帶來了穩定的繁榮，但同時也灑下毀滅的種子：順從或快樂主義導致道德的淪喪，集體管制的盛行造成社會與經濟的解構，以及其他諸如此類的現象。但是，後冷戰時期的消費主義代表著過去尚待開展社會基礎與配置的擴張。一九二〇年代可說是宣告富裕意識形態普及化的開端。首先，在這個年代中，日常消費與現代化開始有了強韌的連結。從一九二〇年代開始，世界之所以被現代化，有一部分就是*透過*消費；消費文化本身就被日常生活－可以也應該是*現代*的概念所主宰，且在很大的程度上，截至目前仍是如此。舉例來說，伊文 (Ewen，1976)與馬錢德(Marchand，1986)便指出當時廣告與行銷的急速成長，其中的意涵不只是在販賣消費物品，也意味著消費主義本身就是一條通往現代性的光明坦途：消費主義鼓勵民眾現代化他們本身，現代化他們的住所，現代化他們的交通工具。當時對應此種傾向的產物是日常生活的機械化，從人們的房子開始，接著延伸到他們的電器設備；然後是洗衣機、吸塵器、電冰箱、電話等耐久性產品；最後是符合現代移動風格的汽車，引領人們進入未來與爵士樂的時代。這是一個不動產、存款與汽車的時代；現代設備透過現代的方法，被放入一個現代的家庭中。一九二〇年代可說是建立現

代性王國的開端，**現代性影響所有的人們**，我們正處於或正準備進入這個國度，沒有人能置身事外：在中產階級的消費行為中，我們已經可以看到超越現代的未來，而這樣的變化正在發生。

　　一九二〇年代(以及之前的二十年，特別是美國)與戰後時期展現出相仿的道德撕裂情況：一方面，路易士(Sinclair Lewis)在《巴比特》(Babbitt，譯按：指那些自我陶醉的庸俗實業家）一書中，展現了消費主義、熱情、買賣與產品的歷程，如何成為原本缺乏服從性大眾的例行公事 (特別是在數量越來越多的私密化與郊區化的核心家庭之中)；輕浮的女孩、電影、汽車與各種禁令則代表另一個面向：一個放蕩的、專為年輕人設計的、以享樂為主的狂歡爵士時代、好萊塢與哈林區的夜晚。如同之前提及的，消費主義再一次的展現其雙重面向：一方面是維持社會秩序與滿足私人的工具，另一方面則意味著社會放縱與文化破壞。

　　一九二〇年代可說是第一個消費主義的時代，但是從更嚴謹的角度來說，一九二〇年代不過是長期革命以來的產物，一般將這段時期界定為一八八〇年代至一九三〇年。在這段時期中，我們看見製造業大量生產的體系，開始被大規模地使用在消費產品的生產上(而非笨重的資本性產品，例如鋼鐵、機械與化學製品，這些都是十九世紀後期的主要產品)。消費文化之所以在這個時期誕生，是因為符合我們所強調的幾個相互關聯的發展：

大量生產的製造業；市場在地域與社會上的廣佈；生產組織模式的理性化(相關例子請見，Aglietta，1979；Boorstin，1973；Fraser，1981；Pope，1983)。

毫無爭議的是，所有形成消費文化的元素都在這個時期進入成熟階段，而更重要的是，現代規範(norm)也在本時期浮現，人們開始關切如何生產與銷售消費產品，並且讓這些產品深入日常生活內。下面的敘述即便不是世界皆同的，也是極為普遍的現象：產品被標準化的生產，可替換的部門讓這些產品可以用很便宜的開支，透過密集、理性控制以及逐漸增加的自動化分工而大量生產。追根究底，這是由泰勒化工人所操作的流動生產線，也就是所謂的福特模式。這些產品透過廣佈各區域與社會的市場販售，包括地區級、國家級與全球級的市場，而這些市場，則是透過新的交通與通訊設施(像是鐵路、信件、電報與電話)，將區域性市場串連起來而形成；經由大城市的集中市場；經由有能力在此一規模上，進行規劃與統合的多重分工企業發展；透過由行銷(marketing)所整合的市場，包括標籤與包裝、國家的銷售力、廣告，以及材料販售與工業設計等新技巧—所有的一切都是為了讓分布於各地區與社會的市場產品，其特性能有所統一。這一切還伴隨著零售結構的大規模開展(所謂的零售結構不只是商店，還包括連鎖商店、郵購，以及往下一路到零售業的垂直整合)。這些大規模廉價生產的標準化產品，妥善的透過有史以來最大的市場體

系加以販賣，對象是那些逐漸被視為消費者的人群：他們不被以消費的階級或性別看待，而被視為屬於某個階級與性別的消費者。

　　然而，如果這個時代之所以被視為消費文化的真正誕生期，只是因為我們將消費文化界定為大量生產與大規模參與消費。那麼我們根本無須這麼作。我們可以藉由平常心看待大量消費的時代，將其視為承續過往價值與目標體系的發展，並且視為業已在我們所定義的階級中散播開來的文化。除此之外，我們可以對於相關的批判進行考察，而無須等到福特主義大量生產，並且對於消費文化展開全方位的攻擊與大規模的理論化時，才開始進行此項工作(Miller，1981；Williams，1982)。早在十九世紀早期，消費文化便作為一個社會批判的問題，一種大眾的意識形態，和一種布爾喬亞的真實而存在著。

　　因此，我們似乎接著必須檢視從一八五〇到一八七〇年代，繁盛的維多利亞時期。藉由現代化工業和都市模式成為建立完善的概念，如果還不能稱為事實，以及一八四〇年代經濟與政治難關的克服，都使得一八五一年在水晶宮(Crystal Palace)所舉辦的倫敦博覽會，讓人們對新時代重拾信心。威廉斯(Rosalind Williams)指出，這是國際上首次針對現代科學與科技的發展所舉辦的慶典，而在一八八九年的巴黎博覽會中，所有參展的物品都開始貼上價格的標籤。現代性被轉換成商品，現代性所

帶來的經驗與興奮被轉化成對美好未來的保證，從對於自然的控制到家庭的消費品，知識變成狂喜的消費，商品變成現代性的目標：所有的一切都醞釀著迎接大規模消費的大量生產的到來(Richard，1991)。

在這個時期中，消費文化朝向兩個矛盾，但卻相互關聯的方向發展。一方面，消費文化似乎源於奇蹟般的大量生產，來自都市經驗的衰弱與過度刺激的世界，波德萊爾(Boudelaire)「放蕩子」（flanur）的概念，便有力的捕捉到此一發展：在現代性中，整個世界充斥著消費經驗。而所有的一切也隨之起舞：購物、長廊型商場、百貨公司、國際展覽、博物館，以及新式娛樂。城市、百貨公司，特別是國際博覽會，承載著強而有力的集體意義，可說是科學的文明化以及偉大國家的象徵。世界充斥著消費經驗，與透過摩登時代傳遞進入現代嘉年華會的物品的象徵物，而消費者就像是為了一睹現代性的壯麗與其經驗而前來的付費觀眾(Slater，1995)。

另一方面，相對於商品化的大眾文化，由於此時期的消費主義與私人以及布爾喬亞式家庭的誕生密切相關，也提高了消費主義的社會地位。消費文化之所以變得重要，是因為消費讓上流生活(意味著奢侈、墮落與膚淺的理由)與勞工階級(意指無秩序、酗酒與運動暴亂)揉和在一起。本時期有關消費文化主要的論辯不只在於產品，同時也涉及**時間**的消費：在關於閒暇的討論中(特別見Cross，1993；Cunningham，1980)，關鍵的問題在於如

何維持工作時間以外的公眾秩序。例如，如何讓(男性)
工人的休閒活動不再只是喝酒、玩樂或是在公共場所尋
芳問柳。除了這些發生在公共場域的問題以外，他們剛
剛得到的私領域也引發恐懼，包括對衛生問題與道德淪
喪的擔憂，以及對於發生暴動以及信仰不堅的憂慮。除
了傳授新消費規範，強調健全家庭，為家庭添加大量的
私人消費，並且由布爾喬亞特質、醫療科學以及有關罪
惡與犯行的道德論述，所謂維多利亞時代的慈善作為與
改革到底還留下些什麼(Rose，1992a；1992b)？總而言
之，十九世紀中葉的消費文化，顯現出一連串組織與馴
化鬥爭的起點，但是就在同一時間，儘管尚未成為消費
的領域，但是社會空間與時間已經充分的體現了現代性
。

　　在結束之前，我們必須再討論一個問題：布爾喬亞
的特性，與其源自浪漫主義(romanticism)的對手。我們
在第三章內會看到，浪漫主義與文化概念的誕生，承續
從一七五○年代的盧梭，到十九世紀中葉的革命與國家
浪漫主義，絕大部分可視為對工業、商業與消費社會的
反動。因此，浪漫主義可說是持續批判消費文化的重要
來源，並將消費文化視為缺乏共同價值與信仰之唯物現
代性的一部分。然而，弔詭的是，浪漫主義也從許多消
費文化的基調，包括那些我們認為是最具現代性，甚至
是進入後現代的部分獲益良多。受到物質與金錢化社會
的影響，浪漫主義推展實存個人的概念，個人的存在來

自於「自然的」、情緒的、不理性的、感官的與具備想像
力的自我。除此之外,浪漫主義將美學與創造力當作個
人存在的來源:而日常生活(至少那些藝術家或天才的日
常生活是如此)就是實現自我的過程。個人風格,包括優
點、行動與經驗,都不再只是全然的社會表演(請見
Sennett,1997,他主張這是十八世紀的情況),而關係到
個人的真實存在。而認定消費行為對於自我存在具有重
要影響的論點(相對於僅僅只為滿足肉體的需要與達成
向上流動的說法),可說是這些早期發展未曾預期到的結
果,那些「真實價值」也早已納入現代的消費產品之中
:自然、情感滿足、道德與民族文化的價值、對於天真
孩童的想像、真正的女性與快樂的家庭。透過浪漫主義
,消費文化變得更狂野嬉鬧,並且更為重要(Berman,1970
;Campbell,1989;Sennett ,1977;Trilling,1972)。

商業革命

我們倒敘式的討論,現在將引領讀者進入現代早期
。從本時期開始,消費可以用現代的方式加以理解,而
現代的消費方式也在此時浮現。在本時期,我們也可以
清楚的看到消費文化與現代性宿命般的交織在一起。

然而,有關兩者關係的研究卻存在著重要的歷史障
礙,這是一種偏見,通常稱之為「生產的謬誤」,用工業
革命看待現代性與資本主義之間的關係,把生產視為現

代化的引擎與重要元素。在最爲強調進步的觀點中,現代性從迷信、權威與傳統的枷鎖中,釋放了如普羅米修斯般的生產力:不管是科學與科技、理性與技術性的勞動分工與工業組織、自由勞力市場、以契約取代歸屬地位,或是都市的人口增加,全都在創新、才智、發明與能源的戰場中結合在一起。工業機械—學徒學習蒸氣引擎、紡織機與阿克萊特(Arkwright)織布機的禱文—則成爲現代化奇景的縮影。

經由這樣的推論,我們得到的結論是,消費文化在時序上是尾隨在工業化之後。

也就是說,工作先於玩樂。除此之外,文化也因而經常被視爲經濟的殘餘物:意思是說,惟有等到某種程度的物質條件能被滿足,否則消費將被侷限在基本或與文化無關的需求;只有在超越某個程度之上時,社會才能在所需的產品之中,維持標誌著消費文化意義的「文化」選擇。在經濟史中,二十世紀之初現代化的興起,同時也被視爲是由新教工作倫理所帶來的果實,並使得存款、投資以及儲蓄已有一定規模社會的反映。十九世紀的布爾喬亞階級,以及二十世紀的蘇聯精英,都以強制社會儲蓄與投資的作法,延緩消費者滿足的時期,以及爲全國家庭制定儲蓄計畫的時期等用語來看待現代化。除此之外,他們還快速的指出許多事實來論證這樣的觀點。能量被用於產出產品的手段—機械、材料,以及基礎建設,例如船隻與鐵路—以及部分基本產品,像是

衣服，後者更涉及到大型的銷售市場。蘇聯的現代化政策最清楚的說明此一情形：強制積累生產性資源，與減少消費性生產，並且力求經過幾個五年計畫，就能達到西歐花上一個世紀工業化所成就的政策。

「生產的謬誤」受到來自逐漸茁壯的歷史修正主義的挑戰，後者主張消費者革命早於工業革命，或至少是西方現代化的重要與早期要素(基礎的文獻與評論包括，Agnew，1986；Appleby，1978；Braudel，1981；Brewer and Porter，1993；Bronner，1989；Campbell，1989；Fine and Leopold，1990；McCracken，1990；McKendrick et al.，1983；Mukerji，1983；Perkin ，1986；Porter，1982；Rule，1992；Sekora，1977；Shammas，1990；Thirsk，1978；Weatherill，1988；Xenos，1989)。這樣的論點最早可追溯到十六世紀，在十六世紀，我們首度可以區分出一個新的「產品世界」(日常生活的消費產品普遍的滲透許多社會階級的生活)；其次，「消費文化」的發展與延伸，在某種程度上可視為消費的關鍵要素，即流行與品味；第三，基礎建設、組織與實作的發展，其目標都鎖定於新型態的市場(購物、廣告與行銷的興起)。

修正主義的論證，首先將當代凱因斯學派的問題拉回到十八世紀。為什麼工業化只需要依循資本主義的基礎便得以完成，而無需事先存在有助於其生產之適當而有效的需要？工業化的生產者要將產品販賣給誰？為什麼生產者沒有破產，反而成為許多理性與科學發明的運

用者，並且建立理性組織但是安靜無聲的工廠？更多經濟面向的爭論，只是簡單地說明人類早已有想要更多產品的慾望(指出人類的需求未被滿足)。因此，歷史學家嘗試為滿足欲望的經濟來源從何而來提出解答：緊接著所引發的學術爭論，圍繞著家庭或海外需求的孰輕孰重，因此涉及家庭市場與國外貿易何者較為重要，也圍繞著人口變項變化的重要性，例如人口的增加以及倫敦扮演消費中心的角色。同時也提及薪資結構的變化與分化的薪資比率(相關的討論請見 Coat，1958；Eversley，1967；Gilboy，1967；McKendrick，1974 et al.，1983；Rosenberg，1968；Vichert，1971；Wiles，1968；Wrigley，1967)。

儘管這樣的論辯或許能夠解決一部分的問題，但是仍存在一個更優先的問題未被處理(仍是凱因斯學派的問題)，那就是：消費的偏好從何而來？就算擁有更多的資源，為什麼人們會選擇花掉他們，而非用作其他用途？簡化的預設存在著對於更多商品的永恆需求，其實就是，在毫無證據或解釋的情況下，預設了現代消費文化的核心特質早已妥善建立。舉例來說，許多證據顯示，包括許多不同的人口部門，以及至今許多不同的時期，創造資本主義的行動與其內部的主要目標，便是誘使人們切勿停止工作，也無法在需求獲得滿足的情況下，擺脫不必要的商品消費，去好好地享受他們的休閒時間，而是希望他們有更多的慾望，好讓他們必須持續工作以

便購買更多的商品(相關例子,請見 Campell,1989;Cross,1993;Sahlins,1974：1-40;同時請參閱 Cunningham,1980;Rojek,1985 有關十九世紀休閒生活的創生)。「欲求不滿」的概念與實踐並非只是一個歷史現象,同時也是社會與政治赤裸裸的戰場(請見第三章)。市場的建立與維持,不只需要藉由細膩的經濟計算加以平衡,也必須倚靠無法預期的社會文化轉變。除此之外,相較於錯誤的將消費文化視為勞工長期的無法獲得滿足,我們認為這個最根本的論點是被給定與未被解釋的立場,不只是過去資本主義的發展讓我們有此判斷,同時也顯示這個要件在某種程度上是自然存在與永恆無盡的。因此,問題的真正核心是:消費的概念與實踐是如何轉變以及被重新評價的?若要得到這個問題的答案,便不只要解釋消費文化,同時也要說明工業現代化本身的崛起。

有關十九世紀消費革命的證據,可說極為豐富。首先,新的歷史文件提供許多有關現代早期「商品世界」(world of goods)擴張版圖的新證據。當時的人們(例如狄福,Defoe)便對此提出豐富的評論。更有甚者,我們習慣將此時期財富的突然成長,歸因於地理大發現與殖民地開發所帶來的商品,像是咖啡、茶葉、菸草、進口的衣服與染料、新食物(馬鈴薯與蕃茄)與水果等等。在成為本身生產商品的消費者之前,西方可說是經由掠奪而來商品的主要消費者(Mukerji,1983;同時參閱 Mintz,1985)。對於遺囑(例如 Shamman,1990、1993;Weatherill

，1988、1993)、店家與小販的庫存、商品小冊以及日記的分析(例如 Mui and Mui，1989；Spufford，1981；Spufford，1984；Willan，1970；以及 Brewer and Porter，1993年的文章)，顯示家庭與商店當中，出現全新的物品類型(例如窗簾與鏡子)；出現更多類型的傳統物品(像是桌椅)；老式的物品也改用更新更多樣的材料，物品的品質與價格更是越來越複雜與分化(例如中國的瓷器、衣服)；新物品也隨著新商品問世(例如杯子因為新型沖泡飲料、咖啡、巧克力與茶的出現，而被引進家庭中)。這種「商品世界」的範圍是既廣且深：雖然我們很難在一六九〇年代的康瓦耳(Cornish)錫礦坑，或坎博蘭(Cumberland)山脈找到「富裕工人」或農民，但是我們知道來自英國或由英國製成相對便宜的商品，種類可說是包羅萬象。我們還可以指出永久住屋的建造(Hoskins 1963)，零售與交通建設(Spufford，1984；Willan，1976)、服飾市場以及其他都鐸(Tudor)晚期的發展加以佐證。最終，那些最願意冒險探索新「商品世界」的先驅者，都是有錢有閒的企業家：他們發起運動、戲劇與娛樂、集會、球類與化妝舞會、悠閒與讓人心曠神怡的花園，以及類似的商業活動，這些活動必須購票或捐款才允許進入。除此之外，休閒的商品化從盛會一直延伸到物品：像是兒童玩具、小說以及針對女性所出版的音樂，全都是以商品為基礎的活動(例子請見 Castle，1986；Plumb，1983)。

其次，修正主義對於消費革命的解釋，則指向在這個消費群眾擴大的階段中，流行體系的出現與其社會擴張的情形。快速轉換的時尚體系，對於「新奇」的追求，都成為消費需求創造動力的新源頭。這種情況普遍被聯想成從傳統過渡到現代社會的概念之一：在法國大革命之前，社會地位呈現相對穩定的分佈，而消費則是完全依附於某人的社會階級。其意義是透過消費明顯而快速的彰顯地位的流行，過去往往被侷限於上流階級中，這不只是因為其他階級的貧困，很大一部分也來自於社會的森嚴規範。流行出現的時刻，象徵著階級與地位的穩定已被打破。這樣的分析將流行，以及帶有地位競爭、對抗與炫耀性消費的消費革命劃上等號：新消費模式與鼓勵不同階級的人們，走向更高階消費的涓流過程是分不開的。根據這條主軸所展開的分析，廣泛的收錄於麥克康德瑞克的作品(Neil McKendrick，1959/60、1694、1974；McKendrick et al.，1983)，而上述的說法是否能對於消費需求的新範圍或新模式提出恰當的解釋，也成為許多爭辯的焦點(請見第六章)。

話雖如此，麥克康德瑞克的作品替我們點出消費革命的第三個特徵：新消費型態或新消費模式與新商業或事業組織形式，與新消費基礎建設有著密不可分的關係。麥克康德瑞克把焦點放在早期行銷，以及消費者取向的零售，並以威基伍德(Josiah Wedgwood，譯按：英國的陶器之父)的陶器產業為例加以說明(McKendrick et al.

，1983)。舉例來說，他的關切焦點在於威基伍德利用競爭取向的流行體系，開啟新時尚的大門(透過生產「伊特理魯亞」(Etruscan)式的花瓶，回應大眾對於考古學與經典文化的渴求)，而廣告則宣傳這樣的花瓶，能讓所有者擁有如貴族與皇家般的高貴氣息 (讓花瓶被尊貴的「品味玩家」帶回家)，策略性的安排店面的擺設，以便讓他的商品看起來是那麼的流行與令人驚嘆。

修正主義的論點存在許多問題。舉例來說，范恩(Fine，1991)與李奧波德(Leopold，1993)就從經濟計量學的角度，對修正主義工業化論述的效力提出質疑，並針對柴契爾主義的規則，可以回溯至喬治王時期，讓資本主義現代化之英雄，搖身一變成為十八世紀雅痞的作法，指出合理的意識形態批判。同樣的，過於依賴模仿與競爭來作為流行的解釋，也會產生問題。然而，我想要提出不同的反對理由：一般修正主義的論點不過是倒轉原先的標準說法，以致於消費革命如今超越了工業革命。另一種替代的做法是將兩者都視為**商業革命**的一部分，在這當中交易、金錢、新的金融工具與動產、契約及為了開發有史以來最為廣泛與非個人性的市場，所安排的商業訓練等概念，都造就出許多我們視為現代的新觀念與新活動。

重點在於商品世界的擴張，新消費者模式與動力，以及新商業組織的建立，事實上在時序上早於任何我們可追溯至幾個世紀以前的工業化。舉例而言，衣服與衣

服的生產—在絕大多數的教科書中，將其視爲工業化的火車頭—主要的機械發明源自於一七八〇年代，而當時許多「工業」的運作仍受限於小型建築(換句話說，商業資本家的生產多散落各處，而非工業資本家所建立的集中化工廠系統)，直到一八三〇年代爲止此情形才有改變。但是，玩具生產透過高度分化生產線進軍全國性市場的方式，則早在十九世紀中葉就由強調理性分工與工資高低的大企業，完整的建立。

事實上，玩具的生產可以被看作是某種由佘斯克(Joan Thirsk，1978)提出的現代企業的早期典型：即「計畫」(projects)。佘斯克用這些「計畫」說明源自十六世紀的生產再評估與再組織，商業以及消費。這些計畫與其「擘畫者」(Projektors，早期的企業家)由於在重商主義脈絡中所發展的進口替代而被組織起來。由於擔憂民眾對於國外「便宜貨」的需求，會掏空國家財富，不管是政府的政策或企業的運作，都急於透過新的或經過改革的商業活動，來增加國內的生產量。這些計畫顯然瞄準消費商品進攻(例如長襪、扭扣、針與釘子、鹽、澱粉、肥皂、刀子與工具、菸草與烤箱、緞帶與花邊、亞麻與威士忌)。除此之外，佘斯克主張，他們經常雇用的大量勞動人口，不同於過往的精英份子，這些人可說是第一批現代消費者的來源：「在許多地區性的社區中，絕大多數人無法累積太多的錢財，直到他們開始生產商品而非製造生活必需品…(計畫)讓他們有錢，也讓他們有地

方花錢」(1978：7)。在消費文化中工人自發性的成爲製造者與市場，可說稀鬆平常的一件事。

毫無疑問，這些計畫也引起許多技術與組織的革新：例如，與一般的預期不同，被亞當斯密(Adam Smith)用來說明技術分工能提升效率的製針業者，他們並非現代機械化的工業家，而是佘斯克所提出的早期現代計畫中的一份子。關鍵點在於他們的革新(也爲後來的工業化奠定基礎)，並非來自科學或技術，或是大筆的投資(通常金額不高)，也並非以消費者導向爲軸心 (即麥克康德瑞克所稱的領導流行)。我們毋寧說，他們的興起與創新可以看成是政策的一環，以及商業投機主義的實踐，亦即朝向貿易的走向。這些計畫涉及大規模的生產，透過廣佈世界的市場，將產品銷售給「普遍」的消費者，而非當地既存的消費者。

貿易與商業(而非生產或消費)逐漸在早期現代心靈中變成最爲重要的一部分。姑且不論好壞，兩者很早就被視爲造成從傳統重農社會轉向現代社會的催化劑。此外，是商業提供了諸多嶄新的想像與概念，社會藉此被理解，且消費藉此被察覺，並被貼上我們如今統一稱呼爲消費文化的標籤；而被重新評價，讓它成爲：經濟與政府的構想、公民社會與社會本身的看法、自我的想像、自利、理性與需求、地位與文化的新概念。

我們將在第七章加以說明，首先，正是透過消費與商業之間的關聯，讓消費在十八世紀有了不同的定義。

早期的消費意味著浪費、濫用、耗盡家財(一無所有)，更代表著經濟、道德與政治當代價值的淪喪(Williams，1976：68-70)。十八世紀晚期，「消費」被技巧性或中性的用於經濟和其他論述之中，以彰顯這些趨勢的本質，並且在同一時間做出他們邏輯性的結論或目的：對於亞當斯密來說，「消費是所有生產的唯一目標與理由，生產者應當獲利，而生產的需要或許也促進了消費者的需求」，在商業的觀念中，人們被視為需求，以及某種重要的社會條件，好讓物品得以被銷售出去。

其次，順著現代消費文化這條脈絡，對於消費的重新評價，則和一個全然轉變的世界經驗綁縛在一起，透過商業、市場交易與金錢，使得世界不只在經濟，同時也在社會和文化層面產生改變。以市場為基礎的交易與消費，預設個人對於他們想購買哪些商品，可以不受限制地作出選擇；而這些商品是完全透過現金的持有加以規制，用金錢來購買商品。相較於宗教對於奢侈與漫無節制的約束，法律上對於特定商品屬於特定階級的禁令，傳統與公共的監督，或是「人類巨大的枷鎖」這種永恆不變的說法，如今人們的生活型態單由他們的金錢與財富決定的概念，則指出地位不穩定，以及最重要的地位革命情況。市場與以市場為中介消費的擴展，皆需要並強烈地推動舊有地位秩序的崩潰，而這就是早期現代心靈所鼓動的趨勢：侵蝕(或說解放)傳統社會對於金錢關係的影響。從十六世紀後期以降，對於世界的期待與

恐懼，如今都與物品更密切的結合在一起，且人們也能
夠更加自由地從事不受社會束縛的個人選擇，這些都成
爲廣泛頌揚的對象：社會的問題與潛能，讓個人可以藉
由購買商品，根據他們的規劃來證成自己(Sekora 1977)
。這個對於舊有秩序的威脅，不只是因爲布爾喬亞階級
的工業化所造成，更透過所有財富形式，對傳統社會展
開侵蝕。

　　值得注意的是，「商業」(commerce)一詞在十八世紀
，除了意指交易以外，還另有所指。從「商業」在十八
世紀的源起來看，這個字眼帶有特殊的經濟涵意 (社會
成員在買賣商品過程中，所產生的交往與溝通)。但是這
個詞彙也承載了普遍的社會交往、規範交易的人們、日
常談話與觀念交流、溝通等等的意義。這個概念指得是
個體在日常生活規律性與自願性過程中，不受外力強迫
的互動。對於針對商業社會發動的諸多批判來說，那些
源自交易的語詞(與現代社會性端賴交易的想法)，意味
著這種新社會互動自由的粗鄙。重要的是，「商業」也描
繪了性與放蕩的關係(例如，在某個場景，「蘇菲亞
(Sophia)的情操讓她與貝拉斯登(Bellaston)女士的交易變
得更讓人厭惡」(引自 Tom Jones，1749；OED))。商業
與消費社會經常被描述爲某種瘋狂玩樂的印象(例子請
見 Poter，1992a，1993b)。

　　商業成爲社會性的新隱喩，自由的交易不僅限於金
錢經濟中的商品與服務，同時也包括自由的公共場域內

部的概念、談話與意見(Burchill 1991；Pocock 1975，1985)
。在「公民社會」(civil society)的概念中，也明顯出現
嶄新的想像：不只是市場，而是一個由政治、經濟與私
人組織所構成的世界，而如世界內部充斥的是自由、享
樂、投機、自利與充滿活力的人們。赫緒曼(Hirschman
，1977)以「在資本主義獲勝之前的政治主張」來捕捉商
業和「公民性」之間的關係：以孟德斯鳩做例子，商業
可說是一場文明化的過程，因為商業造成國家之間與內
部的和平往來；因為主權國家與個人的熱情、不理性、
暴力與權力，都因為自利的理性追求，而變得安全無害
；也因為私人的商業財富提供了抗拒獨斷權力的武器。

我們可以這麼說，「消費文化」(如同「大眾社會」)
是幾個取代「公民社會」概念的用語之一，並意味著自
願性團體理想的變質，意即自由與平等人們失去了進入
此一場域，與他人進行交易與溝通的可能性。公民社會
之所以被視為消費文化，一方面，是因為過去所依賴的
商業與經濟的能量，被當作一種外在且規範性的力量，
加諸在公民社會之上，例如，大規模企業、大眾媒體和
廣告，另一方面則是因為公民社會被扭曲為只是由不理
性、恣意而為、無聊瑣碎的分成所組合而成，最重要的
是全都成為由烏合之眾所操控的愚笨行為，並將造成地
位的不穩定與階層的顛覆。除此之外，透過「消費文化
」一詞的使用，也意味著公民社會的廣泛理想，如今已
經被貶抑為剩下對於財富的追逐，以及對於國民生產毛

額的崇拜(Habermas，1991)。

　　然而，現代消費的概念在涵蓋那些透過公共場域的
自由組織，追求本身利益的個人，所形成自由與商業社
會的理想(或是反烏托邦)中，快速的崛起。那些消費者
，正如同我們將在後續章節中所看到的，可說是那些私
人與具企業家精神個人的其中一例或其中一個層面，他
們所體現的是現代性這個特殊概念的要素。商業與公民
社會需要自由、爭取解放也因此鼓舞權力。我們對於歷
史轉變的幾個特定領域格外熟悉：理性與科學的宣稱，
涉及對於個人知識資源的依賴，以及面對權威的獨立性
，後者包括「慣習與實例」(Descartes，引自 Gellner，1992)
、傳統與與宗教的天啟。這是一種思想上的階級鬥爭，
是一場由「自我塑造個人」所發動，但卻又以此為目標
的的革命戰役(Gellner，1992)。但是業已啟蒙的人們─
意味著一項理想的規劃，與互為主體性的真正新型態─
並非只是在科學、政治或生產的領域中，進行理性與自
由思考的個人：他同時也透過進入市場，與在物質上建
立新的家居生活型態、穿著像個流行的都市人，以及參
加最新的商業化休閒活動的理性與個人經驗中，學到箇
中奧妙。

消費文化速寫

　　如果消費文化與我已提及的「現代性整體」(the whole of modernity)架構有關，那麼僅對消費文化提出一個簡單的界定，似乎並不恰當。一方面，我們需要擬出幾個目標，幾個理解我們談到消費文化的途徑。接下來，將有一份有限的特質列表，說明消費文化如何被界定，而我們將在未來的章節中，把焦點放在與這份列表有關的討論。當現代的思想家一想到消費文化，當他們在譴責或因為現代社會轉變為消費社會而感到歡欣鼓舞時，他們所指涉的究竟是什麼？那些部分是他們所認為現代世界形成的消費特點，與帶來的危險？哪些普遍的現代特性與過程，讓消費文化顯而易見，並且讓那些現代思想家視為獨特的社會現象？

消費文化是一種消費行為的文化

　　「消費文化」的概念意味著，在現代世界中，核心的社會實踐，以及文化價值、理念、渴望與身分均是源自消費，而非其他像是公民權、宗教信仰或軍事地位的面向所界定。藉由社會的消費行為來描述其社會性質，

並且假定這個社會的核心價值也衍生自其消費，是史無前例的作法：不是軍事文化、農業文化、海洋文化…而是消費文化？

因此，將現代社會視為消費文化的同時，人們便並非僅僅涉及需求與目的之間的特殊模式，一種特殊的消費文化(consumption culture)，而是一種文化的消費。這樣的談法，認為社會的主宰價值不但透過消費實踐而組織起來，同時也在某種程度上源自於消費。因此，我們或許會將當代社會描述為唯物的，一種根基於財富的金錢文化，關切「所得」而排除「人性」，商業化的、享樂主義的，或是較正面的說，一個存在選項與消費主權的社會。由商品的消費所形成的這個重要文化觀，經常被視為與這個詞彙自相矛盾的立場(第三章多所討論)，因為「文化」一詞被界定為社會所保存的真實價值，而無法與金錢或市場交易妥協。因此，舉例來說，消費文化經常與「大眾文化」齊觀，在這個社會中，「大眾」的需求與品味，因為金錢與民主權力而得到新的賦權，將文化降級為消費。

除此之外，其中一個核心的宣稱在於來自消費實體的價值，將影響其他社會行動的面向，而這樣的現代社會便整個沈浸於消費文化，而非僅僅涉及表面的消費行為。消費價值在一般社會中的散播之所以如此迅速，就是因為消費本身早已成為社會生活的核心(在某種程度上，我們經由商品的使用，而複製更多更多的社會生活

場域,在另一方面,其他的核心點,像是工作、宗教、政治則變得越來越不重要或失去意義);其次,也因爲消費文化的價值對於聲望的求索,於是鼓動這些價值暗中向其他社會層面延伸,例如消費模式在公共服務傳播或衛生醫療領域中的擴張。

消費文化是市場社會的文化

現代的消費是以市場關係作爲中介,並且以消費商品的形式來進行:這個意思是說,我們普遍所消費的商品、服務與經驗,其唯一的生產目的就是透過市場販賣給消費者。我們自身並不製造每日生活所需的產品。更確切的說來,我們消費的重點是在那些不顧念需求或文化價值,只在意利潤與經濟利益的機構,由他們所生產的有限範圍商品中,作出選擇。消費者對於消費的可近性,很大一部分受到物質與文化資源(金錢與品味)的限制,同時也受到市場關係決定性的影響,像是薪資高低或社會階級。

馬克思的術語最爲清楚的說明了其中的奧妙(透過許多廣泛存在的基本預設)。生產工具集中於私人(資本)之手,意味著工人無法,至少在絕大部分的情況下,無法擁有生產他們賴以維生的手段,亦即他們的消費商品的生產工具。取得商品的路徑是間接的:人們透過生產與本身疏離的產品,販賣他們的勞力,而換取薪資形式

報酬的目的，只是爲了能在市場中購買他們真正需要的商品(同樣也是由另外一群疏離的工人與資本家所生產的商品)。從這個觀點來看，正是薪資關係(同時並非工業化的大量生產)，以及資本主義式的生產關係(而非科技力量)，立即而自動地生產著消費者。工人與消費者都在同樣的社會關係中誕生。薪資關係在實際上只會生產極爲貧窮的消費者，而無法經由市場滿足他們大部分的需要，真實的情況或許是，不然就是一無所有，或是直到晚近爲止，在與他們賴以維生的生產工具與市場關係以外，繼續地進行生產。但是，就是經由市場，才能界定消費文化：當市場以普遍的經濟管制手段現身時，消費者也就開始被生產出來。

更明白的說來，消費文化就是**資本主義**文化。從歷史的角度來看，消費文化的發展可說是資本主義體系的一部分。從結構上來說，消費文化是無法與政治的消費管制，不管是對於市場的鎭壓，或是傳統限定範圍的符碼與法律並存的。消費文化不會出現在非資本主義的社會：舉例來說，既存的社會主義與立基於宗教的國家，對於消費的政治控制，以及對於「腐敗」價值的鎭壓，都是極爲重要的工作。相反的，當政權放鬆控制或是倒台時，在具備充分的技術與物質資源的條件之下，資本主義的企業家精神便會趁機與已然存在的消費市場擴張串連在一塊。

消費文化原則上是普同與非個人的

我們經常透過大眾消費的概念來加以界定消費文化，因為消費文化說明了商品消費在全體人類內的普及化。但是，大眾消費不過是幾個較為基本原則的其中一環：生產大量產品，並且賣給一般民眾，而非賣給某人，某個家庭或社區，或是立基於任何個體需求的概念。銷售一件商品的概念，並不能滿足既存，或任何獨特的個人或社群的需求，但是卻能販賣給世界上的任何一個人，因此，交換關係的普同化與非個人化的預設，可以看作是中介式消費的基礎。

市場關係不但隱密難測，同時基本上是舉世皆同的：所謂的消費者，並非我們熟悉的「消費者」，而是某個匿名的主體，只能透過想像與建構成為**客體**──他們是市場行銷鎖定的目標，並成為市場調查所建立的檔案，以及大眾市場或市場的一部分。除此之外，消費者商品的文化意義不能經由進行生產或交換的個體關係來提供，那麼意義便必須大幅的仰賴非個人性與普同性的手段，來加以生產與傳播：設計、廣告與行銷全都**早於**工業化的普及，因為個人性的需求已經非個人化，而文化意義也已變得普遍與抽象。

消費文化指涉一般群眾，因此也引發了一個更為積極的概念：也就是消費文化的觸角延伸至「每一個人」。儘管我們知道能否取得商品是受到管道與財富的限制

，但是商品的消費基本上仍被視爲屬於整體民衆的行爲。當我們進入市場，我們在表面上全都是自由與平等的個體，我們的選擇不受穩固的地位體系，或文化限制的束縛。除此之外，消費文化舉世皆然的特點，也包括本身展現的安逸與富裕的民主型態。由現代性所賦予的自由消費與消費潛能似乎是人類的基本權利：由此一思想脈絡來看，讓消費者之所以具備消費的能力與權力，可說是現代西方民衆與生俱來的權利。

然而同樣的，如果不存在任何能夠限制我們消費的理由，那麼我們**能**消費什麼，自然也不存在原則性的限制：所有的社會關係、行爲與對象，基本上都可以用來交換商品。這是由現代世界所引發，產生深遠影響的世俗化結果之一。萬事萬物在其生命歷程中，至少在某些時刻會成爲商品。任何物品、行爲或經驗商品化，或被商品取代的可能性，均不停地讓日常生活的親密世界，轉爲由市場和其價值所組成的非個人性世界。更有甚者，雖然消費文化因爲其作爲自由島嶼的特點而顯得舉世皆然，每個人在其中都可以是消費者，但是消費文化的普同性也端賴於每個人都**必須**是消費者：這種特別的自由是具有強迫性的意涵。消費文化透過我們所在的日常生活、社會關係與身分認同中的商品，而得以自我延續與不斷再製。

消費文化以私我選擇和祕密生活區辨自由

作爲消費者就是要進行選擇：決定你想要什麼，思考如何花錢才能得到它們。雖然事實遠非如此，但基本上，進行選擇是不需承受限制的：沒有人有**權力**告訴你該買什麼，你想要什麼。「消費者主權」是一個極具規範意義的自由想像：除了選擇我們親密伴侶的權力以外，消費者主權是少數能提供有形與世俗自由經驗的概念之一，並讓我們對於現代事物產生個人化的意義。日常生活內情緒性的開銷要如何作爲選擇的權力？

我們經常以某種特別的角度來看消費文化「自由」，也就是其對現代性極爲重要，特別是具備解放的傾向：消費者的選擇是私我的行動。首先，私密具有積極的意思，在私人的，包括個人、家庭與一群朋友的場域中，在理論上是不受公眾的限制。自由與私人生活的關係對於現代個人而言，是極爲重要的條件：舉例來說，理性的概念大半來自於啓蒙作爲私人性的資源，我們可以在個人中發現理性，而藉由理性，**他**(如同我們常看到的，這類故事的英雄是男性)得以抗拒不理性的社會權威，包括傳統、宗教、政治精英與迷信。我們也經常用個人**偏好**來界定私人與個人性的資源，惟有如此，他才知道什麼是他有絕對的權力可以追求的目標。消費者的選擇不過是種擴大私人與個人自由的世俗觀點。

　　然而，其次，消費選擇具有秘密性質的想法，也帶來更為消極的意義，就是選擇只能侷限於家庭、世俗性的家居生活，以及由私人關係所構成的世界。任何一個特定的消費行為，在理論上都是私人而缺乏公眾意義的行為。我們並非因為建立一個更好的社會、成為一個好人，或是生活於真實生活中而從事消費，反而總是為了增加私人的愉悅與享受而這麼作。

　　消費文化透過私密的雙重意義，以及本身與選擇以及自由的關係而讓人察知：個人性的賦權、意義、對未來的投資與身分認同等等，都受到有限生活範圍的影響。批判傳統持續攻擊的是，消費者之所以看來變得「自由」，其代價是人們以自己身在勞動場所或政治場域的權力與自由作為交換，卻僅僅換得個人層面的滿足。

　　最後，而且或許是最為重要的，個人選擇的私密性似乎不見容於社會秩序、連帶與權威。如果個人能夠自行界定他們的利益，那社會將如何成為社會？如果選擇是透過私密的個人偏好所決定，那麼長久以來的文化價值該如何自處？在許多層面上，這是無論保守或激進陣營對消費文化發動批判的主要先決條件：如果我們不能規範或判斷個人的需求，那麼我們如何能建構一個良善、進步或是真正的集體生活？

消費者的需求基本上是毫無限制
並且沒有滿足的一天

在絕大多數的文化中，需求的不滿足意味著社會或道德的病徵(罪惡、貪污與墮落)，或是社會精英特定地位的來源(展現高度競爭)存在的可能性。在消費文化中，分殊而毫無限制的需求—永不停止的慾求不滿，持續造就了更多的慾望—之所以廣泛被接受，不僅是因為這符合人們的期待，也是因為其對於社經秩序與進步的重要性。

慾求不滿的論點與文化現代化的概念有著密不可分的關係：現代產業所增加的生產力，普遍地被認為是對於民眾越來越複雜、精緻、充滿想像與個人化需求的回應與刺激，就好像是人們的需求讓他們變得更社會，更經濟。如同本書幾個章節的討論所指出，這些需求可說是人類文明化的大躍進，或說是道德中落的徵兆。另一方面，大多數人普遍認為商業社會系統性的依賴無止盡的需求：簡而言之，商品的生產需要販賣前所未有大量可資交易的商品；市場社會因此始終存在著需求可能被滿足，或因為資金不足而無法滿足需求的可能性。

這樣的恐懼以各種形式，並透過各種歷史經驗呈現。我們可以看見一種永恆恐懼的存在，他們憂心一旦工人能夠從工業進步取得酬庸時，他們會選擇換取更多的時間，而非更大量的商品(相關例子請見 Campell，1989

；Cross，1993；Sahlins，1974)。休閒時間被重新界定為消費時間，休閒的商品化成為維繫資本主義發展的重要資源。兩次大戰之間全球經濟衰退的經驗，造成更為精緻的需求管理策略結構的興起(凱因斯主義，福利國家)。相關討論也曾經指出廣告與行銷不只為強調特定品牌產品的需求不足，同時也介入清教徒取向的價值轉變，從過去側重儲蓄、考量未來、美德的保存以及對於享樂花費與惡名的約制，到以當下為宣傳重點，科技與美學的迅速落伍、商品與樣式的翻轉以及重視玩樂的文化。

對許多作者來說，精確地探究後，這樣的場域基本上最終都是讓現代性自我分離的文化矛盾(並且在進入後現代後消失無蹤)浮現：一方面，經濟現代化透過理性的計畫、訓練與深植勞動道德的勞作情操所界定；然而在另一方面，經濟現代化卻也依賴著不理性的需求與熱情，故這種滿足當下的快樂主義將必定破壞其運作。

在後傳統社會中，消費文化是達成身分認同與地位的重要機制

在歐洲，法國大革命之前的時代繼承了封建的概念，與當代完全不同的是，這樣的社會結構包含著一個穩定而僵固的地位體系：這是一個從出生就決定其社會地位的世界，而這樣的地位體系可說是穩定不變之宇宙秩序的一部分，每個個體均有其預定的位置，並且擁有獨

占的權利、特權與義務。後者包括對應某種特定生活的權利與義務。因此，限定個人行為的法律是符號規範的重要形式：某些動物只能供貴族食用(門檻法令)，公會會員必須穿著制服，侍從有固定的服飾，而移動住所的權利也必須接受約制。一言以蔽之，與消費有關的場域是固定不動的，一來是為了彰顯地位體系中的位置，二來則是為求規制與維護這個地位體系。限制個人行為法律的復興在英國是極為流行的趨勢，這個在十七到十八世紀「箝制人們的巨大枷鎖」，卻隨著商業社會的誕生而失色。

現代的個人主義概念，奠基於現代市場交易的實踐，掃除僵固的地位體系的優勢與存在的可能性。「從地位到契約」的轉向，讓社會流動成為可能：流動可以是向上或向下的，地位也變成當下的成就(總有來自比你低下的人們，因為新獲得的財富而對你造成威脅)，而非作為繼承世界秩序一環的歸屬地位。在一個後傳統的社會當中，社會身分由個人所建構，因為身分不再是既存或是歸屬的存在，而必須受到最為混亂的環境所界定：不僅個人在地位體系的位置不再固定不變，秩序本身也變得不穩定與變幻莫測，並且透過商品與想像的交換來表現。商品的取得完全受限金錢的限制，但是這些商品卻仍以更為複雜與深具創造性的方式，標誌出社會位置。

商品永遠指涉社會位置，但是在後傳統社會的流動過程中，身分認同更是消費的結果之一，而非由其他傳

統的方式所造成的後果。我們可以在後現代社會的概念中，發現此種最極端的論述：社會像是某個衣著絢爛的宴會，在其中身分認同是經過一場精心設計與不斷嘗試的歷程，我們今晚選擇這樣裝扮，並且爲了之後的宴會而改變打扮。而再一次的，外表—由我們建構，顯露於我們的身體、我們的生活空間、我們的禮儀與我們的聲音的外在形象—變成我們在這個符號脫離任何穩固的意義或指涉的時刻，了解與辨識我們本身與其他人的重要管道。在一個現代的嶄新世界中，我們極度的仰賴外貌；但是只有在舊時代中，外表才具有可信賴的意義，因爲他們讓穩固的項目對應至固定的符碼。

在這樣的條件下，消費文化對於地位與身分認同，也就是社會位置的實踐與溝通的建立，極爲重要。以傳統規範這些議題的作法，已經被協商和建構所取代，因此消費者商品成爲我們妝點社會外表、我們社會網絡(包括生活型態與地位團體等等)以及我們建構的社會價值的重要管道。

消費文化象徵在當代權力的運作中，文化變得越來越重要

消費文化因爲伴隨著符號、想像與公開性而顯得惡名昭彰。最爲明顯的是，消費文化涉及商品的美學化，以及商品所處的環境：在商業資本主義中已經有很長歷

史的廣告、包裝、商店展示、材料的賣點與產品設計等
等。透過商品，視覺與言詞的論述出現劇烈的變化(Leiss
et al. 1986)。儘管這些特點在一九八〇年代，又再度成
為學術關切的焦點，但是從商業的萌芽，並成為現代性
的日常原則開始，便早已歷經多次的討論。

首先，地位與身分認同的問題，如同前面提到的，
在消費、溝通與意義所形成的關係中，帶來了某種彈性
。儘管只有少數的消費商品與行動，對於地位的展現顯
得越來越重要(而且永遠是重要的)，但是地位與意義結
構卻變得不穩定、具有彈性與高度的**可妥協性**
(negotiable)。人們的外貌透過前所未有的方式，成為策
略行動的兵家必爭之地。

其次，市場交易的環境在本質上似乎與美學化的過
程有關。如同之前提及的，商品經由非個人化與匿名的
網絡而流通：生產者與消費者的分割，超越簡單的委託
關係(仍存在著個人性的關係)，延伸到對於一般不知名
群眾的商品生產。想要在這樣的中介空間重新連結消費
者與產品，便必須經過再次的具體化，重新賦予意義，
而且必須是一個與它們有關的意義。舉例來說，洪(Huag
，1986)將此理論化為「商品美學」(commodity aesthetic)
的概念：生產者必須創造使用價值的想像，讓可能的消
費者能夠察覺此一商品。產品任何層面的意義，以及透
過所有進行建構與表現意義的管道，都經由極度理性的
計算所控制。

　　由此也引發了社會學針對消費文化部分核心議題的激烈爭辯。一方面，現代將社會客體視為自我創作，自我界定個人的概念，與透過消費所達成的自我創造有關：在我們形成本身的社會身分與展現這些特質時，有部份是來自商品與服務的使用。消費成為自主、意義、主體性、私密性與自由所主宰的場域。另一方面，所有這些圍繞著社會身分與消費的意義，對於經濟競爭與理性化的組織也極為重要，故而成為統制機構所採取的策略行動對象。而所謂的自主性與消費中的身分認同，也因此遭受持續的威脅。因此某種本質性的爭論不斷被討論，包括究竟消費是一個自由，抑或是受到操弄的場域？消費者到底是主體還是客體，是積極抑或是被動，是創造性或是被決定等等的問題。

　　除此之外，理論家如何看待文化在社會組織中所扮演的角色，也有相當程度的轉變。早期對於消費文化的批判，認為資本主義社會中的文化，不過是為經濟與政治權力服務的工具：例如，廣告助長了人們對於資本主義體系最為渴求的需求，這有兩個意義，包括增加對於商品的需要，以及普遍地透過商品體系來界定個人。另一方面，許多後福特主義或後現代的理論，則強調文化對於現今經濟的組織有著重要的影響：商品的價值越來越依賴其文化價值(符號價值)而訂立，而非它們的功能或經濟價值；廣告與行銷不再只具有從屬於生產的功能，而居於企業內部的實際領導位置；越來越多的商品不

以物質性的物品出現，而是透過符號、象徵(例如資訊與軟體)、服務與「經驗」(例如觀光業與休閒)。消費文化的邏輯發展(如同整體資本主義的進展)，似乎朝向著經濟的「去唯物主義」而演進。

小結

本章說明，我們可以追溯到更久遠以前的消費文化發展，我們也可以列出許多透過現代性所界定的消費文化特點，這並非只是一種學究式的歷史作法。如同我們在後面的章節將看到的，消費文化的事實與「整體的現代性」有關，這意味著我們嘗試了解的議題、概念與批判已經存在了一段很長的歷史。只要今日在大學書店出現的「消費文化理論」選擇，並非純粹只反映出消費者偏好，那麼我們便必須將其視為現代歷史的一部分加以看待。下一章，我們將從檢視「消費者」與「消費選擇」的意義開始談起。

第二章

市場的自由

英雄或笨蛋

　　在現代思潮中，所謂的消費者是象徵著某種人格分裂的角色。消費者一方面帶有荒謬透頂的特點：他們是充滿繁瑣與物質慾望的非理性奴隸，大規模生產者只須稍加安排，他們便會傻裡傻氣的全面順從。消費者是文化蠢蛋或麻木於其中而不自覺，一群受到誘導的人們，他們可說是流行手下的受害者，苦幹實幹的**暴發戶**，只為了跟上本身社會地位的腳步，或是願意用他們與生俱來的權利，交換整頓混亂者標籤的雅痞。表面上雖擁有自由選擇的權利，但是這些消費者實際上卻是在對抗所有現代西方對於公民的期待，亦即塑造出一群自由、理性、自治與自我界定的公民。

　　另一方面，消費者也是現代性的英雄。這或許聽來有點奇怪，因為傳統中的英雄主義是與追求物質行為有別的高貴行為。但是，當布爾喬亞階級破壞這樣的關係，並以一種在歷史上引人注目的形式，讓其本身變得高貴之時，消費者便轉為真正的英雄：布爾喬亞的自由傳統與物質的追求、科技進步，與根基於追尋自利的個人自由脫不了關係。這是一種立基於「民主」的英雄主義：從個人最為平凡與過去被視為最為低下的慾望中(尋求舒適與追逐財富，渴求貿易與產業發展)，可以發現得以改變自然與社會，並且透過個人選擇與私密選定的慾望征服它們的英雄意志與智慧。消費者之所以是英雄，是因為他是象徵理性與自治的存在，是因為只有透過他自我界定的需要，才能賦予經濟與政治制度合法性。布爾喬亞的英雄「男子氣概」只存在於整體中的一部分，因為它設定了女性是不理性、受操弄與家居的消費者。

　　我們可以透過早期現代性以來的消費者身上，看到理性或不理性、自主或受操弄、主動或他律、積極或消極、有創造力或遵守規範、個人或大眾、主體或客體等這類的二元性。每一組形容詞的前者，通常與自由主義或功利主義有關；後者則相反，可說是對於現代(大眾)文化(第三章)與商品關係(第四章)的批判。我們在本章將從自由主義與功利主義的傳統，來探討這些用詞，這兩者通常把消費者設定為英雄，且儘管未曾明白表示，它們也指出了消費者其他面向。

　　我們將從近來對於「企業家精神」這個英雄化的想像出發，企業家精神明顯的讓消費者與核心的啓蒙主軸，像是自由、理性、選擇的概念以及市場建立關係。英雄般消費者的出沒，可以追溯到早期的自由主義，我們也會在功利主義與新古典經濟學中發現，理性、自主與來自社會的力量，是如何窄化「經濟人」的特性。這種窄化所造成的結果，對於當代如何理解消費有著決定性的影響：「理性」被用來描述個人是如何追求所欲，卻又無以言喻他們的所欲爲何，他們的需求從何而來，是好或壞的需求。這樣的情況首先造成我們對於消費文化的認識中，「理性行動」的經濟研究，與其他學科對於「需求」的文化與社會心理分析之間的溝通障礙。其次則造成一個規範性的結果：當他被描述爲具備某個理性經濟人的特質時，消費者便等於英雄：但如果當她考慮某些需要時(這些需要絕無法透過理性界定)，那麼消費者就變成不理性的笨蛋。最後，傅柯的研究最近透過自由主義用詞與兩極對立的昇高，則被用來切割相關的概念：他從在消費文化中，我們是否能「自由選擇」的問題，轉向探討自由的概念與策略是如何被用於現代本身建構的問題，以及我們是如何學會用自由與選擇來看待我們自身。

消費者主權與企業家文化

　　「消費者主權」是對於消費者最強有力的印象，自一九二〇年代到冷戰期間，這個概念便如同社會英雄以及重要的意識形態聯軍般，大聲疾呼，要求對於「集體主義」，像是社會主義、共產主義與凱因斯學派發動戰爭。在自由主義的傳統中，消費者主權意味著兩件事：首先是消費者擁有主權決定他們的需求、慾望、需要與身分。個體有權力也有能力擬定他們本身的計畫與方案。換句話說，需求與欲望都具備私人性質：個人(或家戶)建構出一個私人場域，不受想要界定或強加優位社會目標與計畫的外在社會權威所干涉。就自由主義而言，國家是威脅需求最主要的公共權威；但是獨占性企業，以巧妙的廣告客戶為例，也同樣能對於消費者主權產生威脅。在這樣的脈絡之下，消費者主權正是所謂的「選擇自由」。但是，其次，自由主義的有效範圍只侷限於市場，消費者必須在市場社會中，也只有在市場社會中才擁有主權，因為價格機制所帶來的競爭，確保生產者必須回應消費者所表達的偏好。藉由將他們的稀少資源(金錢)用於能獲得他們所需，而且價格是最令他們滿意產品，消費者可說是拿了把鋒利的大斧，隨時瞄準生產者的腦

袋。因此,消費者主權只有在正確而有效的滿足他們慾望的前提下,才能穩固的存在。當然,這樣的結果只有在消費者在一開端便已擁有主權(他們能自由界定他們的需求,而非由國家或企業決定)以及有能力從事不可或缺的競爭時才奏效。

　　循此,消費者主權是關於人身解放的自由,是關於社會制度對於私人利益的權責區分。但是消費者主權也與社會的發展與進步有關:透過建立制度,直接而有效的滿足個人慾望、解放社會、提升創造力、企業家精神、資源的有效運用、想像,以及前所未有大規模與惡意的投機主義,毫無羞恥而全然的自我中心,西方資本主義透過這些光景來描繪自身。消費者主權與西方作為一個豐饒且擁有無數財富之樂土的印象脫不了關係。除此之外,以這個角度看來,對自由主義而言,消費者主權透過自利的**理性**計算(之後我們將更詳細的討論),而將個人需求與社會制度串連起來,消費者主權與三個被認為屬於現代性的特質緊密連結:自由、理性與進步。因此,消費就是英雄般的行為:購買麥克雞塊的平凡行為,也被渲染為是個人自決的結果,是一種源自於理性計算的目的與手段的精彩表現,更是由這些力量所帶來充滿活力的社會進步的反映。

　　消費者主權是東西方冷戰時期最主要的分界線,不同於核子武器的恐怖平衡,消費者主權的觸角深入日常生活的核心。對照富裕的西方(美國),灰暗而僵固的東

方蘇聯扭轉這個概念，他們扼殺個人界定與追求即便是
最平凡不過慾望的能力，最後則導致完全的不自由、無
效率、腐敗以及在物質上**失敗**的社會制度。對於計畫生
產與分配的熱望，如同他們本身的主張，蘇維埃體系無
疑是將大眾的需求囚禁於官僚計畫之下，費賀(Feher，
1984)正確地將之貼上「控制需求的獨裁政權」的標籤。
由於缺乏由消費者規訓的市場體系，他們只有採取較不
民主的手段，投入經濟、政治與意識形態的權力，強迫
人民接受國家認為能簡單滿足的需要。消費的規範與角
色由專家主義所建構，並且成為企圖以科技經濟需求解
決政治穩定問題的一環，而非回應從文化再生產所釋出
的動力。後者是透過政治或政治化的組織(像是政黨、青
年與文化組織以及政治)加以管理，以市場社會無法想像
的方式殖民日常生活。因此，政治上的不自由也伴隨著
消費者自由的窒息。同時，這樣的系統也無法達成本身
所欲的目標：缺乏市場的價格機制，計畫者首先缺乏足
夠(或無效)的資訊，明白人民需要什麼，什麼時候需要
或者在哪裡需要，因此無法統合社會資源；接著，他們
便無法藉由競爭來進行有效的規範(相關例子請見
Altvater，1993；Breitenbach et al.，1990；Feher et al.，
1984；Hodgson，1984；Nove，1983)。理性的社會計畫
生產似乎是集合了不自由、非理性，以及缺乏進步與動
力的存在。一方面，雖然在官方上不恥(加上西方的墮落
)那些透過自利的市場追求，而擁有自由與社會動力的消

費者英雄，卻似乎有存續的必要。消費文化則活躍的充斥在於西方消費產品之中，更是充斥可樂或牛仔褲的文化：在文化層面上，西方的消費代表著物質的豐裕與私人的愉悅，但同時也是個人自由的結果與證明。同樣的理想與活動也存活於非正式層面，在非官方與市場相仿的地下經濟之中，人們透過複雜的私人交換模式取得所需(這也是維持東方經濟的必要方式，以便彌補中央計畫的不足)。除此之外，非正式經濟也透過我們所謂的消費文化在西方現代性扮演英雄角色(企業家精神的個人主義、排除對於私人生活的權威干預，自主被界定為自我創造，私密的家居被視為有意義社會生活的所在地)，並明白地展現它們的價值所在。如果公民社會從蘇聯生活中消失是個事實，相較於其他場域，其價值更加深植於消費者的美夢當中：資本主義，消費主義與自由的公民社會只囊括一部分。

一九八九年，讓西方社會主義者感到苦惱的是，藉由將市場同時當作所有其它自由的縮影與發動器，東方公民已經廣泛而實際地見識到消費者自由運作，此外，他們也已經充分體認到所有需求的集體供應形式 (例如就業權、幼兒照護、健康、教育、以及經濟平等的模式)都不僅毫無價值，也和自由的概念絕緣。在西方左派份子的眼中，東方各大城市中，數百萬尋常公民以公民自由之名義，走上的街頭抗拒腐敗系統的景象，可以說是英雄式返回啟蒙現代性的寫照。這樣的情況快速地擴展

，柏林圍牆所懼怕的消費權，有助於所有自由形式的界定。東德所進行的統一選舉，正是一九八九年革命的意義所在：公民社會就是消費社會，公民自由就是消費自由。既存社會主義的倒台，對於絕大多數東歐民眾來說，可說是返回到西方現代性的基調(自由、民主、公民權等等)，而其對於西方的想像，通常也擴大了西方本身最深沉的恐懼。啓蒙精神真的能隨著可口可樂文化失而復得嗎？

在西方，新自由主義的復興可從柴契爾主義(Thatcherism)與雷根經濟學(Reaganomics)中發現，並激進的鼓吹將消費者主權作爲自由與社會動力之間的連結。消費者選擇的模型被視爲最恰當的模型，適用於所有的現代公民權與社會行動，市場成爲唯一的社會統合機制，捍衛著自由與進步。因此，所謂的「返回國家」，是藉由透過私有化，或是透過內部市場與消費者主權的模型，徹底地回歸市場而達成，即便某些公共服務仍在國家的控制之下。柴契爾主義特別強調對於本土內部某種隱然存在的蘇聯主義發動戰爭：不滿議會的階級區隔，指責社會安全部，長串的醫院排隊人潮—這些都代表著選擇自由的缺乏，以及官僚體系的無效率，而這都起因於無法透過市場需求來回應消費者個別的需求心聲。自由的語言與消費者選擇的語言，在實際上變得完全相同。自由意味著市場個人主義般的自由，以及「自由選擇」的自由。

　　而在東歐，消費者選擇本身屬於另一個較高層次的
「企業家文化」概念的一部分。為了將現代公民從「褓
母國家」中釋放出來，一場文化革命正在上演，藉此以
與市場行為有關的「企業」價值，以及從競爭而刺激產
生的個人能量，取代「福利社會主義」引發的依賴、無
規律與消極。如同希拉斯(Heelas)與莫理士(Morris，1992
：5-6；比較 Gay，1996：75-95)所指出的，具備企業家
精神的生產者與消費者，都是建立新自由主義的條件：
生產者，無論私人或公共部門，都只有在為了爭取消費
者的青睞而展開競爭時，才稱得上是符合企業家精神；
而消費者本身必須積極進取，並且在他們的行動中，確
實的展現所有企業其生產者所界定的特性：「創造、能量
、獨立、大膽、自我依賴、自願承擔風險，並且承受其
行動的結果…」(Keat and Abercrombie，1991：3)。因此
，柴契爾主義將消費主義視為主動公民的一種形式，並
意味著住者有其屋，購買股票與私人保險等等。與其當
作消耗品，積極進取的消費者，更將他們所購買的產品
視為對於本身或家庭，進行企業般的資本與理性、冒險
與經過計算的投資：「消費的場域本身便具備某些商業生
活的特質：執著於極大化退休時的收入，將某人的家庭
當作事業上的投資等等」(Keat and Abercrombie，1991
：9；在 Friedman 1957 年的《永久收入理論》(theory of
permanent income）中，那些理性的消費者精心規劃消費
與儲蓄，可視為他們畢生收入的期待值)。因此，無論生

產者或消費者，企業家文化英雄化了同一種「主動進取的個人，他們接受本身命運賦予的責任，敏銳而清楚地辨識本身的目標與需要，移除障礙以達成目的，以目標的實現來測量他們的成功與否」(Keat and Abercrombie 1991：11)。

啓蒙，自由主義與市場

我們可以這麼說，消費者不只是在他(她)購買或享受商品時(我們可以將之描述爲衝動的、不理性的與被操弄的)才是英雄，當這些行爲成爲層次更高的「現代人」—也就是能自我界定的人，追求他理性地、自由地與主動地自我界定的利益—概念的一部份時，也可以稱他們爲英雄。自由主義從另一個較大的「啓蒙人」(Enlighten man)典範出發，提出他們對於消費者的想像，並且由此逐步找出市場體系與經濟關係之下，個人與社會的理想關係。

理性與自主

克魯格(Barbara Kruger)以「我消費，故我存在」一語，爲一九八〇年代的文化革命作出總結，，明確地指出主動進取的消費者與啓蒙人之間的關係。乍看之下，這段話意味著人們被降級爲某種膚淺的生物，只有在購買或消費商品時，才能獲得他們的身分與個性：也就引發後現代的消費者，只有在透過商品符號時才能存在的論點。然而，透過笛卡兒的我思，我們可以指出此一論點的重要與淺薄之處：「我思，故我在」是西方對於個人主義、理性與自由之間關係最強而有力的陳述。笛卡兒相信單純地利用人們的個人理性能力，便獲得充分知識的宣稱，讓個人可以主宰世界。我們毋須訝異的是，這樣的宣稱，本身就是用個人擁有的理性能力來定義個人的陳述。

笛卡兒的論點讓個人自由與個人理性互有關連：個人是自由而自主的存在，所以他們只有透過理性，而無法被其他來源界定(特別是無法經由社會習俗與權威)。理性是某種精神資源，透過理性，現代人得以抗拒並且從傳統社會的不理性中解放出來(康德之後以自主性的自我界定，個人透過他或她的理性達到普遍性的有效來界定「成熟」(maturity)，而非完全是自我建構的：不成熟是在缺乏他人指引下，沒有使用其知識的能力(Kant，1983：41))。在哲學的自我評價中，讓人們從迷信與

不理性傳統社會中解放出來是合乎理性的作法；對於自
由主義者來說，讓個人能自由地透過理性的經濟與政治
行動追求自利的目標，毋寧說是更具理性的社會形式。
在雙方的觀點中，所謂的個人都被認爲必須是自我界定
的主體，是透過選擇而非傳統社會秩序的歸屬來建立自
己的身分與個性：他必須運用理性來決定他是誰，他的
欲望和相關利益爲何，以及什麼樣的方式才是追求這些
目標的最佳途徑。

　　啓蒙爲個人建立其哲學的世界中心；自由主義爲個
人帶來其道德與政治的核心；社會制度必須臣服於自由
與自我界定的個人之下。在過去二十年，我們可以特別
清楚的觀察到 (新)自由主義主張經濟自由的論點：去管
制、自由放任與私有化。但是自由主義其實是個更廣大
的政治計畫。這個政治計畫的價值與目標就是個人的解
放—從社會干涉的層面界定個人自由—而其關懷在於保
障讓個人得以定義與追求本身利益的必要社會條件。柏
林(I. Berlin)所謂的「消極」自由是指：一種干預之下的
自由，一種隱私權；自由的唯一限制是個人不能恣意地
作出危及他人自由的行爲(就是那些會傷害他們的行爲)
。有不同的自由媒介會促進這樣的自由，首當其衝的就
是民主與資本主義市場。但是此兩者說穿了只是手段而
非目的：真正的目的在於建立個人自由的基本約束。因
此，新自由主義者如海耶克(Hayek，1976)與布來坦
(Brittan，1988)皆仔細地區分自由放任與自由主義的不同

。也因此在市場(或民主)侵犯個人自由之處,自由主義者支持規範市場的必要性。

自由主義透過將個人自由置於中心,並且無視社會價值的存在,他們認為個人的利益,包括慾望、選擇與信仰,是社會合法性的唯一來源。以霍布斯與洛克為例,自由主義從個人的角度出發,透過質疑社會權威的合法性而逐漸茁壯。自由主義主張社會制度只有在它們源自、表現與代表個人(以及他們的家庭,他們的私人國度)的慾望時,才能獲得合法性。這樣的主張根植於社會契約與自然權力理論,兩者強調社會制度必須從根據個人利益與需求所組成的志願性結社而來。當它們無法反映或回應個人慾望的主權時,這樣的結社也就無須存在。

我們可以更激進地說明這樣的論點,如同柴契爾夫人的談法,「沒有什麼社會,只有個人與其家庭」。這樣的陳述能夠貼切的暴露出自由主義的傳統:社會權威與制度本身並沒有權力決定自身的存在。我們可以在分析的層次上這麼說,它們被降低(而且必定是政治與經濟性的降級)到創造它們的個人意志與行動的層次。這是一種在社會思潮中極為風行的論述。「方法論上的個人主義」被用於社會的理論化,將社會視為個人行動的結合;在經濟思想上,它將經濟降級為所有個人追求自利的市場行為。相對的,個人追求私利的行為,被視為社會穩定與進步的充要條件,也就是亞當斯密所謂市場中那隻「看不見的手」。

　　由此，自由主義將個人選擇視爲社會理論的核心：
社會制度必須源自於個人所形塑的私人、自我界定的利
益，或作爲回應這些私人而自我界定利益的方式，將個
人利益視爲社會需求，物品、政策與法律的選擇基礎；
個人的選擇正是他們本身追求的設定論述權力的其中一
環。而這也是保障自由的唯一基礎。

市場

　　關於這個部分，我們可以先回到「消費者主權」的
概念：這個概念說明了自由傳統的關懷根植於個人私密
形成慾望的社會過程，確保私密安全無虞，並且讓其有
對抗或規訓社會制度的能力。自由主義的傳統在哲學上
、政治上與司法上發展這些論述，但卻是由市場與理性
的個人經濟行爲來建構這樣的論述，並且成爲這些論述
的關鍵點。長期以來，自由與進步幾乎被視爲是由經濟
人對於自利的經濟追求所產生。我們將指出這個最爲清
楚的學術傳統，也就是新古典經濟學，自一八七〇年代
以來，就成爲二十世紀主導論述的發展過程，而這樣的
情況不僅發生於經濟思想的主流，同時也透過消費者的
界定方式，而影響普遍的社會秩序模型。

　　新古典的市場是一種將個人私我所形成的偏好，轉
換爲不同的生產場域，與具備不同欲望與欲望強弱不一
的個人之間的社會性資源統合與配置。其重點在於所有

發生於市場的事件，所有的結果(價格的不同、生產的等級、商品的種類等等)都可以用個人追求他們獨立界定的利益來解釋。正所謂「沒有什麼社會」，對於自由主義者來說，市場本身並非且從來也不是某種社會權威，正確地說，是一種「社會制度」(這意味著計畫或組織圖表上所安排的目標、組織、管理與任務分配)。除此之外，市場也被視為某種非個人的機制或是統合手段，讓社會秩序能從充斥多樣個人欲望的無政府狀態中浮現(請見Thompson et al.，1991)。亞當斯密的「看不見的手」帶來秩序與財富，而這也是個人有意識行動所造成的非預期結果。更有甚者，儘管男性與傳統持續逼壓，但是期待特定結果的想法往往只會碰釘子：沒有任何權威可以了解或控制無窮複雜的個人當下的私利方程式。

因此，當擁有不同欲望的個人，理性地將他們指向普遍的**價格機制**，那麼透過市場的社會統合便可謂成功。這個想法涉及一個非常複雜的概念，也就是到底何謂「社會行動」，以及其與「私人利益」的關係究竟為何。就實質而言，欲望是私人性質的，當消費者現身於市場時，他們早就知道自己要什麼：他們的欲望形成於市場之外，形成於他們採取經濟(公開)行動之前。他們特定偏好的產生情境(不管他們要買的是蘋果、柳橙、F111還是隱形轟炸機)，與經濟學家或消費者皆無關連。這是因為**市場裡**的消費者只有透過價格的計算，才得以與生產者、其他的消費者以及他們所需的商品產生連接。身

為一個消費者，我在進入市場之前，便已清楚我要的是什麼，我有多想得到它們，以及我計劃花多少錢得到它們。憑藉著這樣的知識，我進入市場，尋找價格能讓我接受的蘋果、柳橙或是隱形轟炸機。舉例來說，如果柳橙的價格太高(透過邊際效益理論所描述的理性計算得知)，那麼我將會少買些柳橙。如果其他消費者也都覺得柳橙太貴，那麼生產者將無法在一個競爭的環境下，以現價賣出柳橙，因此會有某一程度的降價，而這個價格是個別消費者對於柳橙價值的總合選擇，使得柳橙能以此價格賣出。相反的，如果人們購買柳橙的價格過低，那麼柳橙的需求量將會提高，而生產者也能提高價格並將柳橙賣出。同樣的邏輯可以應用於供給面：生產者會尋求有效率的收益(透過組織、科技與低廉的工資)，讓他們可以用更低的價格生產更多的商品。

就自由主義而言，價格並非商品「價值」的反映：價格被視為某種抽象的概念。價格不過是每個個體的私人需求之間的妥協。價格可說是個人選擇的總合或平均值，而非固定的社會實體。價格同時也是普遍的來源，個人(消費者與生產者)因此得以決定自己的行為。我們發現價格具備兩種決定行為的功能。首先，價格是一種普遍的計算單位或根據，經濟行動者可藉此比較行動過程中，可能出現變化的無限範圍。所有的問題可以被簡化為理性可計算的問題，「這樣做要耗費多少」？我們未來將以效能來討論這個部分。其次，價格提供人們一個

訊息系統：告訴人們價格會自由波動(透過競爭)，並且提供所有的經濟行動者完整的價格知識，以便理性的根據價格決定他們的行動，價格自動地集合大量有關效能的個人決定，並且將這些資訊傳遞給生產者，他們不只可以，也必須對此產生回應，當需求減少時降低價格，而當獲知產品的效益相對提升時，便提高價格。

　　價格因此被視為有效的機制，透過自由主義認定的唯一標準來配置社會資源：即個人的偏好。這些偏好自動地規訓企業的行為：他們需要的不是滿足個人的需求，而是必須符合這些個人的邊際效益計算，這樣他們的事業才能持續下去。

理性與選擇

　　在自由主義理想的個人與社會關係之中，消費者是以英雄的姿態存在：消費者作為私密的個人，透過某種整合他們行動的社會性機制(即市場)，在追求他們自我界定的利益時，不用犧牲他們選擇的自由。但是這種理想的世界觀，必須建立在某些有關個人與他們的需求或慾望之間關係的特定預設之上。這些預設指出何謂理性地追逐自利，而這些預設也鑲嵌於令人擔憂的有限理性

(homo oeconomicus)世界中。如同前面提到的，在新古典經濟學中，消費者早已在進入這個重要的社會場景，也就是市場之前，便對於他們想要什麼有著私人性的認識。新古典經濟學在意的只是接下來會出現什麼情況：理論化人們**如何**追求所欲，而非人們他們想要**什麼**。我們在這裡討論的是**形式理性**(formal rationality)的問題，因為人們透過這樣的邏輯與程序，便得以計算出極大化其欲望滿足的最佳手段(這些欲望早已為個人所決定、界定與認識)。源自於價格的行動是一種形式理性的過程：既存的有限手段(金錢)，以及對於商品的無限欲望，什麼樣的消費模式才能極大化我的滿足？我之所以會選擇特定商品，並非因為這些商品的獨特特質，而是根據我的邏輯結構的計算而作出決定。

這樣的看法被視為「人類行為學」(praxeology)：這是一個理性行動結構的形式模型，而非對於「消費者行為」的文化或社會性解釋。當我們一想到日常生活中的消費者，我們便聯想到人們要的是什麼，想到他們的特定需求與欲望，以及想到那些讓他們感到滿足的物品、活動與經驗。我們甚至能提出說明個人欲望的正反理由。我們不斷接觸到某些語句，像是「他之所以有需要，是因為他⋯」、「她突發奇想的買下這個商品」，或是「我喜歡這些新款式，但是它們並不實用」。這樣的思維可以被視為**實質理性**(substantive reasonality)：我們將特定的欲望以及行動與特定的價值與原因連結起來。實質理性

是一種更為文化性的思維：在消費文化中，我們透過生活、價值與社會關係中的特定面向，思考商品與需求的意義。

　　對於自由主義與古典經濟理論來說，最關鍵的部分在於這樣的思考方式，排除了許多不同的既有限制(一般經濟學對於消費者的相關批判，請見 Campbell，1989；Clarke，1982；Douglas and Isherwood ，1979；Etzioni ，1988；Fine and Leopold，1993；Godelier，1972、1986；Hodgson and Screpanti，1991；Lane，1991；Plant，1989；Robinson，1983)。我們可這麼說，儘管自由主義與經濟學將個人的選擇當作他們道德與社會世界的核心，但是對於其中內涵的說明卻付之闕如：我們看不到個人是如何形成他們的欲望與利益，我們只能看到他們理性計算的追逐它們。此一學術典範面對的重大挑戰在於消費者如何從實在的需要(這個假日的打扮)轉向形式理性的行動。在自由主義與新古典經濟學中，這樣的轉向是一種抽離過程：個人在具備特定品質的多樣商品中進行抽離，並且選出合乎效益的商品，而效益也是相當普遍的選擇依據。效益僅僅只被界定為物品滿足欲望的能力。而欲望所處的情境並不重要：效益不過意味著抽離，而不討論物品滿足欲望的特質。我之所以進入市場是因為我了解我的特定需求，像是書本或是電影票。而根據現在的價格，我有的十元能買一本書或兩張票。從這個觀點來看，一個具備文化傾向的觀察者，或許會用不同的

文化模式、反對私人行動的社會規範、我的研究主題或是其他，來檢驗與我的興趣有關的各個面向。另一方面，一般經濟學家將把焦點放在我如何理性比較兩種的消費，並且根據效益的總合(滿意程度的總合)作出選擇，讓每筆花費都能有利於我。

簡言之，效益讓我們能比較蘋果與柳橙。此種論點來自於邊沁的功利主義(utilitarianism)，他將效益界定爲「任何物品都可能顯現的性質，效益能生產利益、好處、快樂、良善或是幸福，或是減少痛苦」(Ryan，1987：66)。而效益的建構與個人在當時對於「…利益、好處…」的界定有全然的關係。根據這樣的觀點，商品本身並不具備效益，而只能在旁人的眼中浮現。然而，如果效益全然只是個人的判斷，那麼外在的觀察者(如經濟學家)便很難界定真實世界的效益，而必須觸及消費者的主觀經驗才能得到解答。新古典經濟學(與功利主義)用「定義」來處理這個問題：我們(社會觀察家或是經濟學家)之所以知道這項物品有「效益」，是因爲有人想購買這樣物品；而我們之所以能知道這樣的關係，是因爲我們已經假設，從定義上來說，如果某人願意購買這項物品，決定是因爲這項商品對他具有「效益」。這樣的預設通常被描述爲「表現在外」或「外顯的偏好」：根據定義，購買的行爲能夠標誌出偏好所在。如同許多人已經指出的，從任何面向來看，這並不是需求或消費文化的理論：這只是個套套邏輯，對於特定需求並未多加著墨，而

僅僅從人們的購買行動指出需求的存在與否。指出某人之所以買下某物，是因為某物對於某人具備效益，對於我們了解為什麼某人要購買某物，他們的動機與需求為何並沒有太大幫助。我們必須重申，效益是我們對於如何經由計算追求我們利益的形式關懷的核心，而非實質關懷，也就是這些利益是什麼與從何而來的討論重點。

　　效益是一種高度形式與抽象的概念，因為它用單一的欲望，重視效益的欲望，來取代人類多樣的偏好；他用一個「極大化效益」的個人自利動機，取代各種不同的社會動機。就某種意義而言，效益用「理性」，用抽象的量化計算，取代了「社會」與「文化」(不同的生活方式對於人類需求的實質影響)。我們也必須注意到同樣的形式邏輯也應用於「供給」與「需求」。舉例來說，蘭卡斯特(Lancaster，1966、1971)與艾諾墨格(Ironmonger，1972)發現，新古典經濟學家將消費者於市場找到的物品視為「給定」與不變的。對於消費者取向的經濟來說，這是一個極端不實際的預設，因為市場的情境，包括其邊界、內涵與結構，都會因為新商品的引進，或是舊商品的重新界定(重新定位)，而不斷地被重新定義、重新分割與重新斷裂。確實的，我們可以透過商品的實質與文化，重新界定廣告與行銷所具備的功能，也能夠藉此重新定義市場結構與關係(最重要的是競爭關係)。

　　最後，這些預設都是以真實的個人如何，如何可以以及理應如此行動的宣稱形式表現。而邊沁顯然將這些

預設視爲不可動搖與基本的事實,人們的動機並非來自特殊的需求,而是來自增加愉悅與極小化痛苦的普遍欲望,因此所有的個人行動與社會政策應該透過效益或是「壞處」,理性而適當的分析與判斷,換句話說,也就是行動結果所產出的快樂與痛苦的總合。所有的行動與判斷都是受到如此本質或效益的量化計算所驅動。邊沁不恰當的認爲他的用語,像是「幸福的計算」(felicific calculus)或「享樂主義」,可以當成個人與經濟學家(或官員)利用效益評估可能行動過程時的基本架構。舉例而言,在《道德與立法原則的介紹》(An Introduction to the Principles of Morals and Legislation)的第五章中,重點在於系統化理解和評估快樂與痛苦「價值」的因素:它們的強度、持續時間、確定與不確定性、容易取得或是不易獲得、豐富程度、純正與限度。第六章則詳細列舉快樂與痛苦的類型(從簡單到複雜),並用上述的標準加以評估(Ryan,1987:86-97)。我們不清楚邊沁是否認真的希望人們爲這些因素打下分數,但是他所依循的絕對是量化原則:減少事物的多樣性,而代之以單一普遍的原因,並因此得以進行量化的比較。如同蘭恩(Lane)指出的,我們可以肯定的是,「快樂主義」在十九世紀晚期與新古典經濟學的理論相結合,價格這個重要概念成爲社會統合的機制,依靠的是個人將他們欲望簡化爲當下效益的能力,藉由這樣的能力,人們得以在行動過程中,進行比較與選擇。這樣的形式能力也就等同於人們的理

性泉源。

經濟學上的無關道德主義

接著，形式理性與實質理性的斷裂，對於指出消費文化作為理性計算的背反，卻表現出異常的沉靜。這樣的結果並非是因為忽略了自由主義傳統，而是完全的接受其基本關懷：就某種意義上而言，個人自由指的是個人的隱私與自我決定。透過將本身限制於形式與計算理性的分析，自由主義經濟學得以退避對於個人的實質需求與欲望作出任何判斷。如果自由主義所憑藉的是該觀點本身擁有提出「人們想要什麼」的權利，而不僅限於「他們如何計算」的問題，那麼他們便會讓自己成為控制個人需求的社會權威。若出現如此情況，自由主義將首先攻擊本身最珍視的原則(即個人利益的私密性)，其次，將破壞本身的目標與功能(在指出哪些社會條件得以保障個人隱私的同時，個人的利益也獲得滿足)。如同前面所述及的，自由主義*無法*對於實際的消費多加說明，而*未來*也無法達成此項目標。

我們可以將自由主義經濟學視為「經濟學上的無關道德主義」(economic amoralism，譯按：指不屬於道德範疇的概念)。他們不在乎個人表現出的是對於吸毒、指甲油或歌劇門票的偏好，甚至是想要更多的醫院還是更多的核子彈頭：所有的分析都將依循相同的邏輯結構。

現代社會對於內部物質財富形式的觀察，被非透過推翻社會目標，或是有助於良善生活的判斷(例如更多醫院，更少毒品)，而是經由個人私密形成的偏好來形成，而這些偏好不能也不應該被評斷。消費者必定擁有主權，因為個人是具備主權的存在。市場的美好在於市場排除道德的判斷：只要個人願意表現出對於它們的需求，萬事萬物都有其價格。

　　精確的自由主義讓個人成為其欲望的唯一主宰，並且讓他們具備支付這唯一機制的能力，確定他們的欲望是否獲得滿足。這便是經濟學上的無關道德主義，並賦予當代新自由經濟學民粹主義與反精英的特徵(此點與後現代主義類似)。主張任何事物皆應由市場力量決定，就等於主張欲望不應受到道德的羈絆，只應從實際效用觀之(它們能產生好處嗎？)。然而，由於自由與非干預的這種理論主張，並未阻止自由主義的勢力進行實質與道德上的干涉；這些理論主張不過是讓本身自相矛盾。舉例來說，在一九八八年「英國廣播法案」(British Broadcasting Act) 匆匆通過的過程中，柴契爾夫人在唐寧街(Downing Street，譯按：英國首相官邸與辦公處)召開了兩次的討論會。她在早晨會見了新自由主義人士，並且得到支持全面去除公共性質傳播管制的結論，認為應由收視者(即消費者)個別購買每個節目，以便極大化生產者對消費者選擇的回應是理想的做法。下午，她則會見了新保守主義人士，包括懷特豪斯(Mary

Whitehouse)，會中要求對於電視的性與暴力進行管制，
以便捍衛傳統的家庭價值：例如哪些節目有益於民眾的
實質性議題。換言之，柴契爾與雷根之所以能將新自由
主義者所關心的形式自由，與新保守主義者所捍衛的傳
統實質價值連結在一起，主要是根據過人的政治技巧，
而非知識上的一致性(而後繼者將會學到他們付出的代
價)。

　　一個以個人偏好為基礎的無道德體系，與假設有一
集體文化價值與文化權威做為社會秩序基礎論點兩者之
間的緊張關係，事實上一直都是消費文化的爭論核心，
我們將在後兩章詳細討論。在此刻，我們或許可以引用
馬克思對自由功利主義與保守主義常玩把戲的戲謔評論
來釐清：

> 你們(政治經濟學家)必須要讓萬物為你們*所用*，對
> 你們是有用的。我想要請問政治經濟學家：如果我
> 藉由讓自己變成娼妓，讓人發洩性慾來賺錢，那麼
> 我算是遵守經濟學法則嗎？他們的回答一定是：你
> 的行為並沒有違反我的法則，但是你應該想想道德
> 與宗教兄弟會怎麼說；我的政治經濟學的道德與宗
> 教並未被違反，但是…(Marx 1975：362)

　　經濟學上的無關道德主義，在邏輯上是建立於現代
思潮的前提之上，也就是事實與價值的分離。早期的啟

蒙樂觀主義，認為社會迷信與權威(即傳統社會中的不理性)是壟罩人心的烏雲，而透過觀察與理性，他們將會了解，他們到底是誰，以及他們真正需要的是什麼。除此之外，個人的理性代表著普世與渾然天成的人性。理性將會揭開真正的事實與真實的價值(Gellner，1992)。休謨的「懷疑主義」與實證前提，就來自於簡化如此雄心壯志的期望，並且直接將之用於消費文化。對於休謨來說，依循著洛克的傳統，理性只能透過感知獲得，並因此僅限於對於存在物的觀察；故我們無法從「實然」(be)轉向「應然」(ought)，不能從我們對於事物的理解，指出事物的必然性，也無法從價值推演出真實的知識(簡單地說，不同於物體的性質與移動，其「價值」或「正確性」是無法被觀察的)。因此，理性不能事先決定最終目標或是生命的意義。我們無法用科學、道德或政治權威，來界定超越於偏好個體為他們自身定義或選擇追尋的特定的價值或目標。舉例來說，在追求美麗、健康、永保青春或是其他偏好的過程中，科學可以生產出規範我們身體的知識(像是節食、運動與良好的環境)。然而，依照休謨的規則，這個經常為自由主義所依循的規則，這些目標，以及其重要程度均無法藉由理性來決定。如果某個人拼了老命想讓自己看起來變得年輕、穠纖合度與深具魅力，這不過是他的選擇，一個不理性的選擇(未經過理性判斷好壞)，但是他卻理性追求這個選擇。

　　休謨眼中世界的真正核心，如同消費者的世界，是世俗的快樂與欲望。如同伊納提耶夫(Ignatieff，1984：88)指出的，休謨變得「深信現世熱情的必然性」：這也就是理性無法經由「日常生活中的快樂」，像是享受美食、宴會、美人等等「所傳遞的笨拙與懶惰」而被驗證(89)。總而言之，個人的實體是經由他的欲望與他的意志或是，套句十八世紀的用語，他的*熱情*所建構。休謨宣稱「理性是熱情的奴隸」，因為理性無法論理地界定生命的實質目的，而只是恰如其分的為熱情所界定的偏好與「歡愉的必然性」而服務(91)。因此，休謨認為個人的欲望不可能被他人所規制，這不只是因為欲望*不應*為他人控制(因為自由、隱私與天賦人權)，也由於欲望*無法*被他人控制：理性在這個問題上，並不具備恰當的能力。理性反映了普遍的現代論述，有能力廢除傳統價值的絕對權力，但是基於相同的理由，理性也無法提供取代傳統價值的社會權威。

　　事實與價值的分離，在效益與偏好這兩個重要的概念留下印記，也因此反映在消費者的基本形象之中。效益並非以需求，而是透過愉快與滿足來界定。絕大多數有關需求的普遍定義（需求意味著某個客觀的標準），判定此項商品是否具備某種程度的必要性：作為一個道德的行動者，我們需要或是為了生存而必須做的是達成所欲的社會目標。因此，我們經常談的是基本需求、現實需求與真實需求(參見第四與第五章)。需求(needs)通常

有別於希望(wants)、欲望(desires)與幻想(whims)。首先，後三者被視爲非必需的(沒有人會因爲少了 BMW、咖啡機，或是四片還是兩片土司，就無法生存，或是因此無法作爲社會的一員)，其次是流於主觀：三者的達成必須透過想像、地位競爭或是個人的文化複雜化來達成。但是，分辨需求與希望的能力，預設著存在一種區分實際與道德之間差異的能力。第一、我們需要有關人類「現實需求」的知識，以便分辨出何者「不過只是欲望」，而將之視爲非必需的奢侈想法(但個人卻急切的想擁有)；第二、我們需要一個有關人們應當如何行事，應當從事哪些事的道德概念，以便判斷哪些是錯誤而無關緊要的慾望。實際上，這兩者經常是交疊在一起的：對於自然狀態下人類的想像，來自於認爲他們應當如此的道德與政治概念，反之亦然。

「合乎效益偏好」的概念，侵蝕了所有相關的議題。這樣的想法允許我們不加區分好或壞、必需與無關緊要、需求與願望。對於私密的個人來說，世上不過存在著追求滿足的問題。最初，消費者對於他們的欲望擁有絕對的「主權」，接著，透過市場的力量控制社會機構，因爲後者的利益來自藉由商品滿足消費者的欲望。

因此，「經濟學上的無關道德主義」首先認爲消費者擁有一個道德的基礎(即個人自由)，其次則擁有一個認知的基礎(進行評價時的有限理性)。然而，消費者還擁有第三個特質，專業的說，是經濟學上的無道德主義。

實質的需求、價值與文化，生命中的萬事萬物都來自於市場之外。用經濟學的術語來說，需求是「外生」(exogenous)於市場的。它們與形塑它們的真實社會世界，被視為某種背景、脈絡或是環境，抗拒著形式經濟理性的運作。需求只在經濟場域中以「事實」的型態出現：即有這麼多人願意用這個價格購買這項商品。自由主義的經濟學利用市場調查而非文化分析，來生產消費的實證知識：市場調查呈現統計形式的資訊，計算出誰想要哪種商品的事實。

再一次的，此項原則所產生的限制並未被忽略。自由主義的經濟學嘗試主張市場可以是資源的有效配置機制，它們產出「幸福」，而且將在特定條件(完全的競爭)下生產幸福。但是我們如何判斷市場的效率或財富？新古典經濟學並不具備關於價值的理論(像是政治經濟學或馬克思的勞動價值理論)，讓他們得以聲稱，舉例來說，市場的價格是理性的，而且與商品所反映的客觀價值標準毫無關係。除此之外，如同之前提到的，價格只與個人偏好的社會平均有關，是消費者的主觀評價。這裡的問題在於偏好無法建構評判效率或幸福的標準(某種價值理論)，除非這些標準與它們評判的對象無涉。加爾布雷斯(Galbraith，1969：146-7)便精闢的指出：

> 如果個人的願望是迫切的，這些願望必定來自其本
> 身。如果願望是人為賦予的，那麼這些願望對他們
> 就不是迫在眉睫的。最重要的是，這些願望不能是
> 由讓他們滿足的生產過程所製作…我們不能…定義
> 生產可以滿足願望，如果生產能夠製造願望。

主流經濟學因而假設需求是外生的，是一項獨立的變數，而只能用經濟關係加以解釋(如果有必要解釋的話)：否則不管是特定的市場情境(價格)，或是這樣的市場都無法在技術上被評定是有效與幸福的。如果市場具有意義，意義必定在於市場最好是無涉道德的，不要介入也無須關心人們想要什麼。

事實上，加爾布雷斯認為當代的資本主義不斷地試圖透過計畫的技術，包括廣告與行銷，創造與決定需求(並因此控制價格)。他主張資本主義現在具備某個「修正結果」的特質，企業擁有超過消費者的主權，而非消費者主權高過企業，因為企業有能力決定人們的需求。對於加爾布雷斯來說，這等於是主張市場在先進資本主義中已不復存在。舉例來說，廣告與行銷透過想像、風格與心理學等等進行實質與文化的干預，導致某種人造欲望的迫切性：消費者願意不惜代價購買某項商品。因此，如果需求並非外生，那麼市場甚至可說是不存在；而且按照定義，價格因此而無法代表理想的資源配置。這個重要的概念變得毫無意義。實際上，由於廣告被視為

轉換消費者實質需求的嘗試，使得許多評論家未將廣告當作一種經濟行為的形式，而將之視為一種不恰當的心理干涉，或是經濟場域的技術語言符號。派卡德(Vance Packard)的《隱匿的說服者》(The Hidden Persuaders，1977)一書，便是經典的例子。

因此，在道德、認知與技術上，新古典經濟學藉由強化個人的自由隱私，來對抗一切的判準與權威。消費者的主權是一項權利，是理性的缺失，也是技術上的定義。但是，帶來完美形式理性的價格，卻無法對於消費的道德面、認知面或是技術面作出更深入的闡釋。

經濟學與「其他」

自由主義與功利主義的重要性並不僅限於提供某個(極為出名)消費行為的理論。它們也參與了思索與消費文化有關的勞動分工與整體結構的饗宴，這是一場不同於社會科學訓練的知識性勞動分工的饗宴。經濟學被認定為強調形式理性的研究，消費者是決定者，而且如同我們看到的，經濟學不會也不能對消費者的決定本身下太大的功夫。特定的需求與物品建構了某種背景或環境，理性的行動可以悠游其中，意味著需求外生於市場的概念。那麼到底是誰描繪了這些背景？或者，換句話說，需求從何而來，而哪門學科從事需求來源的研究？

　　我們可以找到很多答案：這些答案全都從形式與實質理性的分離開始。首先，需求可以在許多層面被視為理所當然，而最常見的做法，便是將需求當成不證自明的存在(每個人都知道他的需求為何)。分析家僅僅引用他們的文化當作背景知識。或是把需求設定為無法解釋的**事實**：透過市場調查計算數量而非經由社會理論加以解釋。其次，我們可以用更嚴格的方式界定需求。例如，需求可以被視為「天然的」，可說是人類身體與心靈的自然本質。接著，透過不同的學科，提供這樣的需求概念給經濟思想：舉例來說，生物與自然科學將滿足食物、衣服與庇護的需求，與身體需要的物質再生產串連起來，人類學對於普遍需求的研究則指出，健康是跨越文化多樣性的一種需求，心理學則指出個人情感與認知結構的需求基礎，或是自啟蒙以來，藉由「哲學人類學」嘗試提供人類必備特質的理性說明。這些學科普遍來說，皆有「本質論」的特性。第三，需求可以被視為由社會所建構、可變與多樣，或是經由特定的社會脈絡、社會影響或社會化的過程所中介。社會學、文化研究、歷史與人類學，在此意義上全都提供了某種程度的「需求理論」。最後，還有許多被貼上不同標籤，嘗試集所有學科大成的消費者行為理論，它們主要的目標在於建構描繪一切的「環境」與「社會影響」如何影響理性的選擇過程。

因此，形式與實質理性的分離，對於透過那些針對消費文化的研究，所生產的智識結構是極為重要的：形式理性行為(經濟學)的研究，以及行為的不理性與文化內涵的研究(其他學科)之間的區分。如此學術分工所產生的問題將導致消費文化本身的消失。我們的確很難找到某個學科能以單一架構同時涵蓋構成消費的經濟與文化力量，而且也無法精確地指出界定消費文化的經濟與文化之間的**關係**。

理性與鑲嵌論

另一個界定形式理性的做法與「去鑲嵌」(disembeddedness)的概念有關：劃清經濟行動與文化或社會關係之間的界線，並且在不同的場域，也就是經濟場域運行。一開始我們或許會問，這是一個對於現代市場社會的恰當描述嗎？還有，這個「經濟」的現代概念，是否能有效的用於其他社會？

主流經濟學可說是一門最為獨特的社會科學，因為只有經濟學不用主觀性的用語(像是「社會」、「非現代文化」、「人類心靈」或「社會政策」)，而是藉由對於主觀事物的獨特定義來界定本身。舉例來說，經濟學「是研究人類行為的科學，以及界於目標與具有其他替代用途的稀有手段之間的關係」(Robbins，引自 Nelson，1993：5)。這通常被詮釋為經濟學研究理性選擇的邏輯，並

且經常假定其指涉的對象符合手段—目的的形式理性。
這真的只是一個假設，等於是用一個特定的理論定義一
門學科。除此之外，經濟學也爲行爲設定一套規範性的
標準：在所有的社會與其社會部門當中，經濟學尋找行
爲的模式，也就是形式理性，而這樣的行爲模式也被認
爲是西方現代性的特性之一。

　　對於經濟學，最具權威性的替代性定義是由博蘭尼
(Karl Polanyi，1957a、1957b)在《人類社會如何自足》
(how human societies provision themselves)的研究中所提
出。這個替代性定義並不對經濟制度的運作領域、行爲
或理性的形式提出預設。正好相反的是，博蘭尼主張人
類的自足行爲是鑲嵌於廣泛的社會制度之中。現代公民
與經濟學家認爲經濟所具備的功能(例如收入的分配、消
費商品的配置與勞動分工的管制等等)，在過去是透過社
會關係、結構與制度所彰顯，而後者則被現代人界定爲
非經濟的領域。舉例來說，在家族社會中，家族關係(
包括血統連帶與家長權威等等)比非個人性的市場機制
更具有管理誰來消費、何時消費以及消費程度的能力。「
經濟」因此鑲嵌於其他社會關係內，而且可能並非由形
式理性，並透過社會互惠或是由政治中介的再分配所掌
控。博蘭尼在《鉅變》(The Great Transformation)一書中
指出，十九世紀是自由市場資本主義的全盛時期，而這
對於博蘭尼來說，意味著一個極端去鑲嵌的短暫時刻(
即使此時市場的管理與擴張仍需國家介入)，在此一時刻

，人類的自足與其他的社會關係脫節，並且受到形式理性的算計所管制。然而，在絕大多數的社會系統中，實質的社會關係並不僅僅象徵著(如新古典經濟學那般)外在或外生的環境。它們對於「經濟」來說，是更內在，更重要的部分。

如果經濟學家與其他人，試圖在非現代(與大多數的現代)社會中，找到與社會關係脫離的形式理性，他們會發現不理性的是他們自己，因為當地的自足必然是透過實質關係與理性而進行的(博蘭尼所引發的爭論，至少在民族學中，引發形式論者與實質論者的爭辯)。在未來的討論中，我們將在女性身上看到這樣的結果，她們的消費選擇被認為是實質與鑲嵌於社會關係之中，而非只是形式或與社會關係脫節的行為。

但是，博蘭尼的論點也同樣存在著問題。絕大多數的結論皆指向非現代的社會與形式理性計算無關的預設。這樣的預設不只忽略市場與貨幣擴張的事實(即便它們被邊緣化或被「團團圍住」)，同時也忽略一個更廣泛的議題，就是理性計算可能高度鑲嵌於社會關係之中。舉例來說，布爾迪厄(Bourdieu，1989：3-10)對於禮物的交換，提出一個更引人注目的說明，與牟斯(Mauss，1990)的發展(seminal)討論有著類似的研究旨趣。禮物通常被認為是商品的對立，禮物的意義與價值完全來自它們所鑲嵌的社會關係(例如博蘭尼用互惠一詞來描述，布希亞(Baudrillard)則用「符號交換」來說明)。然而，為了建

構送禮(gift-giving)作爲報償(payment)的相反行動,更多的理性計算是必要的。如果我很快的回禮,我或許會被認爲是在報償而非送禮;如果我回了一個太大的禮,那麼我或許會因此冒犯別人。故,我必須對於價值和對等與否進行理性的計算。

　　相較於博蘭尼的論點,最爲安全的結論或許是,形式理性在非市場經濟中發揮著更大的作用,而相對於自由主義的主張,實質理性在市場經濟中扮演著相當程度的角色(Granovetter,1985)。就消費者而言(諷刺的是,儘管消費者並未受到新經濟社會學的重視,新經濟社會學卻是從相關的爭論中而產生),結論則是形式與實質理性皆是不可或缺而且關係緊密,任何將兩者視爲不同的事實與訓練的研究取向都是沒有幫助的立場。逛街行爲(Slater,1993)可以作爲顯著的例子。「去逛街」意味著前往某個「市場領域」(market-place)(像是購物中心、超級市場、購物中心等等):這是一個指涉到許多不同的社會行爲與社會關係的社會場域。如同我們前面提到的,主流經濟學重視市場甚於具備市場性質的領域,而市場是高度抽象的力量集合(經由個人理性計算的價格,引入供需的曲線關係),這個集合是一個精確的封閉系統模型,其中只包含一種「動機」,就是從收益或滿足中,抽離出一個符合「最大化效益」的選擇。另一方面,我們前往購物的市場領域,則是由充滿令人驚異、範圍廣大的行動與關係等具有社交性的事件所建構起來的空間。舉例

來說，不管是傳統或現代的市場領域，都涉及到令人嘆為觀止的物品展示、各式各樣的娛樂與愜意(餐廳、演奏家、戲劇表演、戲院、廁所、不受天氣的威脅)，社會魅力便從人群、安全與管制等等層面中應運而生。

市場領域與商店也提供了更廣泛的功能：不只是對於商品的計算，同時也是社會群聚與集體認同的核心，人們在其間相遇與閒逛，這兒不但是公民政治以及文化符號體系與認同的核心，也是觀光的核心，一個或偷或賣、或欺騙或乞討、或盡情演講或發動遊行的區域。在這個意義上，市場不全然是有經濟面向，還包括複雜的社會事件與制度。而市場內消費者的行為也是如此。他們會作作白日夢，逛逛街，他們與朋友會面，看電影或飽餐一頓，他們與家人朋友出門(每一次的出門都建構了不同的場景)，他們購買雜貨，結婚禮服或是禮品(任一行為不只涉及到不同的「外生」動機，也牽涉不同的市場行動)，他們或許會考慮要把錢花在昂貴的休閒活動還是令人煩惱的家務上。他們或許也會進行理性的價格計算。(有許多涉及購物的文獻，與上述的議題相關，但是多採取後現代主義的取徑：Adburgham，1981；Agnew，1986；Benson，1986；Bowlby，1987；Bronner，1989；Chaney，1983、1991、1993；Fiske，1989；Gander and Sheppard，1989；Jameson，1984；Lunt and Livingstone，1992；Miller，1981；Mui and Mui，1989；Reekie，1993；Richards，1991；Shields，1990、1992；Slater，

1993；Walkowiz，1992；Williams，1982；Wilson，1991
；Wolff，1985)。

啓蒙的人與女性消費者

　　本章的討論，是以消費者是個英雄或是笨蛋的問題
作爲開端。而對於自由主義的傳統來說，答案是消費者
在某種程度上算是個英雄，因爲他是自發而自我決定的
個體，而這樣的自主性仰賴其理性能量，他在最初認識
與界定本身需求的能力(對於需求擁有主權)，並且理性
地追求需求的滿足(他對於需求的主權超過其他的社會
來源，而多半是透過市場取得)。消費者的需求可以是荒
誕不經或是邪惡的欲望，但是他們會透過理性的自我加
以計算，並且滿足這些欲望。

　　然而我們也看到在日常生活與社會理論中，消費者
經常以笨蛋或失去理智的形象登場。消費者，一群講究
舒適的消費者，是因爲他們無法符合「成熟」、理性與自
主的標準而被精確的定義。首先，消費者之所以像個笨
蛋，是因爲他們是欲望的奴隸而非理性計算者，因此對
於消費者的界定，不僅來自他的形式理性，也與他實質
的欲望、夢想與動機有關。消費者的欲望應非全然是自

主的,而是由他人、家庭的需求、社會的壓力、流行與趨勢、或由廣告、行銷與媒體所決定。確實,日常生活中的消費者並不被認爲是能夠自我界定需求的理性計算者,反而是其他力量理性計算的**對象**,市場驅力與廣告活動的獵物。最後,如同我們看到的,消費者甚至不是經濟學的一部分—經濟學以理性人爲研究對象—而更接近那些研究實質需求的學科(心理學、社會學與文化研究):他們將需求視爲無關理性與其來有自或是被決定的,我們無法用自主性的自我創造來加以解釋,只能透過人們身處的環境與社會的壓力才能加以理解。

但是,這是否意味著消費者是項失敗的產物,無法達到啓蒙時代的理想,或者只是那些理想之外的因素所創造的產品?啓蒙宣告一種普世權利的語言,而大多數的民眾是被排除在外的。這牽涉到誰才是「人」(man)問題。因此,洛克的自由主義將社會契約限於擁有財產的成年白人男性,這樣的區隔經過幾個世紀以爭奪普遍權利爲目標的戰爭,才慢慢的被解除。女性能否進入公共生活或是擁有私人自主權,同樣也受到法律所有權的限制。在這個意義上,啓蒙不過是合法化舊時控制女性與男性奴工的家父長制,宣稱作爲(這樣的)人,應具備理性、自主、文化與社會的能力,並且相反的界定女性與男性奴工具備了野蠻、不理性、幼稚與由他人決定的特質。用這樣的方法將許多重要團體合法地排除於成人公共活動之外,接著,用這樣的區隔作爲他們應當被加

以排除的進一步證據(相關例子，請見 Bauman，1993；
Bordo，1987；Gilroy，1993；Sydie，1987)。

　　舉例來說，女性主義對於主流經濟學的批判，在於
他們認爲女性在這些學派中被視爲不理性的角色，並因
此而無法成爲恰當的經濟行動者，而這樣的結論是根據
排除性質的理性定義，根據男性的經驗而來(Feber and
Nelson，1993)。英格蘭(Paula England)認爲，理性模型
是由男性所設定的自我，而他們通常不熟悉女性的經驗
，同時貶低女性的價值：這個模型是個「分離的自我」
，人類是「自主的，不受社會影響所動，與他人缺乏充
分的情感聯繫，並且產生可能的移情作用」(1993：7)。
這個模型反映了三種經濟學理論的核心預設：個人之間
不可能進行效益的比較 (每個人都有他或她本身的效益
官能，而無法透過任何人的觀點加以評斷)；偏好外生於
經濟模型，並且是固定不變的(偏好來自於個人本我的私
密以及與外界分離的內在世界)；以及市場中的行動者，
其行爲都是自私導向 (他們的利益與其他人的利益無關
)。除此之外，如同我們看到的，需求是外生的概念，等
於是假定情感與理性、實質需求以及價值與對於事物的
理性計算的分離(50)。「成熟」，也就是符合道德自我的
出現，完全由個人主義定義的用詞，而非以他人的聯繫
、交往的能力與關懷他人等等標準所定義。後者被視爲
自由與自主的喪失，是一種對於統治權的妥協。

　　總而言之,「分離自我」的模型與男性作爲公共行動者,並且不斷的污名化女性再生產的工作、她們的技術與她們的情感生活等等密切相關。其次,這個模型也忽略了男性在公共領域的自主生產,以及仰賴女性再生產性質勞動的程度。男性理性的追求其效益,依靠的正是女性所從事,而經濟學理論認爲不可能的行爲:將她們的「效益」與她們家庭的利益合併,女性通常將她們的效益置於家庭的利益之下,認識到她們的利益與其他的面向有關(例如藉由加強她們伴侶與小孩的利益,而得到喜悅與道德自尊)。改變或是放棄自由經濟學的理性與自主觀點,不只將得到明顯不同於消費與消費者的圖像,同時對兩者也有不同的評斷。這意味著在道德上,對於目前被認爲是毫無價值與理所當然社會行動的認同。

　　根據排除與貶抑女性經驗的理性概念,而建構完全粗暴的消費理論與消費文化,被認爲是違反許多消費——大多數的消費決定、追求消費以及消費勞動——是由女性發動的事實。這個事實源自於性別的勞動分工,區分出公共與私人、生產與再生產,並且指派女性負責家戶的再生產,這在現代性的歷程中尤其激烈。更爲明顯的是,當消費文化與商品化在二十世紀站穩腳步與打好基礎後,女性家戶再生產的責任更經由廣告、家庭經濟以及其他教育過程、國家政策與媒體再現,被界定爲一種管理消費的責任。當家戶的再生產逐漸意味著經由購買商品建立家庭,女性慢慢被界定爲「消費的專家」。也就是

說，男性負責把錢帶回家，而女性負責把錢花出去(不管
是有一套良好的家戶管理，或是依照一般的印象，是衝
動與不理性的花費)。

　　不幸的是，不是只有自由主義才遺漏了與那些「負
責」消費的人們極為相關的消費文化理論。事實上，在
撰寫本書與整理相關的理論時，我發現很難一致的指出
這些問題：這些理論全都建構於相關場域之外。舉例來
說，「文化」的「英雄」可說是某種對於「後傳統社會」
的回應(下一章將談到)，而這個「英雄」一般來說指的
是男性的「浪漫式自我」(romantic self)，指的是詩人、
藝術家與尋找真實的天才。對於異化與具體化
(reification)的批判(第四章)則將**技藝者**(homo faber)奉若
神明，人類是客觀世界的生產者、轉換者與主宰，世界
是由「勞動」而非「再生產」所建構的。意義的理論(
第五、六章)則往前更進一步，但是也傾向將性別的差異
等同於符號的差異，或是在某些文化研究中，過度重視
與過度強調外顯與不法的消費形式，像是次文化，將男
性界定為公共的行動者，而非組成許多女性日常生活的
世俗、私密與遵奉性質的消費。最後(第七章)，後福特
主義將女性再生產性質的工作納入功能主義式的系統性
再生產(公共的勞動再一次取得優勢)，而持續主張討論
「差異」與「他者」(others)的後現代主義，則傾向普遍
化一般人類的命運，因此也未關注「主體」的性別差異
。

除此之外，在既有從自由啟蒙以來所使用的語彙中，讓人不覺意外的不只是將女性侷限於從事實質與家戶的消費，而被視為不理性的代表，也包含普遍見於「女性主義」中，「消費者是個笨蛋」以及消費者與啟蒙的理想相分離的說法。例如，大眾消費與大眾文化的閱聽人引發對於性別的想像。她們被描述為古怪、易變、錯亂與自我陶醉的；她們藉由刺激與追求而被引誘，或持續對抗，而達成市場的貫徹(Huyssen，1986：第三章；Thornton，1995：104)。賀迪吉(Hebdige，1988c)以類似的論點將戰後的消費者浪潮，特別是我們在美國化過程中所看到的消費者，描述為英國文化的「女性化」。舉例來說，賀迪吉將消費文化視為強盛的真實工人階級的女性化。另一個相關概念是布爾迪厄對於品味階級(taste hierarchy)的說明，這是一種嘉年華會而非演奏廳的經驗。布爾喬亞的消費文化被以康德的真實所界定，其中的閱聽人沉著而智識性的**仔細思量**藝術般的作品；大眾消費則象徵著在生活中情感與身體的洗禮。

這些論點指出另一個概念，也就是消費者與啟蒙理想中的人「天差地遠」。這不只是因為消費者既不理性又不自主，也是由於消費者同樣也是被計算的對象，是理性經濟人追求目標的手段。不管在會議室或是廣告公司中，由於消費欲望的不理性，使得消費者被視為是可操作與幼稚的獵物。他們的需求，他們的實質文化，並不被當作他們的目標或價值所在，而是必須加以處理的技

術性問題。消費者是理性計算的對象而非主體,成為「他人」計算的目標。除此之外,似乎還存在某種惡性循環:當消費者越發意識到自己是廣告、行銷與零售等等的干預目標,他們將進一步遠離理性與自主的理想,而當他們越加發現自己是社會的附屬品時,他們將意識到本身是不理性與可操弄的目標,是「脆弱的消費者」,就像老人與孩童,成為社會關切的對象。馬錢德(Marchand)生動地描述了一九二○年代美國廣告中消費者的另一面,買下廣告的商人將消費者想成在他們鮮少離開的安樂桌旁,譏笑般的討論「馬龍先生、馬龍太太與小馬龍」的廣告(Marchand,1986:67)。馬錢德借用一位一九二○年代廣告商的話,總結了來自市場面的觀點:「最後,一大群男男女女的腦容量是那麼令人不可置信的淺薄。在嬰兒時期,他們被明亮而絢爛奪目的色彩,與震耳欲聾的噪音所吸引。等到長大,他們卻令人驚訝的保持類似的反應」。威廉斯(Raymond Williams,1985)的經典論述指出,沒有什麼群眾,只有將人們組織為群眾的方法,這也說明類似的情況:否認消費者的理性,並且將他們視為可操作的群眾,這樣的論點都是從某些自認為理性將「他們」(them)視為「他者」(other)的人們開始,也與他們存在著穩固的關連性。

艾波比(Joyce Appleby,1993:162)所提出的重要問題,總結這些爭論:「為什麼,在啟蒙熱切追求自由的浪潮中…自由消費永遠不被認為是種社會目標…為何會如

此…消費是現代社會系統不可或缺的部分，但卻不曾成為詮釋現代性理論的核心？」而答案或許是「自由消費」並未明顯的與廣泛理性追求自利的自由主義理想分離。邊沁所謂的「幸福」計算者指的從來不是「消費者」；取而代之的，是一九八〇年代「富有企業家精神的個人」，無論其追求的利益與活動的社會場域為何，生產者與消費者都是同樣的自由與理性的具體化結果。從這樣的觀點看來，自由消費從來不是一個與現代性分離的社會目標或面向。確實，消費者如「他人」般，被視為是獨立的一部分，不再是社會的理想，而是社會的附屬品。諷刺的在於自由主義本身能透過其排他性，將消費者分離出來，而形式理性的概念與形式理性的運作卻讓人們客體化，而非從事自利行為的主體。

自由的策略

英雄與笨蛋之間的對比，可說是消費文化爭辯的核心。消費者是自由主體抑或是被決定的對象？他們能夠主動創造性使用社會資源，建構有意義與令他們滿足的生活嗎？或者他們只是消極受到能夠為他們界定其需求的社會體系的限制與給定的命運？廣告是創造或是控制

需求，消費者真的會追求他們自我界定的利益嗎？用加爾布雷斯的話來說，到底是誰隱身在消費者需求的「迫切性」之後？

然而，如同我們看到的，不管消費者究竟是英雄還是笨蛋，似乎都是由自由主義本身所創造出來的存在。以理性與自主為基礎的現代英雄主義，某些消費者可能無法達到標準，或是成為他人「英雄」行為瞄準的對象。除此之外，這些爭辯產生的矛盾之一，就是絕大多數的團體似乎分享著相同的自由主義基本預設：自由與決定則相反，增加自由意味著社會管制與權力的下降，反之亦然。那麼，爭論基本上是個實證的問題。消費者到底是自由而自主的，或者只是被操弄的。

其後，傅柯後期的作品，透過主張自由與權力之間並非一種對立關係，自由可以作為一種非常有效的權力策略，自由是權力的工具，是權力下的產物，則可以用來打破這樣的爭論。於是，問題便不在於自由主義消費者擁有主權的宣稱是對或錯，而是轉向選擇的概念，或是選擇本身，是如何被用來建構現代的社會秩序；問題不在於自由制度是否讓個人從權力中「解放」出來，而是自由主義論述與自由的實踐，在生產現代權力的形式中所扮演的角色。

傅柯的論點有效的將自由主義轉譯為某種歷史現象，或者用他的話來說，某種「統理技術」(governmentality)的形式。「政府」是對於「行為的導引」(conduct of conduct)

的關切，藉由「管理與掌控社會與個人的存在，以便帶來經濟、秩序與德行」(Rose，1992a：143)。「統理技術」明確地指出透過知識與實踐來管制行爲的結構或邏輯。統理技術不只存在於國家之中(像是阿圖塞的國家機器，或是葛蘭西的文化霸權)，而是透過廣泛的制度與實踐網絡而散佈開來：確實，權力的擴散，權力毛細管化(capillary)的特性，對於傅柯普遍權力的概念以及他對於自由主義的重要分析極爲關鍵。自由主義既非直接或堅實的控制人群，也非如他們的自我意向般，透過國家權力的限制而達成其統治。更精確地說，自由政府依賴具備自我管理能力的個人，並且因而強迫與要求人們管理自身，自由而負責地行動，而且還能做出理性的預測。這些能力是「國家權威的中心目標與資源」(Rose，1992a：143)。相同的，自由市場並不是一個作爲自由場域的制度，而是國家的一種激勵機制，讓國家可以管理「遙遠」並且無法直接統治的複雜社會過程(Burchill，1991：127)。

自由主義依賴自我管理的主體，但是也深信只要擊敗傳統與不理性的社會，那麼他們的內在能力也將會自動地釋放出來。作爲一位後現代結構論者，傅柯相信主體性是被生產出來的形式，而非從解放或壓迫而來：自由社會必須生產個人，也就是作爲本章開頭，那著名的「企業家自我」(enterprising self)，企業家自我

　　將進行一場自己的生命之旅，規劃他的未來，並且
　　試著讓自己符合自己理想中的形象。因此，企業家
　　我是一個計算我(calculating self)，計算與本身
　　相關的事物，並且讓自己變得更好…而政府就是立
　　基於這樣的基礎，讓人們統理自己(Rose 1992a：
　　146)。

　　自由主義所謂的個人根本利益，並非真的在於其自
由或自主，而是個人的自我管理與自我統理的能力。「
公民權指的是積極與個人性，而非消極與依賴性。今後
，政治的主題將是透過個人自由地在多種選項中進行選
擇的實踐，來展現個人的公民權」(Rose，1992a：159)
。

　　傅柯對於自由統理技術的分析，指出政治層級或政
策層級的自由生產。至少在文獻回顧中，這樣的分析層
次對於針對「人類技術」的制度分析有所輔助，也成爲
他大多數作品的源頭：包括對於瘋顛、醫療、囚犯與性
愛的分析。這些作品所顯現的主軸，特別是《規訓與懲
罰》時期中的生命政治(bio-politics)的概念，是這些制度
的「自由主義」改革，意味著透過從強調對於身體的懲
罰，轉向關切靈魂，而「解放」瘋顛與邪惡。事實上，
如同圓形監獄所展現的概念，「解放」並未釋放真實的人
性，而是以前所未有的程度，生產「被規馴的」、自我監
督的以及受到權力關係殖民的自我。如同在對於統理技

術的分析中，現代公民不只是人群管理的對象，也是其資源所在。

傅柯晚近的作品則在另一個層次，也就是在自我的層次中，呈現相同的基調。權力不僅透過政策，或是制度層次的論述與實踐而加以運作，同時也與「自我的道德技術」(ethical techniques of the self)有關(Foucault，1988：146)，「這樣的技術讓個人得以藉由他們所擁有的意義…對於他們的身體與靈魂、思想與行為，以及存在的方式產生一定程度的影響，並藉此轉化本身，進入一定程度快樂、純淨、聰明、完美或無道德的狀態」(Foucault，1988：18)。對於傅柯來說，這是「某種你和自我應有的關係，這就是我所謂的道德，道德對於個人的重要影響，就是在於將個人建構為本身行動的道德主體」(Hacking，1986：235)。在各種層次的分析中，自由主義社會充滿著對於自我管理與選擇的諄諄教誨。現代的自我是「某種制度性的需求，透過從各種替代品進行選擇的實踐過程中，建構生命」，並且讓個人在進行選擇的同時，「不得不透過選擇的行為來賦予本身生命的意義，服從自主的規範、成為自我負責的主體」(Rose，1992b：153；同時見 du Gay，1996)。在這樣的論點中，消費者是自由個人的縮影，而消費主義是以其道德生產為基礎的重要社會訓練。我們將自身投入其中，在最細微而詳盡的層次下，這樣的訓練透過我們藉由選擇理解自身而運作。但對於傅柯來說，與自由主義不同，個人之所

以成爲選擇的自我並非因爲尋求一次的解放，而是現代統理的策略。

小結

如同我們所看到的，對於自由主義的傳統來說，個人從社會權威的消逝中，保存了自由。消費者藉由以理性選擇爲基礎的實踐而與這種自由產生關連，這種形式的理性(即形式理性)雖然不容許任何社會權威與判斷的存在，但是本身卻透過經濟行動與市場而規訓整個社會。對於自由主義來說，這樣的情況代表與保障對於個人自由的宣稱，也就是本章起始提到的具有主權的消費者以及企業家自我。我們將在後兩章討論對於現代性與消費文化的批判，主要是對於形式理性，特別是其經濟形式，指出現代性造成文化的災難與社會的疏離，並提出重要的社群概念，同時思古懷舊或是想像烏托邦般的真實社會。而就在這樣的觀點下，消費文化不再被視爲是個人的解放，而是個人的迷亂，也不再被當成社會進步的象徵，而是社會的病徵。

第三章

消費與文化

簡介：後傳統社會

對現代性的自由之翼而言，啓蒙者與英勇的消費者都源自於傳統社會的崩毀。另一方面，對批判現代性的一派來說─無論是對於反動派或激進派，而且通常這兩種情愫往往會混雜呈現─社會解除管制的這個過程，帶來的是混亂、異化和所有價值的貶抑。現代的商業、民主和啓蒙，破除了過去用以聯繫社會、並給予個體容身之處的社會連帶和價值。在他們的國度裡，自由現代化的幾股力量所留下的，不過是物質化的自我利益與經濟算計，這兩者都無法提供新穎的價值，以捍衛社會穩定或個體認同。

　　「文化」是一個重要的關鍵詞，透過這個概念，反自由的力量才能夠計算現代化的代價。就此角度而言，「**消費文化**」只不過是我們迷失在後傳統社會之中，所面對的一種虛假、不自然、大量製造且極度粗鄙的替代品。實際上，它可以說是文化的背反和死對頭。在其間，個體的選擇與慾望壓倒了亙古不變的社會價值和義務；眼前的衝動念頭勝過於那些在歷史、傳統與連續過程中所形成的真理；需求、價值和商品都在獲利原則下被製造和精算，並未顧及真實個體或公共社群的生活。最重要的是，消費主義象徵著經濟價值的勝利，並凌駕在所有其他類型與來源的社會價值之上。有錢能使鬼推磨，萬事萬物都能夠被購買與販賣。一切事物都有其價格。

　　因此，對大多數現代西方思想而言，「消費文化」本身就是一個矛盾。呈現在我們眼前的這個詞彙充滿諷刺，因為「文化」這個字眼，被設計出來的目的，就是要標示出製造消費者之世界所親手摧毀的那一切。於是，本章的目的就是要探索「消費文化」作為一個矛盾的修辭所具備的意涵：現代性將兩個不相容的詞藻鎖扣在一起。

　　首先我們必須探討介於文化的概念，與功利主義、後傳統與商業化世界之間的對立。此對立的核心，正是關於需求本質的論述：不同於自由主義將慾望的解禁連結到個體自由和經濟成長，支持文化作為一種理想典範者則認為，在物質繁華的帷幕下，卻沒有必須遵循的社

會價值結構時,就會製造出永無止盡的不滿足(或謬誤的滿足),同時更在膚淺和失序的「自由」個體之上,建構出專橫霸道的「僞」社會(透過流行時尙、忌妒、服從主義、大眾文化的形式作祟)。最後,認定消費文化是社會失序危機其中一環的想法,多半都會鮮明地以認同危機的型態浮現:在現代性脫序的多元主義下,認同並非藉由穩定的社會秩序而形成或固著,而必須透過個體自行進行抉擇或建構。消費文化突顯了選擇的情境,同時更剝削並劇烈化現代性內的文化赤貧。

文化、理想和貶值

文化作為一種社會理想

　　文化可以被當作一種尋常事物或一種理想憧憬:一方面,它可以是一種用來描摹集體生活的有意義特質,或者,就另一方面而言,是一種高貴文化對象的精緻領域(藝術和文學,思想與哲學),同時更是在那些對象物,以及生產或給予讚美的精英群體內,所結晶而成的價值觀(貴族階級的血統與地位、心智與靈魂)。威廉斯(Raymond Williams)所著之《文化與社會》(*Culture and*

Society，1985)一書，之所以持續具有解釋力，就是因為它揭露出這兩種文化的概念，是如何深刻與歷史性的彼此綁縛在一起，並作為理解與回應現代社會的不同方式。他證明即使在最為精緻稀缺的文化美學概念內(高等文化、藝術)，我們所面對的也是某種社會思想的形式。

　　威廉斯辯稱，文化作為「文化與社會傳統」一環的概念，是一種社會的理想典範，是構成宛如「上訴法庭」的社會價值與過程模型，文化像是一個法庭裁決所，現代世界的日常生活都必須在它跟前乞求審判。首先，文化支持者在「較尊貴」的意義上，堅信在他們所發覺的高等價值觀內，應該有能夠統理日常生活的價值，並應該在社會的物質秩序中被具體化：在現代世界內，文化概念是一種對日常生活的批判與評價。其次，也有論者認為，在前現代世界中，正是這些社會價值管理著日常生活，或者他們將處於一個後布爾喬亞的世界：唯有在現代世界內，這些價值才是透過日常生活被搜索而出，而且只能夠在極為稀少的社會空間中延續，因為文化是一種保存不易的遺產。(高等)文化作為一種分裂範疇，其得來不易的殘存，正可以作為一種對墮落的現代生活，及其精神與人類腐敗的嚴厲控訴。最後，文化作為社會理想必須符合一項社會功能；它必須提供或至少保存那些社群、自我和「良善」等崇高典範，唯有如此，才能夠維繫社會秩序，或者在揮舞著批判旗幟時也能夠以更良美的秩序為名。

　　文化的概念是尾隨著那些由人類生活模式內所興起的價值觀之後形成，這些價值觀包括人類的凝聚與認同，並威權式地評判何謂好壞，真實或謬誤，其對象不只是藝術，更包括日常生活。延續前幾章的說法，正是文化必須提供具體的價值觀。在許多的論述中，這些價值觀被認為曾經一度來自傳統的社會秩序，然而，隨著朝向現代化的轉變，卻遭到理性、貨幣經濟以及民主政治的摧毀。在這個角度下，文化是一股徹底反現代的概念，尤其更衝擊著啟蒙時代、自由主義與功利主義所形成的形式理性。如同我們已知的，自由社會無論在原則上，或者更為重要的實踐層面，都對個體慾望和文化價值的具體本質漠不關心。這兩者如今都聽從個體衝動形成的各種偏好，而這些偏好均超越了社會的控制或判斷：現代性將個體從地區社群與地位秩序的群體監督中釋放出來，並進入都市的匿名與「放縱」之林，以及自由勞動市場與瞬息萬變的地位秩序中。自由現代性將理性奉若神明，理性或許可以管理人們如何求索他們的利益與偏好，然而卻無從以社會或道德權威的角度置喙，因此無法告知人們應該追尋哪些偏好。但倘若價值觀只不過是單純由金錢所中介的個體偏好，那麼社會如何能夠緊密連結，而我們又如何能夠在良善與粗劣的社會價值中進行區分呢？實際上，就像我們曾經提及的，某種程度的自由主義，其實是駁斥透過集體道德權威來控制其成員的社會觀。

　　自由功利主義或許會相信契約關係，也就是人們志願性地進入組織追尋他們本身的偏好，其實就提供了整合社會行動的技術根基。但「文化」的概念闡釋出契約關係並非社會凝聚的充分基礎。凝聚性必須要得到凌駕於個體之上的意義與道德架構來加以支撐。現代生活中缺乏這類架構，不僅造成現代時期內部社會思想的迷惑，甚至就如同透納(Turner，1987)所言，還構成現代時期的關鍵問題。除卻「文化」與「商業」這兩個詞彙外，還有各式各樣更廣泛的對立字眼，被用來定義這樣的危機：文化之於文明，地位之於契約，機械連帶之於有機連帶，使用價值之於交換價值。在這些例子中，前面的詞藻都代表著道德文化規範的形式，而個體透過非人機制，諸如市場、法律和勞動的技術分工所採取的行動，經過協調便取代了這些規範。前述兩造的對立性全都來自於「對於社會的懷舊科學，因為這樣的情愫不假思索地就將往昔當做價值觀的源頭，以作為對當前社會的批判」(Turner，1987：237)。透納所論及的社會思想，被許多研究者(舉例而言，馬庫色，1964、1972；貝爾，1979)延伸為現代藝術與哲學的整體取向：

> 西方的高等文化…是一種前科學的文化…它來自對於已經不復存在世界的體驗…它之所以充滿封建性質，不只是因為它侷限於少數權貴，也不只是因為它與生俱來的浪漫性質…，而是因為它所具備的真

實性，讓人們能夠抒發意識，並找到方法遠離商業
與工業、算計與利益秩序的整個範疇(Marcuse 1964
：58)。

　　文化與社會傳統的興起是爲了反抗現代商業社會，
並攻擊它的形式理性、唯物主義、利己主義，以及平庸
文化，甚至是要揭穿商業社會所膜拜的「自我利益」與
「實用性」這些概念背後的空虛。這些玩意或許能夠製
造財富，但卻極度欠缺價值。文化概念一向是被用來找
尋真實價值的源頭，實際上能夠深刻地連結到浪漫主義
的思維。如同我們將在下一章內深入探討的是，自由啓
蒙思想形成時，就是將整體世界視爲完全是由在追尋自
我利益之時，能夠被擁有、使用、計算和積累的客體所
組合而成。浪漫主義和文化的概念相信存在某種超越個
體的事物—社群、國家、種族、自然、靈魂、藝術理想
—而憑藉著這些事物，便能夠產生那些能夠賦予個體可
靠與真實意涵的價值觀。這些都是真實的「自我源頭」
(Taylor，1989)，且這些價值觀無法透過自我利益的理性
而得以被製造或支撐：它們的適當媒介是(易變的)歷史
、感受、敏銳度、情感和潛意識。
　　以一個鮮明的例子來說，有機主義(organism)是文化
作爲社會理想的主要隱喻之一。威廉斯(1976)留意到「
文化」一詞本身就是源自於有機過程的意涵(教養、成長
、培育)。文化是在歷史的某一時點上，才轉變成一個具

體的概念和抽象名詞，當時的批評者們認定上述的有機過程，已經在工業文明下的日常生活中消失殆盡。在這個時候，文化只能作為一種事物和人造藝術的型態存在，且必須仰賴那些自外於日常生活、不受污染的知識份子、道德家和社會精英，透過他們的保存和孕育(教養)來呈現。

有機主義意味著完整、自然和整合。現代性則與異化、機械性、分析性和社會分離密切相關。如果我們遵循傳統主義者的路線，李維斯(F. R. Leavis)「有機社群」的想法就提供了良好的例子。首先，這是一個前工業文化，屬於村落與工藝文明的文化，在其間，社會和自然關係產生了「生活的藝術，一種過日子、維繫秩序與模式化的方式，這牽涉到社會的藝術、人際往來的符碼，以及回應性的調整，這些都是由年代久遠的經驗中衍生而成，並散發到自然環境和歲月的節奏之中」(Leavis and Thompson，1933：3)。有機社群假定，第一，人類與自然間的本質關係，是在工藝品而非機械化的加工產品中，是在農業之中而非工業之內才得以具體化。田園式的風光，鄉村與都會之間的對立，正是此番想像的核心要素。有機論在此也代表著低階的勞力技術分工。第二，有機社群是一個社會整體。這是一個立即與他人面對面溝通的地點，在這個世界裡，每個人都互相認識，並深諳對方的社會地位。這是一個不會產生認同難題的世界，因為在這個世界裡，社會秩序與價值觀都屹立不搖。

有機社群並非將個體以自由的方式聚合爲群體，而是一個猶如實存實體的社群，一個活生生的存在。第三，有機社群之所以有機，是因爲它是以長久以來的連續性作爲基礎：它受到傳統的統馭，而不會受到個體選擇或意志的左右。以社會的角度而言，這就將文化的理想連結到對國家和種族羅曼蒂克的慶賀中，在其間，語言和通俗文化、或國家性格，都成爲社群忠誠且貨真價實的承載者，將古老傳統世世代代的傳遞下去。

不同於新自由學派所喊出「社會已經不再存在；有的只是個體和他們的家庭」的口號，我們可以引述柏克(Burke)描述有機社群時浪漫而保守的詮釋，作爲文化與國家之間連結的縮影：

國家不應該被認爲只是胡椒和咖啡、棉布或菸草貿易合約中的合夥者，或者只是某些無需關心，只會汲汲於微薄短暫利益的實體，甚至因爲迷戀政黨而必須加以銷毀的存在。而應該是以敬畏的心態來對待；因爲它並不是那些只會諂媚於粗俗動物本質事物的合夥人。它是一切科學的合夥人，是一切藝術的合作者；更是所有美德與良善的好夥伴。隨著這些合作關係的目標已經歷經許多世代卻無法被實踐，它於是成爲不只是介於那些實際存活者之間的夥伴，更成爲那些活者、已逝者和那些將出生者之間的聯繫者(Williams，1985：29)。

我們必須察覺到文化理想，不只是遵從封建義務和舊政治與社會體制規範的那些反動守衛者所堅守的立場；它同時也可以是人民權力和大眾文化的捍衛者，奮力抵抗自由失序與布爾喬亞權力的侵蝕，因爲在這當中，貴族階級與下層民眾已經結合成一股邪惡的聯盟。湯普森(1971，1975，1978)已經爲我們呈現完整的圖像，在那樣的情況下「英國工人階級的形成」，以及對資本家剝削的抗拒，都圍繞著捍衛傳統權力以對抗經濟「自由」的議題。經典的例子是「道德經濟」的說法。其主要概念是宣稱道德價值根植於傳統社群間，並對抗經濟脫序是現況(舉例而言，「公道價格」與自由市場價格之間的對立)。霍加特(Richard Hoggart)《文化的用途》(*Uses of Literacy*，1977(1957))一書，也以一致的立場捍衛工人階級社群中的傳統價值，並將以此抵禦純粹由利益爲主之商品文化的宰制。

地位、商業和墮落

「有機社群」消逝所激發的「文化」概念屬於傳統社會，而傳統社會文化的遺失則主要是透過消費文化的概念被體驗。傳統社會最爲顯著的一點(儘管它或許被過於誇大了)在於它倍受尊崇的穩定秩序：它認定本身的方式就是大抵維持原貌，且同時肩負不變的義務。這通常被濃縮爲「生命的巨大鎖鏈」的概念 (Lovejoy 1936)，亦

即人世間的**萬事萬物**都擁有其歸屬的位置或地位,從最低等的生物到天父本身依序排列在一條連續線上。這條鎖鏈擁抱所有的社會秩序,除了賦予所有人群固定的地位外,同時也讓人們神學式的座落於宇宙秩序之間,以及社會性的座落於「鮮血與土壤」,出生與土地之間。後來被視為文化的那些成分──合法規範社群的價值觀──在過去則是被視為自然或神祇的命令。

傳統社會消費的規範方式與地位有關:兩者都以法律為規範並息息相關。舉例來說,這可能是以禁止奢侈浪費法律(sumptuary laws)的型態加以規範,這類律則在十四世紀到十六世紀間編纂為法典,並由「沃森黑人1723號法令」(Waltham Black Acts of 1723)承襲,該法試圖規範糧食(例如國王的鹿隻),衣著(特別是吉爾特的配章、衣飾,制服與男僕的裝束),以及住所(住宅與遷徙流動)等面向。這些規範的設計,都是藉由防止社會與地理的流動以保存農業社會。地位與適當消費行為的神聖基礎,在當中都被詳盡地交代。「直到十九世紀,牧師每年在教堂中,至少朗誦一次禁止奢侈法律的做法仍舊是個慣例──這可是個令人怯步的艱鉅任務,因為光是有關服裝衣著的律令,在十二開的讀本內,就佔了長達上百頁的篇幅。直到宗教改革後,世俗歐洲政府所訂立之杜絕奢侈的法律,才由宗教法庭所執行」(Sekora 1977:61)。

如同西克羅(Sekora)所指出的,在這個世界內,奢侈──其定義不只是超越某人的基本需求,而更是超越某人

位置的消費行為—是一種抗拒世界適當秩序的原罪、反叛和不順從形式，更象徵著道德、靈魂和政治的腐敗，同時也是一種瘋狂的作為，因為這個人已經拋棄理性，而淪落在慾望的宰制之下。「理性將在一定限度內(衣著、傢俱或屋舍)給予讚賞，也就是滿足階層差異的必要水準，且致力維繫這樣的順從，這些對於政府管理都是不可或缺的」(John Dennis，1724，由 Sekora 引述，1977：80)。

　　從十七世紀晚期開始，對於「生命巨大鎖鏈」概念的討論重新復甦，論者試圖讓杜絕浪費的法律重新流行並加以立法，且(如同西克羅提出的文件)也興起一股對於「奢侈」本質究竟為何的狂熱爭辯(若欲參考對奢侈的另類詮釋，參考 Berry 1994)。這三者全都有意識地採取保守主張，試圖重拾舊有秩序以回應相同的問題：宇宙秩序的社會模式正遭受貨幣經濟權力的摧毀，貨幣經濟讓人們能夠單憑它們自己的能力去接近並購得商品、地位和社會聲望，而顛覆過去人們以歸屬地位為基礎時，所必須服從的微薄權利。就許多面向而言，這正是「文化」抵抗現代性的根本論調，亦即合法性是由經濟權力所賦予，而非透過傳統、出身或血統而取得。這些論調所控訴的，正是貨幣將舊秩序摧毀殆盡的情形。

　　奢侈性消費的粗鄙反抗，可以清楚地歸因於其組成成分與貨幣經濟興起的密切關係，「貨幣網絡」(cash nexus)以及財富的新源頭。在英國，這些議題主要是為

了回應一六八八年到一九五六年間的「金融革命」，以及
貿易與商業在同一時期的普遍崛起。前者，涉及到某些
新制度，例如稅制、信用、公債、倉儲承包以及支薪的
常備軍隊，看來是透過貨幣價值與契約的型態，對封建
權利與義務的一種終極公共取代。這一切是如此的逼真
且戲劇化，透過博林布魯克(Borlingborke)的保皇黨傳統
主義追隨者，對沃波爾(Walpole)的維新黨員那全新的「
嗜錢如命者」發動攻擊。就像博林布魯克自己所說：「
如今構成世界的貨幣權力，才是真實的權力」(Sekora，
1977：70)。墮落或許是最重要的代價：社會秩序、政治
機關、社會價值、權威如今全都聽從貨幣交換的規範，
一切都能夠被買賣，並且如今都並非根植於傳統的土壤
中，而是成長於非人的市場內。同一時期內，我們也可
以觀察到主要針對「動產財富」(movable wealth)與不動
產差異所展開的論辯；像今日跨國金融手段的商業資本
，絲毫未受制於統治者、國家或人群，更不具備忠誠度(
更遑論接受規範)，也因此造成社會秩序的持續腐敗。貨
幣網絡還超越腐敗而製造出*瘋狂*(madness)的症候群。舉
例來說，南海騙局(South Sea Bubble，譯按：一七二〇年
英國發生的金融危機。南海公司提出接收五分之三的國
債,獲英國議會批准,隨後產生了投機的狂熱,這次危機便
是由此引起的。結果許多投資者破產,但是沃波爾的證券
轉讓計劃挽救了這一局勢,他因此而名聲大噪。)帶來了
暴發戶狂熱，但卻嚴重缺乏傳統或理性的規範。戴彼汀

(Dabydeen 1987) 對霍加斯(Hogarth，譯按：指 *An Emblematical Print on the South Sea Scene* 一書)研究的分析指出，新富者的經濟引起了對於性慾、個人、種族、政治失序與精神錯亂的想像，換言之帶來一切奢侈的原罪。菲爾丁(Fielding)甚至認為，在一七五一年，「盜匪的不斷增加」，其原因是奢侈而非貧困：犯罪是因為繁榮以及慾望增強後所引起之流動、遊手好閒、厚顏無恥的結果一這樣的論調是由今日保守的傳統主義者所提倡。

值得一提的是，奢侈之所以被當作一種不服從的形式，是因為它會激發人們仿效競爭的心態，「模仿比自己處境好的人」。它牽連到社會對文化與生活風格的不合理論述。暴發戶能夠買到過去牢繫在出身、教養與血統的地位標誌。暴發戶能夠購得不動產資產，他們可以披著法庭和「社會」的外衣，盡情放縱在貴族階級的休閒娛樂中。很少有圖像能夠像史墨理特(Smollett)與奧斯丁(Austen)筆下所描述的巴斯(Bath，譯按：位於英格蘭西南部埃文郡巴斯區。)那樣生動。讓我們以《韓佛理的灰燼》(*Humphrey Clinker*，1771)中，一個角色描述一場舞會的經歷為例子，在見識過此光景後，他「被徹底地改變」

典禮的主人以極為莊嚴肅穆的神色開路…一個被開
除的女侍，穿著她小姐的服裝；而他（我認為）將她
誤認成某個剛抵達巴斯的女爵。這場舞會是由一位
蘇格蘭領主，以及一個來自聖克里斯多福的混血女
繼承者所舉辦；而打扮光鮮的軍官亭瑟爾（Tinsel）
則一整個晚上，都和一位來自南方自治區聲名遠播
洋鐵商的女兒共舞。昨天晚上，在公共大廳內，我
則見到一位呼吸急促的瓦平女地主，她擠身經過許
多貴族，只為了向她認識的白蘭地酒零售商致意…
而一名來自秀路的中風律師，也拖著他蹣跚的步伐
走向酒吧，踢了英格蘭法官的小腿…（Smollett，
1985：78-9）。

在某種意義下，商業和消費的問題在於它使得地位本身
成為一種消費品：它能夠用錢購買。

於是我們可以這麼說，「文化」最初是作為有產的托
利黨黨員（Tories，譯按：保守主義者）對抗新崛起維新黨
員的財閥政治時，聲嘶力竭所吶喊的口號，而它聽起來
似乎超越了對社會合法性恰當來源的緊張。文化於是被
精確的定義成無法以金錢購得的事物：出身、教養與正
統性。我們可以在許多藝術感受中，所詮釋的「文化」
普遍意義中發現這一點。文化逐漸被定義為不同遠離商
業與大量製造。文化不能被消費（然而多數觀賞歌劇的布
爾喬亞階級都會購買門票），而是贏得文雅、有教養觀眾

的讚美；藝術不能被大量生產，它必須被創造(created)
。真正的文化不能被購買，也無法透過金錢媒介或受其
宰制，因為文化是那樣的**被賦予意義**。但是假若因為商
業浪潮是來襲淹沒了它的河床，而使得「真正的文化」
必須撤退到更高的安全地點，但消費文化仍會在其殘餘
的泥濘中打滾，一股憎惡的感受便從深處油然而生。任
何擁有金錢者都能夠購買文化；而文化之所以被製造也
是為了被販賣。依照定義而言，消費文化並非合理的存
在；此外，消費文化更被界定為「奢侈的」象徵，它可
以說是在經濟壓倒社會價值，取得勝利後，對日常生活
的一種抒發與發洩。

通俗文化

　　消費文化的大眾化─成為「屬於群眾」的存在─正
是讓反對者認定消費文化是一種非文化或低級文化想法
的重要因素。經濟價值主宰社會，購買權力擴散到人口
中最為「下層」的部份，所有傳統中對消費(自我選擇)
限制的解禁，以及最終民主和評等作為現代價值的核心
─這一切現象，都將權力賦予到非認可的品味與慾望之
上。被認定是通俗文化製造者的那些人，正是被認定為
消費者的同一批人：女性、兒童和年長者，工人階級、
年輕人、少數族群。諷刺的是，被「理性個體」的自由
領域所驅逐的這一群人(誠如我們將在最末章討論的)，

同樣也遭到「文化個體」的浪漫領域所排斥。

有不勝枚舉的抱怨隨之而來，控訴現代消費者構成了一個令人膽戰心驚的廉價市場，這個市場—經過他們的大量購買能力和民主聲浪—圍繞著基層與平常人，重新調整了文化生產與社會價值觀的內涵。以李維斯為例，他認為通俗文化導致「心理學的葛氏定律」(1930：7，譯按：Gresham's Law，也就是所謂劣幣驅逐良幣)，在這樣的情況下，低劣的品味驅逐了高雅的品味—對於文化的品味鑑賞，象徵著日積月累透過「競爭」所學習而來，且這樣的歷程「讓你成為一個秀異的人」，因為它讓人們能夠「藉由將人類過往經驗的提煉與精緻化而蒙利」。透過廣告、影片、新聞、公式化的小說和廣播所呈現的大眾消費文化，「所提供的一切，都只能帶來最低限度的滿足感，而且不斷反覆灌輸人們付出最廉價的努力、並選擇最即時的逸樂」(Leavis and Thompson 1933：3)；而為了要支撐大量生產的目標，影片就必須「給大眾他們所渴望的」，「吸引群眾中最低階的成員」等等。霍加特試著用圖表傳遞一個事實，那就是當面對「規律、逐漸增加，以及近乎一成不變、不具認同的感官補給時」，這「顯然看來會導致它的消費群比較無法作出開放性的反應，並對生活負起責任，這同時也可能誘導人們，讓他們在外於有限範圍且即時的癖好時，只能毫無目標的苟活著」，同時也就突顯「真實」工人階級文化沒落，以及類似發展所帶來的衝擊(Hoggart ，1977(1957)：246)

。霍加特把通俗文化刻劃成一種逐步蔓延侵蝕的癮頭，它試圖勾動人們內心更基底的直覺與滿足。當廣告所提供並鼓勵人們接觸的文化經驗，主要是以小篇幅、簡單、片段零碎和短暫集中注意力為訴求時，那麼我們為什麼要去閱讀艱澀難懂的小說呢(例如有文化價值的那些)？如同艾略特(T. S. Eliott)極為經典的一段話，現代廣告代表的是「一大群人透過各種方法，除了他們的腦袋之外，所造成的影響」(Williams 1985：227)。

　　許多大眾文化理論家經常被嘲笑為反動者或精英主義的追隨者。許多人或許真是如此，尤其是像尼采、奧特加或龐德(Pound)那些人，這些人對於「大眾」的蔑視，其實和他們期望淨化大眾的慾望並不違背。然而，在文化作為一種社會理想的範圍內，它同樣也透過社會力，成為貶抑個體之社會詮釋的一環，而不僅只是單純地解釋現代游牧人群的勝利。李維斯至少清楚地指出，文化衰退的成因，主要不在於群眾的邪惡，大部分必須歸咎於工業秩序為賺取利潤，而慫恿人群擁抱拙劣的品味。根據李維斯的解釋(1930：26)，「『文明』與『文化』之所以成為對立的字眼」最主要是因為如今的文化，都以工業化大量生產的消費商品呈現，牟取可觀的利潤：工業化「已經將標準化和庸俗化擴展到物質商品的領域之外」(Leavis and Thompson，1933：3)。實際上，企業如今承擔了「公共國家機構的地位和功能」，因為就是這些企業組織，透過廣告和行銷，界定出社群的需求與價值

(Leavis and Thompson 1933：30-1)。就文化所有的意義而言，無論是作爲一種生活方式，或一種藝術，由於脫離了有機式的生活，文化都經由人爲加工的方式大量製造，且被無知的消費著。如同湯普森後來提出的解釋：「廣義而言，我們最真實的自我，就是我們社會聯繫的產物。而這些社會聯繫如今正被只存在媒體中的虛構實體所取代」(Thompson，1964：16)。

順著平行的思想軌跡，阿多諾和霍克海默(Horkheimer)(1979)則決定捨棄「大眾文化」一詞，因爲這個字眼看來是責怪群眾造成了文化的貶值，於是他們改用「文化工業」(the culture industry)一詞加以取代，這個措辭便將責任歸咎於擁有生產大眾文化權力，並將個體矮化爲群眾內成員的理性化制度。無論對保守主義或馬克思主義的大眾文化理論而言，儘管自由社會高呼其目的是要從社會權威中釋放個體，但實際上卻是透過這個過程，棄個體於不顧，讓他們陷入混亂、迷惘、脫序和孤立無援的窘境。人們不但沒有成爲自由和自主的個體，在面對現代權力的嶄新型態時，反而顯得一籌莫展。在這個意義下，文化之所以被判定出局，是因爲道德秩序在日常經驗和社會關係中都付之闕如。對李維斯和阿多諾而言，在現代世界中，道德秩序撤退到一個最爲狹隘、稀薄的真實價值美學範疇中(對李維斯來說，這是一個真實的領域，並對於「生活」作出精確的「回應」；對阿多諾來說，這是一個真實批判的領域，「不一致」

的思想來自於實質理性，而非形式理性)。

　　這兩者都是以社會學的術語來思索孤立的個體。這些名詞包羅萬象：消逝的社群，面對面的關係，地位沒落造成的傳統崩毀，家庭權威，特別是父親權威的弱化(尤其是在阿多諾和拉斯奇(Lasch)的討論中)，諸如宗教、工會、政黨和媒體等市民社會志願性組織的衰退(或成為權力的禁臠)。透過勞動分工和經濟競爭的基礎，資本主義和個體的隔絕所帶來的生活普遍私有化支撐了這樣的發展。在大眾媒體消費的圖像中，我們能夠格外清晰地觀察到這些現象：孤立的人們成天賴在沙發觀看電視，他們就好像被牢牢的黏在電視機前，這些人是如此的順從和全神貫注，絲毫不會因為任何面對面的社會關係而稍作調整。

　　現代世界雖然是以純粹個體的自我利益為基礎，然而卻諷刺地讓個體長期陷入弱勢的情境。如果沒有具約束力的集體文化，如果沒有凝聚力，那麼個體—孤立、在短暫慾望的浪潮中隨波逐流—就會容易遭到控制，並落入最精緻的非自由形式中。此外，以大規模攻擊集體或企業的規範形式為基礎的現代性，卻諷刺地樹立了集體和企業控制的新型態：官僚式的政府制度、跨國企業、大眾傳媒、科技官僚。因此，舉例而言，廣告作為一種現代不自由的典範，就在文獻中佔據極大的篇幅。廣告顯然可以作為資本家競爭的縮影，它不但因為本身的邏輯而飽受批判，同時更被攻擊為一種主宰性，甚至是

科學的權力，透過這樣的權力，廣告將個體組織到群眾中。「幕後說服者」的迷思，也能夠作為另一種說明。佩卡德(Vance Packard，1977)的論述指出，廣告擁有科學心理的技術，透過對大眾潛意識慾望與動機的認識，廣告就能夠驅策個體作出違背他們意志的行為，掏錢購買任何廣告主希望他們購買的產品。而個體則是直接地面對這些權力型態，絲毫沒有透過集體價值或關係的中介。競爭的個人主義導致個體(以及自由競爭)的毀滅。佩卡德本身正投入有關美國進步主義新聞披露醜聞傳統的寫作，這是一種民粹主義形式，出自於恐懼的表達，和文化與社會傳統(和法西斯主義)極為相似：「小人物」(尤其指中產階級)正受到兩種力量的壓縮，一方面，普羅階級和移民潮都因為工業化、都市化和傳統秩序的瓦解而聚集在一塊，另一方面，則受到現代統合主義權力的推擠。消費文化揚言要讓這些善良的人們落入群眾的懷抱。我們可以比較佩卡德的陰謀論說法，以及李維斯早期憂心「應用心理學前所未有的被使用」(1930：12)，因而使得廣告成為一種「精密」的過程(他引述華德森(J. B. Watson)的行為主義被應用到廣告行銷的例子)。李維斯期望透過(讀寫能力)教育，我們能夠「將大眾訓練得宜，讓他們對被按下的按鈕保持高度警覺，同時也對於自動產生的反應與念頭能夠一笑置之」(譯按：意指人們會發現廣告想要觸動的潛意識慾望)。李維斯相信，在這個工業文明化的時代，正式教育必須取代組織防禦的任務，

抵抗外在人為加工品的影響，而這樣的功能過去曾經是
由有機社群的城牆所提供。唯有在個體已經遭到這些城
牆所驅逐，並在現代世界中徘徊留連、迷失和孤獨之際
，廣告的心理力量才能發揮功效。

富裕與失序

　　於是，文化概念作為一種批判性的社會理想，便開
始質疑現代情境下價值觀的貶抑。然而它卻極少像米爾
或阿諾得這類關切人道自由的論者般，關切美學的議題
。對這些人而言，文化的對立面並不是拙劣的藝術，而
是社會混亂與個人脫序。由文化傳統所引發的基本問題
是：是否存在一個社會，就好像自由貿易和消費社會被
期待要去證明的那樣，能夠純粹依賴形式理性與自利的
個人主義為基礎？這個問題的答案，追根究底，就牽涉
到觀察日常生活與文化經驗中，自我利益的追逐究竟意
味著什麼。身處在一個混亂失序和富裕的社會中，個體
的需要究竟發生了哪些轉變？

涂爾幹：需求和脫序

　　在所有理論家中，涂爾幹是最強調「社會」的道德和文化權威是用來對抗功利個人主義不可或缺條件者。涂爾幹最為人詬病之處，就是他過度樂觀的相信現代性將為合法凝聚性製造出文化基礎，但他卻認為功利主義作為一種生活方式，無法提供該文化基礎。這樣的看法，解釋了當西方社會從一種文化基礎，轉向另一尚未妥適形成的文化基礎時，轉型過渡階段所突顯的病變。

　　涂爾幹認為，現代的勞動分工，已經帶來個體之間功能性互賴的驚人關係密度。然而，當功利主義預設勞動分工將自動的以單一個人追求他或她的自我利益(如同斯密口中那雙市場內「看不見的手」)為基礎，並達成社會的協調時，涂爾幹卻認為即使是看來恪守信譽的自利契約，也都必須要仰賴有約束力的道德認同才能生效。市場本身，如同當代經濟社會學如今所一致公認，仍必須要借重如「誠信」、對「公道價格」的感受等等道德連帶才得以運作(例如可參考 DiMaggio，1990；Dore 1983；Etzioni，1988；Gambetta，1989；Granovetter，1985；Hodgson，1988；Hodgson and Screpanti，1991；Zukin and DiMaggio，1990)。前現代社會透過由集體意識(此分析明顯符合鑲嵌的想法)所供給的文化凝聚力，來使其本身團結。現代性也一樣，它最後將促進「個人宗教」的興起，這種教派的目標不只是利益的追逐，更必須依靠個體

人性中的價值、尊嚴和權力等具體道德所組成。換言之，凝聚力和社會的整合不能單純的依賴表面形式，而必須依賴能夠被理解成文化性質的實質連帶，又或者能夠將前現代世界的文化聚合力，始得以轉譯到現代社經條件中的連帶。當涂爾幹的論述將現代社會的凝聚力置放在個人的層次時，他也就預設了個體能夠理解社會作為一種規範性道德理想的概念。當前現代的病理學，被歸咎於它正處於轉變狀態，以及「勞動強制分工」的存在時，後者藉由權力和財富的不平等否定了人類的價值。舉例來說，在涂爾幹眼中，階級衝突就是一種對功利主義的長期抗戰：當社會關係完全地遭受契約的宰制時，道德凝聚力便無法自我建立。

涂爾幹曾寫道，經濟發展，「主要是透過將工業關係從一切規範中解放出來所構成。直到晚近，要達成此目標，就必須仰賴道德力量的整體系統來發揮功能」(1987：254)。這些力量同時包括宗教、吉爾特和企業的系統，傳統主義者攻擊自由布爾喬亞的主要標地。他們如今喪失了他們的道德力量，於是也不再能夠頤指氣使的設定社會目標：「經濟生活的非道德性質累積到了高峰，並帶來公眾的危機」。在這個道德裂隙中流動的正是形式化的功利理性：

> 工業繁榮的景況被視為彷彿就是國家所懷抱的單一
> 或主要目標…工業,不再繼續被看作達成某個超越
> 本身目標的手段,已經搖身一變成為個體和社會的
> 終極嚮往。但,也因此人們無需再受限於權威,慾
> 望得以完全甦醒。換言之,透過將這些慾望神聖化
> 的過程,對於外在物質的膜拜,已經使得這些慾望
> 超越了人類所知的一切律則…整個社會結構由上而
> 下,都被挑起了貪婪無度的慾望,而不需稍加節制
> (Thompson,1985:111)。

因此,將追逐利益本身視為最終的目標,可以說是消費
領域的註冊商標,因為日常生活中隨處都可以見到社會
失序以迷亂的形式出沒:「人們再不能夠掌握何謂公平、
何謂正當的宣言和期待、以及何謂超出限制。其結果是
,人們渴望得到一切事物…慾望不再接受外界加諸的行
為限制,因為公共輿論不再能夠構成侷限」(110)。

　　其實,涂爾幹提出的是消費文化批判中的一個基本
論調:在前現代社會,經濟稀缺和社會規範總是攜手合
作,對人類慾望與需求的範圍施加限制。現代的失序和
工業化的生產,則讓人們的慾望猶如脫韁野馬,且這些
追逐根本上是貪得無饜的:

人類本性本身無法一成不變的對我們的需求進行限制。也因此，在當它被丟給個體獨自面對時，這些需求就變得無法管控。感官慾望就像是一個渾沌的無底洞，永遠無法獲得滿足，因此沒有任何外在規範指標能夠影響我們的能力。但，如果沒有任何外在事物能夠限制這個能力，那麼它就只能成為一種對自身的折磨。無窮盡的慾望在定義上就是無法被填滿，而不知足恰好被認定是一種病態的表徵…唯有社會能夠扮演節制的角色…因為它是唯一超越個體的道德力量(109)。

但自由主義正是要將社會縮減並交託給個體。在日常生活中，無法透過文化或社會的道德權威制約個體需求的蔓延，將成為人性混亂以及現代性深沉困惑的來源：「繁華的危機」，正如同貧困一般，同樣也將造成「集體秩序的混亂」(109)。在涂爾幹的討論脈絡內，我們甚至可以說繁榮導致個體的自殺行為(自殺社會學和消費社會學的比較，可參考 Warde 1994b)。

涂爾幹絕不是單獨懷抱這些關切的理論家，以克羅斯(Cross，1993)、米勒(Miller，1981)和威廉斯(Williams，1982)為例，就紛紛探討出現在法國的例子(也可參考 Horowitz(1985)和 Fox 與 Lears(1983)與美國論辯相關研究)。米勒關注十九世紀中期百貨商場之女性購物者的道德議題可說是格外中肯：進入波瑪舍(Bon Marche，譯按：

全世界的第一家百貨公司)，女性消費者就逃離了家父長式家庭和社區的道德監控，城市的街道、都會熙來攘往的人群以及商店本身就宛如一個不設防的空間，這是一個沒有規範的天地，處處都充斥著刺激、幻想、慾望和永難消彌的需求。女性對於購物的上癮也引發了道德的恐懼，深怕她們會因此遺棄丈夫與幼兒。從中世紀開始，慾望的病理學也透過「竊盜癖」(kleptomania)一詞被醫療化，這種疾病毫無疑問地被分類為一種歇斯底里的形式——一種子宮的疾病——也因此被當作一種性別的失序。這就好像在霍加斯的時代，人們害怕貨幣經濟的自由將透過道德規範的沒落，而直接造成瘋狂的性慾。

涂爾幹的分析還突顯了另一個長久存在的論調：如果沒有道德秩序的限制，那麼就沒有任何其他事物能夠帶來需求的飽足。無論經濟有多麼富饒，無論貨品的生產數量有多麼驚人，都將只會帶來人們的挫折、抑鬱悲傷和不滿，因為毫無限制的生產商品，其實是和毫無限制的需求產生密切相關。不若商業社會的支持者是以繁華當作快樂的指標，它的眾多批判者則是將繁華當作「陰鬱的經濟」(Scitovsky 1976，1986；也可參考 Hirsch(1976)；Lansley(1994)，Leiss(1976)；以及本書第六章)。由於缺乏一致的文化結構，來替個體設定需求、價值和可欲社會目標的合理與有限議程，貪得無厭的需求「只能作為本身磨難的源頭」。最重要的是，消費者不但無法取得和生活可欲方式有關的滿足感，他們還被相對的財富、快

樂、滿足感牽著鼻子走―只爲了和那些喜愛炫燿的鄰居一較高下。這是一種實質內容爲非物質的量化計算―無論那些愛炫燿的鄰居這個月購買了什麼，或者賺了多少錢，我們都得不顧一切地追上前去。這同時也意味著人們必須投入不斷改變的目標，每當某人達到某個滿足層次後，因爲其鄰居迎頭趕上，他又再度落入一個不滿的嶄新體驗。最後，這些關懷大多逐漸集中在質疑生態學對這些無盡需求的侷限性。需求不斷延伸和生產不斷擴張兩者所構成的疲乏螺旋路徑，是否最終無可避免的會導致自然資源的枯竭，並造成環境的污染？

盧梭：需求與不眞實

現代需求之所以難以滿足是因爲它不再由自然或傳統社會秩序所限制。不同於文化將使需求屈從更高的價值觀，消費文化讓人們對更高的需求充滿夢想，並讓人們受到無窮盡慾望和永恆不滿之惡性循環所奴役。脫離規範的社會，於是不但沒有提供有意義個人與集體生活的道德結構，現在更鼓勵它那失序的成員落入更深刻的墮落與強制內。

對於富裕與失序需求之病理學最深切與具有影響力的攻擊延襲自盧梭的觀點，對他而言，墮落及社會的發展是需求難題的關鍵。眾所週知，盧梭翻轉了整個自由傳統的核心觀點。此一傳統從霍布斯以降，就認爲人類

的需求在**本質**上就是難以滿足的：需求、慾望和「奢侈」無法和自然的狀態區隔開來。個體慾望的迫切—說穿了是貪婪—其實就是革新的引擎。霍布斯或許是不將慾望的匱乏與道德畫上等號，而是歸因於個人和社會之死的第一人(「幸福」並不存在於「對心靈滿足的迅速回應」)。因爲世上根本不存在這樣的終結點、極致的目標，亦無須奢望存在著像那些古老道德哲學家們書中所謂的*至善*(summum bonum)、完美。而一個慾望獲得滿足的人，也不會比當他的慾望與夢想無法實現時來得長命百歲。幸福是慾望的連續發展，從一個目標到另一個目標…(Hobbs，1972(1651)：121)；也可見 Xenos(1989：4))。然而，霍布斯也花費很長的篇幅指出毫無節制的慾望是暴力、「所有人相互對抗」，以及粗鄙、野蠻和短暫生活的基礎，並將帶領人們回到自然的狀態。社會契約論將市民社會和國家的形成，和規範結構的創造劃上等號，在此間，人們能夠在不節制慾望本身的情況下，仍能安全地追逐他們的慾望。因此，市民社會和國家之所以存在，是爲了回應個體本質上毫無限制的慾望，以及此一自然狀態下所造成的暴力相向。

盧梭則徹底地反轉這個論述。霍布斯口中所描繪的無止盡慾望者，並不是處於自然狀態，而是被現代社會製造出來的人(Rousseau，1984(1755)：92、98-9)。對盧梭而言，無*窮*的需求是社會的產物，甚至超越了社會透過產權所制度化的一切不平等(自由主義者眼中最珍貴的

平等基礎)，且這些無厭的需求同時作為社會支配的手段和目標。盧梭藉由區分真實需求與社會需求來論證上述說法：「我們可以輕易地發現，所有勞工都在兩個目標下被指揮著，那就是，牟求自己本身生活所需的商品，以及考量到他人所需」（「不平等的論述」，引述自Hirschman(1977：109))。處在自然狀態下的人被賦予天生自私(amour de soi)的特質，「自愛」，也就是徹底地關切某人本身的利益，在這樣的情況下人們是以有限、真實需求為行動的基礎。值此狀態，自然界的充裕和需求的限制彼此補充。沒有人會感到飢渴，這不但是因為他所想要的只是能夠裹腹的果實，更因為自然能夠讓人們輕易地從樹叢採擷果物，提供充足的糧食(比較 Sahlin(1974)的「原始的富裕社會」)。

其實是人類的關係，尤其是和他人的相互比較，造成人們對不平等的察覺，也因此產生競爭的動機。慾望轉變成與財產的佔有密切相關。社會壓力讓人們必須去擁有(have)人世間的歡樂，而不只是享受(enjoy)。慾望精密度和複雜度的攀升，更和社會競爭的發展形成了惡性循環。因為有限度需求及因此能夠獲得飽足的健全自愛(amour de soi)，也因此被無止盡虛榮(amour-propre)的病態所取代，而得事事「考量到他人所需」。需求不再固著於自然，而被連結到他人的贊許與欣賞，於是不再有限度。自由主義曾對自主性許下承諾—個體能夠為自己界定需求和利益。但這實際上卻帶來了他律(heteronomy)—人

們的需求必須取決於流行時尙、輿論和社會監督，或者(用一個我們將在後頭探討的辭彙)人們會變成「他者導向」。「看看過去自由和獨立的人們吧，他們現在卻因爲屈從於不斷形成的新慾望而遭到貶低，人們或許會說，這是爲了貼近整體本質，尤其是爲了他那些夥伴…」(Rousseau，1984(1775)：115)。於是，對於現代社會中需求難題的盧梭式解答，就圍繞著需求和文化的限制發展(可參考陶莫(Talmon，1986(1952))對巴貝夫(Babeuf，譯按：著名的空想平均共產主義革命家)的討論，因爲「真實的世界有其侷限；而想像中的世界則可任意馳騁。既然無法將真實世界擴張延伸，那麼就讓我們對後者採取限制」(引述自 Xenos，1989：26)。

在某些觀點中，盧梭徹底地反對本章最初所探討的文化和社會傳統。不同於該傳統將上流文化，當成是工業文明日常生活文化所驅逐之高等價值觀的避難所，盧梭則是將所有文化形式都當成是以奢侈、人爲提煉與社會模仿爲基礎的產物。首先，是那些想像「讓我們對可能的估算天馬行空…且這些想法最後也透過對美夢成真的期待，鼓勵並繁衍出各種慾望」(引述自 Xenos，1989：25)；因此盧梭最知名的想法就是禁止戲院的存在(Seneett，1977)。其次，文化不只是象徵著社會的扭曲，同時更用它那特殊的工具奴役人類。國王們希望

對於藝術和奢侈品愛好能夠不斷蔓延…因為，這除
了將加速人們心靈的渙散而使其易於被奴隸外，統
治者們也十分了解人們自己所製造出來的需求，就
像是鎖鏈般牢牢的綁縛著他們…科學、學問和藝術
…就彷彿是纏繞在細綁(人們)鐵鍊之上的芬芳花環
，扼殺人們與生俱來對原始自由的渴望，讓他們熱
愛奴役的待遇，並讓他們轉變成為所謂的文明人(
引述自 Williams，1982：43)。

第三，盧梭對於文化的批判，有一部分是以貴族消費爲
對象，這樣的消費型態和享受樂趣無關，在宮廷社會、
尊貴的布爾喬亞階級和沙龍中，都可以觀察到這些消費
被用來操弄權力，這些人們都會拙劣地模仿古代城堡的
禮儀(Williams， 1982：33)。不同於文化理想傾向於褒揚
貴族階級的品味、智識或身家背景，同時矯正尋常百姓
的粗鄙和布爾喬亞階級的物質主義，盧梭儼然是布爾喬
亞禮節、冷靜和對抗奢侈節制的捍衛者，這些他都以貴
族腐化來加以解釋。

　　如同我們前面討論過的，西克羅認爲十八世紀的保
守份子將奢侈當作貧窮與中產階級特有的罪行，他們逾
越了應有的位置；而貴族階級則有文化的合法權力，透
過他們的血統與優勢地位，去從事優雅和過度的消費行
爲。直到十九世紀，奢侈被重新定義：它現在被當作貴
族階級的惡行，因爲他們擁有過多的財富並過於懶散。

工人階級的消費於是被視爲近乎貴族的奢侈，且通常會
因此讓兩個階級結合在一塊(飲酒作樂、賭博、賽馬、拳
擊等，這些縱情聲色的娛樂，是上層社會與下層社會都
喜愛的活動(見 Cunningham，1980))。另一方面，中產階
級超越基本需求的消費，則被貼上「安逸」(Appleby，
1993：168)和「便利」(斯密最愛用的字眼)的標籤，且極
受尊重：介於貧困與奢華間的快樂中庸之道。盧梭，批
判貴族階級奢侈的罪行，或許可以被當作布爾喬亞節制
的早期擁護者。拉克羅斯(Laclos)的《危險關係》(Les
liaisons dangereuses)一書，就以貴族的放浪形骸爲例，清
晰地批判社會使人們和所有自然感受疏離的運作模式，
並以此呼應盧梭眼中的悲慘境地。

　　姑且不論這些差異點，盧梭和文化傳統仍然肩並肩
的對消費文化和自由社會發動浪漫攻擊，因爲他們都關
切人類價值與人類本身的真實性，且他們將這樣的真實
性與有機社會連結在一起(分別以自然本質和傳統爲基
礎)，但這樣的社會則因爲面對物質富裕和個人主義、現
代社會的競爭基礎而毀於一旦。透過更貼近地檢視盧梭
的思想，我們便會發現他以不同於斯密和休謨的方式，
評價「社會」和「無窮需求」之間的關係，且徹底地翻
轉自由功利主義的論點(見 Berry，1994；Ignatieff，1984
；Xenos，1989)。

對斯密 (和休謨)而言，對基本需求的限制不是來自
道德和經濟的良善：

> 人類生活中各種工業之所以被啟用，並不是為了滿
> 足包括食物、衣衫與住所的供給此三項最卑微的需
> 求，而是為了實現人類品味對優雅細緻的追求。為
> 使滿足人類基本需求的物質能夠改善並取得多樣化
> ，讓各種藝術有機會誕生(Smith，自 Xenos 1989
> ：11)。

文化與文明兩者的發展都依賴慾望的擴張。如同我們曾
經討論的，此論述可以追溯到霍布斯，以及一六九〇年
圍繞著奢侈品的進口所進行的辯論(尤其可參考 Appleby
，1993)，其中最重要的是曼德維爾。「奢侈」可以被重
新定義為生活的「便利工具」，但斯密理論的關鍵點在於
他認為，在與商業的良性循環中，藝術既是產品，也是
催化劑。藝術產生慾望；而更蓬勃的物質發展則能夠提
升藝術。

此一良性循環的基礎並非對實用性的渴求，因為這
種渴求只和身體的需求有關，且有其限度。而是

> 主要來自對人類情感的關切，我們追求財富並避免
> 落入貧困…基於什麼原因…興起了在各個不同人類
> 階層間的模仿風氣，且透過追求人類生活更遠大的

目標，我們期望得到什麼好處，而我們能夠名之為
改善我們的處境？能夠被矚目、被關心，能夠被人
們注意而產生共鳴、滿足感和讚賞，都是我們可以
期待藉此得到的好處。讓我們感到興趣的是虛榮心
的作祟，而不是舒適或愉快的生活(引自《道德情感
理論》(*Theory of Moral Sentiments*)，收錄於
Hirschman，1977：108)。

如同盧梭所言，由文化和人類關係所製造的虛榮心、社
會競爭和想像需求，都稱不上是奴役的新型態，或是刺
激我們留在經濟成長列車上的理由。對人類文明的發展
而言，他們是不可或缺的元素。其實就像休謨的解釋「
或許和陌生人從事交易帶來的主要好處」，並不是經濟的
交換，而是文化的交流，我們可以藉此接觸到嶄新的可
能性和需求。「和陌生人的交易」「拯救人類脫離懶散的
狀態；且藉由奢侈品呈顯出國家更歡樂和更豐饒的一面
，這可以說是他們從未夢想過的，也讓人們對更美好的
生活方式抱持渴望，甚至超越他們祖先所享受過的待遇
」(引述自 Xenos，1989：11-2)。

　　然而休謨和斯密所論及的內涵更遠勝於此，和盧梭
極為相左的是：「顧及他人」並不是一種道德的墮落，而
是道德與社會凝聚力最根本的基礎，模仿的基礎則是受
到人類本性中對美學渴求的廣泛延伸，是一種朝向文化
發展的驅力。他們的論點是以「同理心」為基礎：人們

透過想像的能力將本身置放在他人的位置，並「以『旁觀者』的立場看待自身和他人，並假定他者具體化既存社會中，我們能夠察覺的價值觀和習俗」(Xenos，1989：14)，於是人們期望並渴求，各式各樣的商品(財富的形式)能夠提供給他們的滿足感。然而同理心的能力也是一切道德行為和社會凝聚力的基礎。《道德情感理論》賦予斯密道德心理特質，這使得《國富論》(*The Wealth of Nations*)所描述的個體競爭世界能夠結合在一起。因此，不同於邊沁(Bentham)以降的論者，認為凝聚力與經濟成長能夠自動地由孤立而單子化的個體透過享樂精算而形成，斯密和休謨仍然將道德與自我利益本身訴諸於與生俱來的社會情感，亦即一種期待受到他者讚賞的渴望。

如同我們所知，對盧梭來說，模仿並不代表著社會凝聚力，而是一種社會暴政與人為產物：「原始人活在他自己之中；而社會人總是活在他自己之外；他知道如何只在他人的觀點下存活，也就是說，僅從旁人的判斷裡頭，他才能獲得他本身的存在感」(Rousseau，1984(1755)：136)。人類的真實性駐足於自然的感受和感情內；人類天生的道德情感是「痛苦」(pathos)和同情(無怪乎盧梭的「情感宗教」是靠著落淚來展現它的真實性(Campbell，1989；Schama，1989：145-62；Todd，1986))。模仿只是利用淺薄的外觀來取代真實：透過社會的興起，「真實和外觀成為兩個徹底殊異的存在，而炫燿賣弄、欺瞞狡詐，以及所有趕搭這般列車的惡行惡狀都隨著這樣的差

別——浮現」(Rousseau，1984(1755)：119)。

托克維爾：需求和政治自由

　　「消費者」的概念和「自由」與「慾望」結合在一起。這些用語在傳統上均彼此對立。舉例而言，十八世紀期間，無論在古典哲學或復興的新古典內(新斯多葛學派(neo-Stoicism，譯按：即禁慾主義)，市民人文主義)，慾望都導致人類飽受奴役，因為激情具有摧毀理性的力量。此外，國家與公民自由，就像個體自由般，只能夠在人們免於物質慾望與貪婪，並構成良善政府時，才能夠獲得保障。慾望只能夠使人暈眩地淪為腐敗與奴役。

　　在形成對於消費文化的回應之際，市民人文主義與新斯多葛主義的論點十分關鍵(見 Burchill，1991；Hirschman，1977；Pocock，1975、1985)。這裡的論點是有關於私我與公共德行之間的關係，呼應著亞里斯多德對 oikos(家庭經濟)及公民公共道德的區分：如果所謂良善的生活是受到理性而非慾望所規範的人生，那麼公共的良善也有賴於節制慾望(自制)的清澈心靈。公民們所關切的是公共良善而非私我的利潤(儘管這仍有賴於一定程度的財富，而奴僕與婦女能夠免除個人的需求與貪婪之心)。如同赫緒曼(Hirschman，1977)所言，縱使早期有關資本主義的論調認定貿易(私人利益的取得)有助於平和的互賴，但也有許多論者認定資本主義將侵蝕公民

道德。即使是休謨和斯密—先撇開截至目前為止我們對此二人的介紹—也無法免除這種守舊的憂慮：藉由繁榮貿易而取得的私有財產和奢華生活，將腐化能夠用來守衛這些繁華的最後一道防線：男性剛毅、戰鬥的力量。「貿易的一個惡果之一，是它擊垮了人類的勇氣，並試圖澆息戰鬥意志…貿易讓他們的心智全都不斷地投資在奢華的藝術當中，男人們變得毫無男子氣概且懦弱」(Smith，引述自 Hirschman，1977：105)。奢華與男子驍勇善戰性格衰退之間的關係，無疑地，和消費文化所造成的普遍女性化脫不了干係。

　　上述整個思想路線的發展，透過托克維爾得到最有力的傳承，托克維爾的研究對於美國的消費文化批判有著顯著的影響，尤其是我們在下頭將討論的論點。一八五六年，托克維爾在他所撰寫之法國革命歷史的前言中，總結他畢生的研究，他寫道：

> 由於社群中，家庭的羈絆、種姓制度、階級和行會間的連帶均已不復存在，於是人們滿腦子所想的都是他們個人的利益，他們只想成為狹隘個人主義的實踐者，追逐著自我的好處，且絲毫不顧念公共利益。人們完全沒有嚐試去對抗在背後鼓舞他們的這些暴政般趨勢，一切與凝聚力和互賴有關的感受都被剝奪殆盡；人們再也不關心敦親睦鄰的意義，也無心為社群整體追求更好的福利。它囚禁了人們，

> 我們可以說，每個人都被獨自監禁在自己的私人生活中…(de Tocqueville，1955(1856)：xiii)。

托克維爾篤信自由，但卻和自由主義的個人自由截然不同，托克維爾所相信的自由，是透過較涂爾幹式社會互動所促進的團結，它會讓人們察覺到他們普存的利益，也因此「讓人們的心智擺脫對財富的崇拜，以及那些日常生活庶務中，對收成獲得微不足道的煩憂，也讓人們時時刻刻都明白他們歸屬於彼此，而全人類則歸屬於一個更龐大、超越並圍繞他們整體—他們的原始土地。」個人主義式的平等，是在追逐私有利潤時逐漸成形，這樣的運作邏輯必將促成其自身毀滅，並投向專制主義的懷抱，因爲一旦人們被私我慾望所迷惑，便會扭轉權力的疆繩，繼而將他們的自由交託到政治專家手中。當人們選擇私我財富而捨棄公共領域時，專制主義(而托克維爾關切的是在拿破崙統治下，法國第二帝國的腐敗蹣頂)便隨之萌生；而專制主義最精銳的武器，就是進一步深化人們的慾望、貪婪、奢華和消費。

消費文化中的自我

因此原本對自由主義而言，似乎可以作為個體自主絕佳典範的消費文化，此時卻象徵著所有奴役的形式：代表著無窮的慾望和不滿的需求，代表著社會的精打細算和相互競爭，代表著政治與文化的專橫與暴虐。擺脫社會制約後所得到的自由，說穿了只是換來自然感受與穩定社會價值的流失，也因此造就個人的虛弱化、脫序與壓抑。社會成為個體的主宰，不僅是透過物品或利益的物質世界，物質如今之所以關鍵，不只是因為它能夠迎合需求，還因為它就是個體的自我，或藉以尋覓自我的方式。對「文化」傳統而言，消費文化並非滿足自主自我需求的有效途徑，而只是現代性下喪失自我的一環。在後傳統的世界內，社會失去所有的文化，而正是這種自我的遺失，促使二十世紀對消費文化提出許多最具影響力的詮釋。

後傳統自我

對「後傳統自我」而言，文化的概念是一種回應，其特色在於多元化(pluralization)。不同於價值觀與社會地

位的穩定秩序，取而代之的是令人迷惑的多樣性，以及流動的價值觀、角色、權威、象徵資源和社會互動者，而在此之外，個體的社會認同仍必須被持續產生與維繫。紀登斯(Giddens，1991：84)將這樣的特性歸結爲四個論點。第一，現代性是一種後傳統秩序，在這當中我們無法以歸屬身分或明確地辨認出穩定認同。認同逐漸擺脫傳統、宗教、法律等，而只能透過選擇來取得。第二，現代性涉及「生活世界的多元化」，在此間，當跨越往返於不同的公共與私有領域，以及他們的不同角色、規範時，每個個體都必須協調多重與彼此矛盾的認同。第三，現代性以「方法論的質疑」取代了傳統權威(而非透過它最初所期望的「合理確定性」)。真實受限於脈絡；權威和專業都只是暫時。第四，現代性讓「媒介經驗」成爲社會生活的核心。透過交易，城市，旅運與傳播的流動性，透過大眾媒體，史無前例的大量「社會生活」浮現在我們眼前，並成爲認同的可能選項。藉由行銷和廣告，以及這些媒介經驗的商業化，現代生活的多元化便直接地轉譯爲消費者的選項。

我們還可以補充第五點，意即商業化本身。當代多元化的變遷，受到文化隸屬於經濟目標的影響而逐漸加遽。一方面，消費是受到購買能力所規範，而非聽從社會文化權力或特權的左右，因此允許極大的流動性，讓人們可以利用商品建立認同與生活型態；另一方面，文化價值與意義對經濟競爭而言，也就彷彿每日充斥的廣

告中所影射的那般，成為可不斷翻新的資源。

現代性於是意味著在無限可能的生活方式中所進行
的生產、展示與互動，當中並不涉及毫無爭論的文化權
威或價值。在群眾的規模，這可以說是認同危機的秘方
。並不存在某種由本質或神諭所指派的社會位置與個體
自我。個體必須藉助環境、選擇、建構、維繫、詮釋、
協商之力，透過物質與符號資源的迷亂變化，來呈現他
們想要呈現在他人面前，或被認定的形象。近來，有一
部分的論者如紀登斯(Giddens，1991)，鮑曼(Bauman，1983
、1988、1990、1991、1993)和貝克(Beck，1992)都將消費
文化置放於此脈絡內，描繪出傳統秩序崩毀的意義，如
屬性結構、認同、親密關係的本質與真實性(也可參考
Warde(1994a、1994b)對相關文獻的回顧)。這些論者也牽
涉到我們將在下一個部分探討的許多研究者。

上述論點與自由主義之間的差異，就像以往般，極
富啓發性。對自由主義而言，選擇是一項得之不易的自
由，必須由社會秩序中費力爭取。而在此部分所探討的
研究脈絡中，選擇則是一種必要條件和強制，也就是在
失去穩定社會秩序後，某種我們被迫接受的處境。因為
沒有任何認同可以毫無疑異的分派給個人，所以「我們
沒有不選擇的選擇」(Giddens，1991：81)。此外，自由
主義假設在那些必須從事選擇的個體之間存在著協調性
，且個體對於他們自身的需求瞭若指掌，並能夠理性地
加以追求。然而，認同的協調性看來卻正是現代生活最

主要的**難題**，且本身就是某種必須被選擇和努力達成的目標。我們已經見識過由傅柯和羅斯(他的研究涵蓋了這些論者的某些層面)所提出的問題：自由社會就好像某種必須要追尋和製造「選擇性自我」(choosing self)的社會空間，而非某個選擇自我能夠自然而然得到解放的空間。

現代性作爲一種群眾認同危機的特質描述，和消費文化透過數個主要的方式連結在一起。首先，個體選擇支配我們社會性感受的隱喻。在自我需求或**追求**自我下所進行的個體選擇，逐漸成爲理解社會行動和結構的方式。透過消費的想像能夠取得對現代認同的絕佳認識。我們從多元社會世界的展示櫥窗中挑選自我認同；行動、經驗和物品，都可被視爲滿足建立與維繫自我認同需要時的一部分反身對象。其次，認同本身可以被視爲一種可販售的商品。自我並不是某種真實的核心感受，而是一種關係到社會存活與成功的計算條件。爲了擁有親密關係、社會位置、工作與職業，我們必須製造並「販賣」自我認同到多元市場內。第三，我們藉以生產並支撐認同的資源—這同時包括物質與象徵兩者，已經逐漸透過消費品與活動的形式出現，藉此我們才能夠打理外觀、組織休閒時光和社會互動者。相對地，在後傳統迷亂中對於認同的迫切渴求，甚至可以被認定爲所有市場的翹楚，或是支持所有市場運轉的動力：至少，行銷就假設消費者之所以追逐商品，主要就是爲了獲得當中所

賦予的有意義與可欲認同。消費主義同時還利用群眾的認同危機，將其產品當作一種認同危機的解藥良方來提供給社會大眾，並用前所未有的多元價值與存在模式來強化這個過程。消費文化是在文化匱乏的現代性中，才得以存在和滋長。

多元世界命令人們必須追尋自我，且一定得在多元化的世界內部完成這個任務。這就涉及高度的不安與風險。就消費文化而論，由於每一個選擇看來都投射出自我，故存在著高度的緊張與不安：一切購物的行為或消費、穿著打扮、飲食、觀光、娛樂「都不只是與如何行動有關的決定，更牽涉到你打算作個什麼樣的人」(Warde，1994b：81)。在某種意義下，我所消費的物品**傳遞**出我的認同、我的價值觀、品味、社會身分等等。但如果某人必須選擇自己的認同與表達的手段，那他就被捲入「個人風險的新屬性型態…選擇和轉換個人認同的危機漩渦」(Beck 1992：131)。消費文化(尤其是以廣告形式為典範)，由於提供大量的認同選項與想像，且增加個人作出「錯誤選擇」的社會風險觀，徒然添加了個體風險與不安的經驗。更重要的是，消費文化同時也透過時尚體系、規劃性的社會廢退等，加速並混淆何謂「正確抉擇」的感受，亦即今日的正確選擇，很可能與上週或下週截然不同。同樣地，這也是現代普遍發展的延伸，現代性「讓個人面對複雜紛亂的選擇，又因為它毫無基礎可言，於是對於何種選項應該被擇定，絲毫沒有任何助益

」(Giddens，1991：80)。後傳統社會不只是在認知上(透過方法論的質疑與相對主義)也在社會文化上(它的價值觀被認定為無法在有機社會世界中穩定下來)顯得毫無基礎。

在理論多元化與認同危機內，「專業」與「生活型態」這兩個專有名詞不斷地出現。這兩者都體現出現代生活的性質，它們管理、緩和並組織有關現代認同的焦慮，與此同時卻又能夠被用來剝削並強化這些焦慮。姑且不論其「方法論的質疑」與所有知識型態的關聯，現代性是一種專家文化(expert culture)。誠如韋伯和法蘭克福學派所言，現代性處理一切的問題，其中包括那些認同的危機，這就如同技術紕漏必須透過技術手段來解決(譯按：即解鈴還需繫鈴人的道理)。消費文化將自我議題「技術化」(technicize)的方式，是將一切問題都當作能夠透過各種商品來解決的加以看待(Bauman，1990：200-5)。首先，商品文化創造並解決了生產與維繫自我的難題：譬如，化妝品廣告就將女性的臉部切割成多種「問題」(眼袋、薄唇、無頰骨…)，而每個問題又可以透過商品來「拯救」，且這些問題都被描述成追求社會所嚮往(有時甚至會牽扯到道德責任)自我時的「關鍵點」。其次，自我的整體概念被視為一個議題，必須涉及由商品所強調的專業與無知形式：因此，這些研究者，以及羅斯和像史奈特、拉斯奇和貝爾等，都是我們立刻會聯想到的論者，他們都持續地關切自我協助書籍、課程和規劃

的興起，治療方法和「治療文化」的激增，而發展自尊
、魄力或諸如此類其他價值觀的秘訣，看來也成為實踐
自我的必需品。這些都提供了「威權式」的指引。這些
構築自我時所需的技巧，本身就以商品形式在市場中販
賣(比較 Lears，1983)。第三，消費文化也為有意義消費
品、服務和經驗支配的擴張和自我維繫目標間的關係，
提供了廣泛的指引。舉例而言，它們可能是以消費者雜
誌，和一般雜誌消費專欄的型態出沒，但同時也可能就
是以廣告的形式呈現。對諸如馬向(Marchand ，1986)、
萊斯(Leiss)、凱林和耶利(Kline & Jhally，1986)與薛德森
(Schudson)等研究者而言，廣告提供的是「現代性的圖像
」，權威性(如果不穩固)「徹底與物品相關的論述」讓我
們在商業化的世界中，能夠調整自身去適應事物的社會
意義。廣告因此透過現代的資訊系統，取代了傳統權威
提供該類意義的角色(例如宗教和習俗)。

　　這些專業概念全部是藉由商品的交易將自我特性串
聯起來。生活型態也能夠被視為一種方式，在這當中，
後傳統認同的多元化是由個體所管理，並為商業交易所
利用(或言組織)：

　　　　生活型態是常規化的實踐行為，這些慣例被融入穿
　　　　著打扮、飲食、行為模式和偏好與他人互動的環境
　　　　等習慣中；但這些被人們所遵循的慣例，實際上會
　　　　隨著自我認同流動本質的反身性，而存在著無限轉

變的可能。人們日常生活中所作出的每一個瑣碎決
定…都能夠左右那些慣例。這一切選擇（以及更大和
更有影響力的抉擇），都不只是涉及人們如何行動的
決定，而更涉及人們想要成為什麼樣的人。個體行
動的脈絡愈是後傳統，則生活型態和自我認同的深
刻核心愈是相關，並影響著自我認同的建立與重建
（Giddens 1991：81）。

生活方式將事物安排為確定的整體，降低選擇的多元性
，且支持「『本體論保障』的持續感受，好將各種不同選
項整合為多少具有條理的模式中」(81)。這些研究者將
這些模式連接到商業系統的方式，其實極為常見，並和
福特主義與後福特主義的描述有關(見本書第七章)。社
會複製從傳統文化(現代性被視為斷裂點)被轉換到商品
和勞力的市場內。個人需求的意圖成為整體系統核心，
而標準化的消費模式則成為經濟成長與穩定性的關鍵。
他們壓低個體必須面對的風險，但同時也減低企業(它們
必須在無法預料之有效需求的基礎上，面對市場的競爭
性)，與國家(必須均衡生產、政治秩序和消費，以保持
穩定成長)的風險。「自我的建立被轉譯為擁有某項商品
的渴望，以及追逐某種人為構作的生活型態…嶄新商品
的消費，成為某種自我真實發展的替代品」(Giddens，1991
：198)。

　　至少在兩個重要的意義下，生活方式不但和它所取代的傳統地位秩序不同，同時也有別於現代的分工結構(諸如階級、性別和種族)。一方面，生活方式傾向於代表一種純粹的「文化」模式：它是由符號、圖像、媒體所組成，也因此具備易變與不穩定的性質。另一方面，理論上來說，人們可以隨著在不同櫥窗、電視頻道、超商置物架之間的移動，便在不同的生活型態間不斷轉變。因此現代自我的不穩定，部分被理解為社會身分現代形式的不穩定面向。以鮑曼(1990)為例，他就採用馬菲索里(Maffesoli)對新族群主義的觀點(也可參考 Boorstin，1962、1973)對「消費社群」的想法)：生活方式群集與模式內所反映出的社群，並不代表存在著一道監控良善的社會閘門，或人們對於長期的許諾或延伸的社會學習過程肩負任何義務。此外，生活方式內組成的團體只是「選擇的社群」，其成員身分是由我們所選擇，而非根據歸屬地位進行指派的結果。社會身分於是被貶抑為隨著人們突發奇想所隨意穿脫的外衣，認同之間的轉變是如此的瞬息萬變，因此人們甚至超越了次文化的凝聚性，並落入一個「生活型態的超級市場」內(Polhemus，1994)。認同說穿了膚淺無比。(觀察目前對於紋身與將肢體穿孔的熱潮其實十分有趣。尤其當這些行為與次文化相關時，人們將永遠無法抹滅的認同與身分符號蝕刻到身體上，但這些認同卻具有不斷轉變或甚至容易退流行的特質)。

「他者導向」的自我

現代個體從傳統社會中游離出來，他們手中沒有船槳也沒有鐵錨，只能在社交波濤洶湧的海洋中無助飄蕩。最重要的現代議題是，缺乏一個調和的自我和權威性的文化價值，由於缺乏特性與深度，於是個體即使在最枝微末節的層面也都必須受到社會的決定：個體**服從**於即刻社會環境的期許，被瞬息萬變的公共輿論、媒體、廣告、同儕團體和愛炫燿的鄰居牽著鼻子走。「美國人」，黎斯曼(Riesman)說道：「必須恆久地從事尋覓 (他人的良好觀點)，且必須在一個不穩定的市場中搜索，在其間有關自我的價值，能夠在無需社會層級系統或特權階級評判行情之下就發生轉變」(Riesman，1961：xx)。誠如史奈特(1977)所言，隨著現代的腳步，更深刻的問題或許是，消費文化已經逐漸脫離簡單的社會模仿和服從主義，在這樣的情況下，個人借助商品謀取社會的進步和安定，發展成更加危險的情境(自戀)，亦即個人在他們的消費、外觀和社會表演中尋找他們的真實自我。

如同我們已經討論過的，此議題的重要論點早在一七五〇年代便已出現。對休謨和斯密而言，經由旁人的眼睛所看見的自我，不但是我們道德感的基礎，也是經濟與文化發展的必要條件。宴飲交際並不表示一種社會服從主義，而是自主性與變動的體現。對盧梭而言則遠非如此，訴諸他人態度所得到的自我並不真實，更代表

受到社會期待奴役的結果。人們汲汲於服從的社會本身就是個幌子。想當然爾，認爲現代本身是由其週遭立即的社會環境所建構的想法—而非來自某種內在真實或自我的先驗來源—在此時期的現代思想乃至於二十世紀的社會與心理理論中格外清晰的呈現，在美國尤其如此，且通常和消費文化的理論化密切相關。因此，舉例而言，符號互動理論(米德、顧里、高夫曼)所強調的自我，就是透過採取並內化(重要)他人的觀點所建構而成，亦即「鏡中之我」、在「戲劇性」社會世界中的「表演自我」，說穿了就是「過度社會化的自我」。「角色扮演理論」和派森思式的社會學，也在一九五〇年代提出極爲類似的觀點，他們認爲現代社會多元主義的運作方式，在於個人必須服從於各種角色與旁人對這些角色的期待，制度性或結構性的透過所需行爲的規範和附著於此的信仰來界定位置。依文(Ewen，1976：34-8)就留意到歐波特(Floyd Allport)有關「社會性自我」的觀點(「我對於自身的想法，實際上是我對鄰居們對我所抱持觀點的理解」)，對美國一九二〇年代那些廣告先鋒而言富有極高的意識形態用途。無論如何他們都直接地援用歐波特的社會心理學，類似的想法看來也對於廣告文本有所啓發，其內容是「你可能會訝異於發現一天當中，人們不停地注視著你的指甲。每一次旁人眼光投向你時，他們也做出一次判斷…」：如果他們的自我來自於貼近的社會，那麼畏懼社會的否定將帶領著消費者不顧一切的奔向市場。

同樣的，在一九二二年，這類行為主義心理學的鼻祖華德森(J. B. Watson)，就將「服從」(conformity)降低成「制約」(另譯：條件反射，conditioning)，亦即自我與環境之間純粹刺激—反應的關係，讓學術淪為廣告，讚揚後者讓現代有效地取代家庭、宗教和其他傳統社會化組織。

黎斯曼可說是最清楚發展此議題的著名研究者。他在《寂寞的群眾》(The Lonely Crowd)一書中的社會學關懷，和他所處年代的結構功能理論有著異曲同工之妙——他們均探問如何在個體的層次上，透過將人們社會化至不同的角色內，以建立社會秩序，角色於焉成為系統秩序與個體人格的匯聚之處，最重要的是，人們能夠心悅誠服的這麼作。黎斯曼提供了達成社會服從模式的類型學。在傳統社會中，親屬關係和羞恥心的約束力(親近與即刻社群的壞印象)確保了個體的外在行為會服從於穩固的社會秩序。

然而，在自由資本主義的年代，此秩序就被切割成多元性，且「人們面對如此多新奇的情境，這些情境無法事先用單一的符碼所窮盡。於是早期能夠透過嚴密的社會組織被解決的個人選擇難題…經由精密但卻高度個人化特質的方式來進行選擇」(Riesman，1961：15)。因此一種「內在導向」的特質類型於焉浮現：「個人的指引來源是『內在』(inner，15)，其意義在於，早在童年時期，父母便灌輸內在維繫的規範，以此來控制畢生的選擇和行為。錯誤的行為將激發人們的罪惡感。

　　「他者導向」的性格必須在看來較為後福特主義的世界才能形成(見第七章)。這種世界更加多元，且我們透過媒體和社會流動得以接觸到更多這些多元性。在勞動與官僚的領域中，社會流動性「極少倚賴於你是誰和你做了些什麼，重要的是他人對於你的想法——而你的能力高低其實操之在他人，循此，他人的眼光也控制著你對自身的評價」(45)。在勞動的領域中(黎斯曼在此部分的研究是和懷特(Whyte ，1957)及米爾斯(1951)有著同樣的目標)「目前所需要的產品不是什麼生活必需品或是機器：真正被需要的是人格特質」(46)。為了保住飯碗，人們就必須透過類似「產品特殊性」這類賦予商品特殊性的手法，來行銷自己的特質。社會化目前被引導的方向，並不是朝著維繫內在的標準發展，而是朝向發展出「滿足他人行動與期待的屬性」(22)因此個體必須「把處處都當成在家裡，但卻也沒有任何一個地方像在家裡，並能夠迅速地對每個人作出回應，雖然有時這樣的親密舉措顯得有點膚淺」(25)。不同於遭受罪惡感的束縛，他人導向的個性則是受到「無所不在的焦慮」所鞭笞，人們心裡所盤算的，總是有關如何趕上他人不斷轉變的期許。如果說內在導向人格特質的「控制器具」就像是個「迴轉儀」，那麼他者導向的控制工具則像是台精密的「雷達」(25)。

　　挾帶著這種感受與焦慮不安，個體於是被偏好、品味、外貌、規範所迷惑。在面對這類領域時，「安全感…

被包括在掌握住一連串的消費者偏好與他們的抒發模式
…恰當的表達方式意味著必須搞清楚他人可能品味的技
巧與感受，緊接著才能夠交換相互的愛好與厭惡，並巧
妙地操縱雙方的親密度」(73)。自我成為流行時尚的階
下囚，因為「為了避免成為與『他人』截然不同所帶來
的信念危機，人們就必須能夠(在外觀、言談與舉止上)
揮別昨日的**真實自我**」(75)。或許情形總是如此，但今
日的流行已經擴散滲透到所有階級，且也加快其變化的
速度。商品的製造者有備而來，積極掌握所有的可能性
，因此能夠「催化流行變化的腳步，同時利用極其微小
的成分來區分不同商品」(75)。這種微小差異無止盡的
分裂，使得消費者必須擁有龐大數量的資訊，並有能力
判別出最微不足道的差異性，這實際上正是他者導向的
自我性質所賴以建立的基礎:「藉由些許差異培養出的自
戀」(Freud，引述於 Riesman，1961：46)。

　　值得留意的是，黎斯曼在《寂寞的群眾》第二版
(1961)的序言中，堅持該書的目的（儘管只是在表面上
）並不是要對他者導向提出譴責，他實際上支持消費主
義與大眾文化的發展。透過幾乎是後現代主義的觀點，
黎斯曼讚揚道「他者導向使得人們的思慮、感受與容忍
度已臻化境」(xxi)這可以歸因於「一種由教育、流動性
、大眾傳媒所促成的普遍趨勢，帶領人們朝向一個擴張
的移情範圍前進，讓某人能夠超越自己的家族，甚至超
越自己的階級，有時則超越某人的國家」(xxi)—這樣的

論述我們可以回溯到孟德斯鳩或休謨對於交易行爲的讚
美。此外,黎斯曼還指出他所描述的所有特質類型,全
*都是*確保服從性的模式。他者導向的特性不比其他特性
更爲「服從主義」,且它也自有一套自主的辦法。實際上
,「他者導向的自主性」看來十分貼近當代反身性的想法
,因爲它「依賴於(個體們)努力成功地體會與尊重自己
本身的感受,他自身的潛質和他的極限」(259)。

自我的宗教

弔詭的是,後傳統社會內他者導向的自我,儘管恆
久地必須懸繫於每一個旁人的好印象,但同時卻也是一
種自我陶醉(self-obsessed)。在最極端的情況下—「自戀
」—其他人和社會關係,只有在維繫協調自我認同之際
,他們的蹤影才會被察覺。後傳統社會中對當前社會期
待的重視,幾乎可以等同於從前整合認同所賴以建立的
社會凝結力或「文化」。

對紀登斯(1991)而言,後傳統世界中的認同不穩固
使得人們無可迴避地陷入「自我反身性的工程」:此工程
之所以具有反身性,是因爲它涉及我們對於生活、外觀
和表現的大小事物,進行不間斷的自我管理,自我監督
,規劃和安排,只爲了將它們編排入一個名爲「自我」
的協調論述中。我們必須詮釋過去並規劃未來,我們試
圖作的,便是爲了在一個特定立即與轉變的社會當下建

立認同。

消費主義在這種自我陶醉中扮演著重要角色。這有一部分是因為我們不只必須去選擇自我,而且(傅柯的思想脈絡也是如此)還必須承襲所選擇的自我建立我們自身,亦即消費者。這當中所蘊含的意義是,我們被認定為能夠對我們自身的每一個面向作出個人式的回應:我們總是能夠選擇對於我們的外觀、健康與舉措作點什麼。同時,我們所作的每一件事都對自我具有意義,意味著我們沉醉於監督中;穿了這個、吃了那個,這一類的外顯行為都被旁人解讀成自我的反射(例子可見Finkelstein,1991)。其結果是,我們存在的每一個面向都受到控制和監督,創造自我的過程,就如同被放在檯面上精打細算的物品,而自我本身是一種人們必須製造的產物,其迫切性不亞於人之所以為人。而消費工業則備妥人們所能購買的商品嚴陣以待,其目的是突顯自我生產時所遭遇的一切技術性難題。此外,廣告與媒體則規律地提供夢寐以求的自我理想論述─生活方式的圖像、產品和建議─藉此博得閱聽人的認同感。更重要的是,和傅柯的道德技術極為相似,它們也以敘事形式提供自我的美好想法,某種必須透過個人選擇與努力才得以建立的自我。

現代與身體的關係已經為此提供鮮明的例子(例子可見 Featherstone,1991a、1991b;Gaines and Herzog,1990;O'Neill,1985;Schiling,1993;Turner,1985)。身體

的狀態被視為其擁有者狀態的反映，人們對身體負有責任且能夠加以重新設計。身體之所以被當成自我的倒影，是因為它能夠、也應該被當作某種能夠被加工的對象，且逐漸地使用商品對其進行改造，例如透過節食、塑身食療、自助書籍和建議來深化規範、自律和詳細檢查，這些作法的目標都是把身體當作一種商品來製造。打個比方，如體重過重、不修邊幅，甚至是跟不上流行，在現在都可能被當作**道德失序的體現**；連嚴重的疾病如癌症，都似乎反映出自我的毛病 (Coward，1989；Sontag，1983)，追根究底問題的癥結則在其消費行為。某人之所以染病，是因為他曾經消費了錯誤(非自然)的商品，或者無力去消費正確的(「自然」)商品：自我、身體、商品和環境構作出**道德選擇的系統**。

自我陶醉與消費主義之間的強烈耦合，其關鍵點並不是它製造出表面的社會服從，而是恰好相反：不幸地，我們並非單純保持著外在的形貌。如黎斯曼指出的，內在導向特質所關切的是經由外觀來維繫體面、禮儀和尊嚴。而他人導向的個體之所以具備獨特性，是因為服從性深深地鑽入人們的內在生活：「他人導向的個人渴望能夠被愛而非只是得到尊嚴」(1961：xx)。這場遊戲的嚴重性於是升高為一場殊死戰，因為消費者將真正的靈魂當作賭注，投入消費主義服從的管理中，「縱使他的目光總是牢牢地盯住那票喜愛炫燿的鄰居，但(他)跟上他們腳步的目標，主要的著眼點是在於他內在經驗的品質，

而非只是外在那些瑣碎的玩意」(24)。

對紀登斯,以及黎斯曼大部分的立場而言,自我反身性的工程及其商業化,無論在某些既定面向是多麼使人不悅,卻建構出現代的規範。對其他研究者來說,這些情況則反應出病態的自戀情境。自戀的想法顯然將現代的自我陶醉連接到後現代社會的孱弱自我,且透露出消費文化能夠強化並利用此一轉變。自戀並不代表自愛,如同其在日常生活中的用法,反而比較貼近相反的一端。它源自對自我與其邊界的不滿感。佛洛伊德假定了一個「原始的自戀」(primary narcissism),亦即新生兒生存在一個變化多端的世界,無力區分「自我」作為需求的來源,以及「他者」(父母、照護者)作為滿足來源之間的殊異。拉康(Lacan)將此理論化為「幻想」,「在這種狀態中,我們缺乏任何自我的定位軸心,在其間我們所具備的『自我』看來逐漸變成物品,而物品也逐漸變成自我,兩者間永不停歇地從事著密切交換」(Eagleton,1983)。

在佛洛伊德的論理內,對於這種想像整體則是更加支離破碎—而從他人中區分開來的自我感受開始浮現—當需求並未獲得滿足,這名嬰兒便開始留意到自己必須仰人鼻息才得以維生,故對於被遺棄、不完整和難以滿足需求的恐懼感,也油然而生。當這名嬰兒試著抹滅希望落空的苦楚(挫折、缺乏讚美),以及「他對於那些無法立即回應其需求者所產生的憤怒感」,他試圖「在腦海

的幻想中重建以往的關係，他想像自己能夠有一個無所
不能的母親或父親，並和他本身自我的形象融合在一起
」(Lasch，1979：36)時，自戀作為一種病理學(第二自戀)
也就正式形成。這也就是說，個體無法將獨立於他者(
父母、人們與物品)當作一種需求的滿足。自戀者完完全
全地只關注自己的事務，醉心於每一個與他需求有關的
人們或事件，就像史奈特所言，人們無法去理解「何者
在自我與自我滿足領域內，而何者又是在此領域之外」
(1977：9)。自戀者渴望能夠獲得無止盡的讚美、經驗與
刺激，並在此驅策下生活著，但卻絲毫無法得到任何承
諾；對任何實體而言，無論是人類或其他玩意，這種渴
望並不是為了自己的利益，而是長期在全能與無能之間
拉鋸，自我辯證的一部分。且沒有任何實體—人類或其
他玩意—能夠獨立於自戀者那脆弱的自我，還能夠真實
的存在。自我的認同必須在「浮誇物品」和內在空虛間
不斷更替，自戀者「神經質地依賴著他人，尤其是在自
尊的維繫上，但卻未擁有足夠的自主性，因此無法有效
地與旁人溝通…」(Giddens，1991：178)。

　　拉康的觀點則與這些想法殊途同歸。嬰兒，無自我
的在一個無差別的想像世界中生活著，卻在鏡子中見到
自己的樣子。這個型態樣貌顯示兒童是個「整體」，一個
分離和整合的物體，且因此是一個自主和完整的存在。
這個形象是令人愉快的：兒童不但能夠將此當成自我(
理想的)化身而產生認同，但卻也認定這是個非我(not-I)

，而是某個殊異和外在的玩意。「隨著兒童的成長，他將持續地對物品作出這種想像的認同，且這是他建立自我的途徑。對拉康而言，自我正是此般自戀的歷程，藉此我們才能尋找世上的某個能夠認同對象，支撐整體的自我感」(Eagleton，1983)。只有從外在的有利位置切入，自我才能夠被察覺與熱愛，透過凝視，猶如某個想像整體的對象；且在拉康的眼中，所有的慾望都可以連結到對這種多變自我的否定或確証：「自戀籠罩了慾望的各種形式」，且使得所有的需求與慾望都難以滿足，因爲它們全都被某人期望自我能夠被熱愛的需要所淹沒。依據哈蘭德(Harland，1987：41)的說法，拉康直接就將這類慾望和消費主義連結在一起：「因爲西方文化特別側重個體性與自我，且藉此衍生出特殊的變化與驅力。有什麼比永遠無法真正被滿足的慾望，更能夠引導向擴張、成就和侵略？」

對拉斯奇和史奈特來說，自戀可以說是消費社會的核心病變，在這樣的社會中私我與公共世界之間的界線—就像自戀者介於自我與他人、內部與外部之間的界線—都危險地被混淆了。在拉斯奇更常見的分析中，公共世界能夠透過消費主義和其他的權力形式來侵略私我，因爲強健自我的有機基礎業已衰退(更重要的是，父權式家庭的沒落)。消費主義關切自我，且承諾會提供製造可欲自我的能力，事實上也只不過是個體徹底失勢的僞裝，消費主義更透過不斷發展「組織化控制的力量」直到

「個人的生活幾乎不復存在」，來侵蝕個人的私我世界
(Lasch 1979：30)，且留存下的一切則受到「對於產品和
位置的殘忍競爭」所宰制。拉斯奇論及沙德(de Sade，1979
：69)，資本主義將個人貶抑為可交換的物品，人與人間
的關聯猶如純粹的物品(能夠潛在滿足自我需求的事物)
。在混亂社會的最終，除了滿足的追求外別無他者，但
這些滿足也只是純然的侵略。他以極為接近涂爾幹(或盧
梭)的口吻結論道：

> 在一個將理性貶抑為純粹算計的社會中，理性於是
> 無法對於享樂的追逐加諸任何限制—亦即無論多麼
> 墮落、荒唐、罪惡或僅是不道德，理性都無法限制
> 人們對每個慾望的立即滿足。因為會譴責罪惡或殘
> 忍的這些標準，都必須來自於拒絕淪為純粹工具用
> 途的宗教、同情，或諸如此類的理性；且這些過時
> 的思想和情感模式，在一個以商業化生產為基礎的
> 社會中，根本無法佔有一席之地。

另一方面，史奈特關懷的是公共世界已經被個體自我的
迷惑所接管。和黎斯曼的研究類似，他主張「急欲實現
願望的自我」，服從主義和社會期待的壓力都絕非新發展
。早在現代性與消費主義誕生時，對十八世紀布爾喬亞
的(男性)成員來說，公共領域的用途，自然被期待是人
們藉以進行模仿消費、追逐流行儀節、表達方式與活動

等等的場所。斯密與修謨一派的看法將自我與自尊畫上等號，同時自我與是否有能力在公共場合實現交際手腕有關，而與那些表現的實際內容無涉。畢竟實際的內容很可能是不當真、恣意而爲、異想天開、不一致—它根本不需要是真實的。人們並不被期待去相信公共行爲確實表達，或甚至應該表達，他們真實的自我：它不過就是一種演出，且是一種實現「遠離自我」的表演。私人與公共行爲並不會彼此評判或互扯後腿，也沒有相互一致的必要；它們兩者可以說是分離的議題。「表象」和「本質」能夠在自我的不協調中共存。對史奈特來說，這是各種力量的結合—浪漫主義，布爾喬亞私生活的神聖化，光鮮外表宗教性地控制著公共倫常—且造成現代消費文化的根本問題，亦即我們必須真的成爲我們的表象，且必須看來就彷彿我們果真如此。一言以蔽之，我們必須真誠或真實。以中世紀社會學的觀點來說，角色距離必須藉由將自我同化至社會角色中來被克服。這在多元世界中可說是艱鉅或不可能的任務，人們必須採取逐漸侵入的策略，來將跨越社會世界後遭到肢解的自我建立起來，並將它黏合爲單一、實在的真實，且人們還得精確無誤地透過外觀將自我反映出來，並重返至社會世界。至少，浪漫主義對真實性所提出的要求，使得我們的日常生活，被監督的不僅是我們的時尙敏銳度，同時還包括我們的一致性(作爲我們真實的印記)。這個任務不但毫無根據且並不正當。

浪漫主義的自我

浪漫主義，就像是文化的典範，強調現代性的文化貧乏，但它的做法卻是透過對於本質之有機與整合形式的期待。「遠離自我」的表演，一種對於本質與表象的蓄意撕裂，正是盧梭所無法忍受的；這對盧梭而言代表一種不真實狀態，且受到社會壓力的奴役。然而，史奈特指出，浪漫主義的堅持恰好就是我們真正作為表象看來的那樣，意即融合了私我與公共、內部和外部，這讓我們陶醉於自我，並因為消費主義持續不斷地吹噓，承諾將帶來一個整合、真實和價值非凡的自我，而讓人們都成為消費主義的戰利品。

實際上，浪漫主義和文化的典範都和消費文化存在著雙重與諷刺的關係。一方面，文化的浪漫觀點對製造出消費者的物質文明化發動猛烈批判。另一方面，消費文化—就像是據推測會反對它的精英文化一樣—不斷承諾能夠挽回那些浪漫主義堅信已經遭到文明化所吞噬的價值觀。誠如坎培爾(Colin Campbell，1989)所點出的，我們能夠在多數的廣告中觀察到這個現象。廣告所述說的都是有關感受、虛構的慾望和渴求，而非理性的想法；廣告所述說的都是集體價值、社會可容許性和認同，同時也強調個人的選擇；廣告傾向隱藏冰冷的機械與大量加工的形象，而將它的產品用某種完美無暇的構想或連結到杜撰歷史的手法來呈現(Williamson，1978、1979)

；它大量起用異國、天然、超現實和潛意識的圖像營造氣氛，而降低經驗事實或理性論述的成分。如同威廉斯(Raymond Williams，1980：185)所言，廣告絕非「理智的唯物論者」，反倒是徹底的唯心論者，它所提供的是情感與心靈的慰藉，而非功利主義的滿足。

這就彷彿為現代消費喉舌的是浪漫主義和文化，而非理性主義和功利；換言之，原本用來批判現代性文化貧乏的說辭，最終卻不實際地被用來填滿現代性本身的不足。坎培爾的論點大致如下：如同他的界定，現代消費的快樂主義和需求的滿足無關(畢竟這會限制滿足的經驗)，而是將追求滿足體驗本身就當成目標。現代消費和情感經驗的強化有關，而情感經驗則被理解成坐落於自我的內在世界中。在現代的快樂主義中，透過想像的使用，「渴望」和虛構不滿的製造，順著白日夢的模式，情感於是被刺激、煽動、並被塑造成一種沉迷。現代消費者最基本的動機是「渴望在現實生活能夠體驗那些在想像中所創造與享受的樂趣，而這渴望則導致人們不斷地購買嶄新的商品」(Campbell，1989：205)。(這和自戀人格對填充自我空虛內在世界經驗的渴求存在著選擇性親和)。

坎培爾將現代快樂主義者的倫理追溯到「浪漫主義的倫理」，其根源則與新教倫理來自於相同的社會階級與重疊的時期(早期現代性的中產階級)。倘使我們將新教倫理的故事追溯得比十七世紀更加久遠，也就是韋伯提

出論點時，便會發現，如同坎培爾的研究，它分享了喀爾文教派的理性主義與虔信主義(Pietism)兩者的精神，後者的特徵在於促進刺激、試煉、且最重要的是展現特定的強烈情感(例如憂鬱、同情與仁慈、自憐)並發展爲一個多愁善感、且充斥浪漫主義情懷的教派。這種對於情感的側重，也連結了自我的美學與道德層面。將強烈的情緒反應轉變爲藝術美感或昇華至極致，甚至以圖畫描摹的能力，都可以被視爲道德價值的印記，這個論點我們早已在休謨與斯密「同理心」想像能力的道德基礎中遭遇過。情緒感受的流露在浪漫主義倫理中的地位，和天職與財富在新教倫理中的地位不相上下：都可被視爲道德選擇的標誌。

　　十九世紀的浪漫主義繼續將道德價值連結到情感、熱情、想像，亦即對立於真實的理想典範，更重要的是他們眼中的自我（「浪漫主義者將自己視爲核心」(184)），並不是如同功利主義個人的有意識本我，而是在個體內部的潛意識和自然力量，並以此構成了自我的真實源頭。這些評估標準和上層社會對情感的限制、計算與地位導向的消費相左，也不同於功利主義下自利的快樂計算。在此過程中：

　　　　人格特質的浪漫理想，再加上透過藝術振興道德的
　　　　相關理論，能夠發揮刺激與正當化自主與自欺快樂
　　　　主義的功能，並以此支撐現代消費者的行為。…浪

漫主義的世界觀提供了最強烈的動機，藉此正當化
白日夢、渴望與對現實的逃避，以及在生活與藝術
中對創造性的追尋；且藉由這樣的做法，讓樂趣滿
足能夠超越舒適，以同時抵銷傳統主義與功利主義
對於慾望所加諸的限制(201)。

如果坎培爾所言不虛，那麼「文化」和「消費文化」就
不那麼針鋒相對，反而是超越雙方所想像的緊密連結在
一起：它們藉由雙方的浪漫情懷而結合，透過重新評價
在功利社會中毫無地位的情感、美學與自我心靈的想法
，來填補現代性的匱乏。然而，對許多我們述及的論者
而言，這種治療方法只會使得現代性的疾病前所未有的
沉痾與漫長。

文化與社會

或許貝爾的《資本主義的文化矛盾》(The Cultural
Contradictions of Capitalism，1979)十分適合作為我們的結
語。在貝爾的論述中，晚期資本主義的文化和消費文化
是公開的同謀，且兩者都產生嚴重的功能障礙，並對於
社會秩序本身造成比個人更深遠的影響：「文化」的理想
以一種摧毀社會本身的方式，填補了現代性的文化匱乏
。他指出，布爾喬亞的社會存在著兩個文化源頭。其一
是清教徒的勞動倫理，這點無疑十分有用：它所提供的

「先驗倫理」在功利社會卻消失無蹤，清教徒勞動倫理主張的經濟自利與需求具有無限與開放結局的本質，其監督檢驗的方式不只是強調勞動，同時還著重「人格特質(有節制、誠實、將勞動當作天職)的結構」(81)，且個人必須屈從與社會的權威之下。

然而，第二個文化的源頭，和我們討論過的自由功利主義極為相似，「是一種世俗的霍布斯主義，一種激進的個人主義，將人類當作擁有無窮盡的慾望，人們的慾望在君主政治的跟前受到限制，但卻在經濟與文化中完全自由的奔馳」(81)。新教倫理遭到大眾消費的蹂躪，「已經從布爾喬亞社會斷裂」，且只能受到光鮮外表的迷惑，以「晦澀、偏狹心理狀態」的型態在現代社會中苟存。取而代之的是，「由世俗的霍布斯主義接手，提供現代性主要的動力，並填補人們對無窮體驗的貪婪渴求」(21)。然而，快樂主義的個人主義無法供應在勞動倫理中萌生的「先驗連帶」，「社會無法藉由它的特質結構、勞動與文化，提供某些『終極意義』的標準」(21)。

現在，代替「終極意義」的只是爆炸的個人慾望與自我陶醉，這些需求同時由大眾消費所餵食，卻也養肥了大眾消費。因為大眾消費含蓄地為日常生活帶來某種自由主義(世俗的霍布斯主義)，並透過浪漫主義而茁壯：一種享樂自我的宗教，個人透過自己的慾望來界定自身。從其發展的早期歷史開始，現代文化就以一種本質上反布爾喬亞的形式出現，它抨擊清教徒倫理的壓抑與

使人窒息。現代文化的軸心準則並非抑制，而是「爲了達成自我實現與自我滿足，並尋求『自我』的表達與再建。而在這個追尋的過程中，必須排除一切經驗的限制與界線。它試著伸出觸角體驗一切；沒有任何事物應該被禁止，萬事萬物都等待著被挖掘」(13)。這個論點支配著現代主義的藝術文化，證據在於他們借用佛洛伊德的說法，主張不快樂來自於自我控制以及對於本能滿足的壓抑，而透過圍繞著快樂主義與「愉快道德」所建立之通俗文化，邁入另類的日常生活：「傳統上圍繞著人們罪惡感對滿足所下的禁令，如今無法在下層階級的自尊中發揮效用」(Wolfenstein，引述於 Bell，1979：71)。

多數鑽研這些議題的研究者，都希望證明出這種快樂文化對個人是一種障礙(它導致現代人的不安與焦慮)，但卻對於系統具有功能(它製造出永不滿足的消費者)。貝爾卻不以爲然，他認爲快樂主義文化對於系統本身也會形成障礙：文化和消費文化摧毀了經濟與政體，因爲如今致命的矛盾存在於「社會結構與文化之間，前者主要是由角色和專業性所組成，後者則關切自我與『全』人的提升與滿足」(14)。用更聳動的話語來說，「一九五○年代和一九六○年代間，性慾的教派壓倒了財富的教派，成爲美國人生活的根本情感」(70)。

小結

我們在本章中檢視了消費文化研究中最有力且最久遠的論點之一，這種觀點試著將消費文化當作與現代性本質綑綁在一起的病狀。現代性拆解了提供固定價值觀與認同的穩定社會秩序，將社會貶抑成個人，先驗貶抑為計算性、理性與物質。面對這樣的情況，這些理論家認為個人的界線、意義的源頭、社會關係和需求都變得模糊不清與難以確定。這是消費文化的脈絡：現代性被奔流的價值觀、意義、自我與他人所淹沒，它們同時填補了現代世界的文化貧乏，卻也持續地加深並利用這些文化短缺。埋藏在這類觀點底下的是一股難以抹滅的懷舊之情與悼念：消費文化永遠無法取代我們已經失去的世界，亦無法提供我們能夠信任的自我，或者提供一種讓我們真正感到自在的文化。消費文化只不過是一種感受的縮影，亦即現代性擷取自我、價值觀與凝聚力的源頭，打從一開始就是某種錯誤。

第四章

商品的文化

　　多數針對消費文化所展開的批評，都圍繞著一個難以排解的矛盾議題：亦即現代性雖為世界歷史帶來的大量物質生產，卻並未促進人們的快樂，或甚至滿足感。首先，隨著龐大的生產量而來的是—說穿了就像其代價—無論我們採取絕對或相對的觀點，無論是在大都市內部或遠在海外的發展世界中，貧困、剝削與不安全感都已經攀升至令人難以忍受的程度。我們可以將大量生產的第二項副產品，甚至也波及大多數的權貴，歸納為所謂的「異化」(alienation)：我們發現此一商品世界，以及製造那些商品的世界，其實是一個很難被稱作家園的地點 (甚至消費文化是如此信誓旦旦地保證能夠完整地供給我們與生活、認同和價值有關的必需品)，對於這個世界我們只擁有微乎其微的控制權，居處其中，我們都只是被孤立的個體，消極地面對一個*物品*的知識體系結構，於是選擇是我們唯一所能做的行為，除此之外就只是

欲振乏力的創造或行動。異化的證據在於人們落入一場永無止盡的擺盪，面對的是就某種角度而言總是一成不變的嶄新事物，我們永恆地搖擺於狂熱、挫敗與過度刺激之間，有時還能抱持著孤注一擲的慾望，但更多時候則流露出徹底的厭倦和漠不關心。

　　一般觀念將財富的增加與需求的滿足劃上等號。另一方面，消費文化則將滿足與社會經濟的不景氣劃上等號：需求必須永無休止。於是問題的癥結在於，究竟是誰需要這一切的需求。由異化批判角度所得到的答案指出，正是生產體系使我們的需求永難滿足，但卻又總是試圖尋求商品來滿足慾望。因此批判性消費文化矛盾的論理核心在於：此系統擁有物質權力能夠將人們從需求深淵中解放，並提供人類發展的基礎，而非使他們臣服於物質商品被生產與交換的邏輯之下。「異化」可以說是現代商品世界如何掌握男性與女性世界支配權的一個中繼站，這同時包括主宰他們的日常生活，以及結構全球的過程。

消費的辯證：主體與客體

　　我們必須指出一個很重要的觀點，就兩種意義而言，現代性已經將客觀性大量地灌輸至世界內。其一，有更多的物品被製造成形；其二，有更多的社會生活層面是透過類物品(thing-like)的形式被製造(「物化」)。關鍵的焦點是在現代社會情境之下，我們是如何連結到物品以及大部分社會生活的類物品本質。我們當然能夠以完全一致的詞彙來界定「消費」這個特殊的概念，將它視為客體關係的問題：消費是去探究有需求的人類與社會主體，如何連結至世界上那些能夠滿足他們的物品(具體和符號性商品、服務、經驗)。

　　以主體與客體之間的關係這個角度來思考現代消費，是將這個概念連結至現代西方思想的主要哲學關懷。這其實也正是本章在回顧相關文獻時的重點。探討如馬克思、韋伯、齊美爾、盧卡奇等知名學者的觀點，以及法蘭克福學派理論家與情境理論家的發展，都有助於我們貼近主體與客體關係的哲學關懷，以及社會學內與現代主體性和結構相關的論述，因為這些都直接發展為消費文化的理論。(見 Miller(1987)，當中有對黑格爾傳統更深入的討論，並有力的論析如何藉此將消費文化予以理

論化)。

比較粗糙的說來，現代西方思想處理主體與客體關係時，最容易遭遇的難題通常可以追溯至笛卡爾「我思故我在」的概念，他將世界區分開來，一方面是人類主體(能夠思索、認識、相信與描繪世界之意義與價值的心智或意識)，而另一方面則是客體(世界被視為如同「動態存在」，猶如一組互動的事物，能夠以實際的形式被觀察與掌握，然而其內部和本身卻缺乏主體性、心智或精神，更不具有意義或核心要素)。

既然將主體從客體中抽離出來，那麼人類該如何將客體世界同化至他們的主觀經驗之中？此想法其實相當普遍，且融合了許多主體與客體之間相異的關係類型。其中最為顯著的是，西方哲學(認識論)便指出將客體納入主觀經驗的方式，是透過「知識」的關係。主體如何能夠理解客體的世界，他們的智識如何吸收這些概念，且他們又如何肯證本身的理解為真？然而，如果我們以其實際所呈現的社會形式來思索知識—例如常識、科學、科技、研究、發現與創新，我們便會明白所謂的同化，同時也意味著主體以非常具體的方式佔有與使用客體。透過使用這些客體來滿足人類的目的，於是客體便被納入個體的主觀經驗中—或是以文化和生產的形式，進入集體經驗內。我們根據人類主體發展出的不同目的、目標、慾望和需求，去蒐集、使用、製作、佔有和轉變客體。就某種角度而言，這可以被視為消費的一個清晰

意涵：無論是抱持的概念或實踐行為，我們都是根據主觀的概念與慾望，去看待這個世界並加以接受。

　　這種世界觀使得主體與客體形同陌路且截然不同。主體具備徹底的意識或理性，且自外於自然與物質世界。後者則恰好相反，其心靈或意識都被完全掏空。這是現代科學和理性所必須達成的除魅與破除迷信的任務，它們淨空了自然全部的超自然力量以及一切固有的意義。然而，此一除魅計畫卻也成為屈從的始作俑者。將客體本身具有的本質力量與意義剝離後，他們所具備的意義，於是全都仰賴於人類主體使用時所賦予的意涵。客體被認為只具備「實用性能」，亦即對於主體而言它們所擁有的用途。因此，在自由—功利主義的思想內，是「我」這個自我定義的主體，界定了我本身的需求，接著再進入自由和市場，物品與商品的世界內，去尋找某些東西以滿足我既定的(defined)明確慾望。這種觀點是絕對的現代性產物，而對於那些擁護該立場的人們而言，消費文化恰好可以作為展現其解釋力的戲劇化實證：工業科技與理性算計是如此有效率地將客體世界轉化入主觀慾望，以致於任何天馬行空的想法都能夠被滿足。

　　當自由現代性將此一物化，和對「他者」(other)世界的侵佔，都視為進步的展現時，其他論者則將此現象解讀為一種人性的病態異化，他們偏離了本身的存在以及固有的世界。倘使對於人類主體而言，世界純粹只是客體，那麼人們又如何可能在此處之泰然？誠如我們所

知，對於有機論、整合本體、天人合一，以及凝聚力與真實性的強調，都得透過文化來完成，且瀰漫於對於浪漫主義的文化主義和文化的傳統回應之內。同樣的，對於異化、理性化和具體化(reification)的批評，都將主體與客體之間的斷裂，視爲需要修補的間隙；主體與客體必須重修舊好，且這必須經由實際的社會與歷史過程才能達成。

黑格爾影響後世最鉅的觀點，是將這些思潮予以統整，並指出主體與客體之間，實際上存在著辯證與相互關連，而非外在和機械的關係。這樣的關係或過程，意味著非但是主體依賴客體，客體亦倚賴主體的相互構成。位於此辯證的核心是勞動或實踐，也就是人類主體積極地介入客體世界的事實，利用人們的智慧和實踐力去轉化、模塑和創造世界。個體和社會透過改造世界，使它與他們本身的需求和計畫產生聯繫。他們的需求—他們的主體性，他們對於世界的意義—都被「客觀化」，以實體的形式出現，並展現在他們所製造的物體上。客體世界是依循人類主體性而構造，最爲顯著的例子就是人們依照其觀點改造世界。然而，不同於非辯證(粗略地說來是指自由主義者與實證哲學家)觀點，人們並非只是根據自我界定的需求去轉化或使用客體。毋寧說，人們所打造的世界實際上是一種客觀存在，且成爲他們所居處生活的新環境，透過此客觀環境人們的主觀經驗得以形成或遭受限制，而且也是在這樣的環境內，人們界定並

細緻他們的需求、慾望、目標和計畫。人們所造就的世界，成為他們必須理解和使用的客觀對象，同時也是一個決定人們作為何種主體的世界。因此當我們改變世界時，我們也改變了自我。

在這個理論傳統下，消費不能被粗糙的簡化為「主體使用客體」，因為此二者並非相互獨立，而是不可或缺的連結，無論雙方究竟是否覺知。物品世界所豐富蘊含的文化性都以客體形式流露，是人們經由本身心智與實際的實踐活動所賦予世界的形式；在這樣的過程內，人類需求本身也隨之浮現，並經過各種物品類型而體現。從這個觀點看來，消費是一「社會重新利用本身外部型態—也就是說，吸納轉化其本身的文化，且藉此將本身當作社會主體加以發展」的過程(Miller，1987：17)。

分化與精緻

從上述觀點便衍生出兩個不同的核心論調，並成為檢視消費文化的兩大關鍵。第一種想法認為人類本性—需求、理解與處事之道、意識—並非僵固不變，會遵循著它所創造出的客體世界而發展。最重要的是，當人為的「種類」愈趨複雜和分化之際，人類的主體性也會跟進。我們得要透過更為複雜的知識與需求，才能夠適應更複雜的環境。舉個最顯著的例子，人們的知識和需求，將會因為其所面對的環境，究竟適合狩獵與採集，或

是一個能夠出外打牙祭或外帶回家,利用微波烹調現成的調製食品,堅持生機飲食等等的環境,而顯得南轅北轍。重點在於我們並非單純地擁有更多的選項來滿足相同需求(在這個例子裡,是飢餓);我們的需求還會隨著這些選擇而遞增。

黑格爾、馬克思和齊美爾都將人類的發展,連結至客體世界分化程度增加與主觀經驗精緻化之間的關係。實際上,正基於此,馬克思將需求的概念作為其研究的核心,特別是在《經濟學哲學手稿》(*Economic and Philosophical Manuscripts*)一書內。首先,在馬克思式的社會理論中,一再強調真實的人,是那些「有著各種需求」(rich in needs)者。真正的「富者」並非坐擁金銀財寶的人,而是「渴望能夠完整地傳達人類的重要情感者」(Marx 1975:355),且對於這些人來說,實踐儼然成為一個自我發展的豐富分化過程。其次,飽滿需求的發展仰賴於客體文化的發展,因為「只有利用客觀的呈顯人類本質的富饒,才能讓主觀的人類主體性…得以被培養(cultivated)或創造」(353)。對馬克思來說,資本主義之所以具有革新的力量,就是因為在某種程度,它發展出爆炸性的科技力(工業),並得以生產出物質基礎來滿足那些「有著各種需求的人們」(儘管在它顯露出的異化形式內,僅能夠用來解釋少數「富裕者」,和許多極其貧困者的處境)。

疏離與異化

第二種論點則指出異化的難題。為了將客體世界納入主觀經驗中，就必須體認到整個世界實際上是由我們所親手打造。倘使我們不將它當作人類(心智與勞力)勞動的產物，那麼我們就會把它當作不相容的存在，一個超越你我掌控的自然環境—這也是客體世界呈現的模樣，舉例而言，承襲笛卡兒二元論的實證科學與自由經濟，便是如此看待客體世界。我們遺失了客體轉變與我們自身轉變之間的連結—也喪失了對於此連結的控制力。這便是黑格爾稱為「不悅意識」的狀態，同時也是人類歷史階段性的顛簸狀態。其實這提供黑格爾式歷史哲學的敘事脈動：在認知與疏離之間，在認清世界轉變的動力後，取得的自我決定權，和由客體與客觀化社會過程主宰兩個狀況之間的持續擺盪。

現代性可以被看做「多重」分化的高峰，但同時也觸碰到疏離與異化的高峰。舉例來說，消費文化的客體世界看來就催化著使人驚異的精緻性，及需求與主體性的分化，但同時其形式卻逐漸轉變為只從既予物品中作選擇；個人無法體認到這些物品是他們本身勞動後的產品，也因此如同他們本身主體性的外化。人們只能在諸多享受的物品中選擇，但卻無法將他們轉換為自我發展的過程。馬克思認為，現代工業社會的轉型力量，儼然是「將人類最根本的權力赤裸裸的攤在陽光下，人們的

算計心理都以具體形式呈現」；相反的，消費文化的一切物品都以疏離的形式出現，就好像他們只是「感官的，外在的，實用的物品」(1975：354)。

　　齊美爾的研究也發展出相同的論述，他觀察現代性(有時更是生活本身屬性)的方式，鎖定在客體與主體文化之間，全面性與持續加遽的矛盾關係(Frisby 1988；Miller 1987；Simmel 1950，1990，1991a(1896)，1991b(1896)；Turner 1986)。齊美爾認為客體文化的生產，已經遠遠的超出我們能力所及，故無法將它們主觀地整合至我們個人與社會的發展內。他同時也將現代生產性連結至高度分化的商品，以及品味、需求和經驗更加細緻與區隔的發展。實際上，生產性所倚賴的勞動與專業化，所出現加速的破碎化與單一化，是以「消費逸樂所彌補與填充，他們透過使人眼花撩亂的各種來源，以前所未見、迅速翻新的感官刺激達成功效…諸多的刺激…都是人性靈魂尋求活躍的方式」。(Simmel 1991a(1896)：120)。然而，在現代性之下—尤其身處於城市內，都會生活的經驗被齊美爾視為現代性的正宗標記—我們轉化這類豐富性的能力，卻被過度拉扯而瀕臨崩潰，一種表現是趨於「神經衰弱」，而另一種則是呈現「漠不關心的態度」。個人因為各種刺激的瞬息萬變，如墜五里霧中，快速的變化造成了神經緊張、心神不寧與無法放鬆。於此同時，個人必須採取對抗性的回應，亦即漠不關心的態度，來抵禦這股洪流，正因為如此，人們心理上的某個阻絕點

被啓動,他們開始抱持著全然冷漠的姿態,並認定這一切的變化說穿了都只是千篇一律罷了。但,在最終的轉折點上,其實正是這個精疲力竭的感受,敦促著人們去求索更劇烈的刺激性,目的是克服這種冷漠。

於是,就最爲廣泛的哲學觀點來說,消費文化極端戲劇化所產生的那種介於富饒與不滿間的矛盾,源自於精緻與異化、分化與疏離之間的衝突,也就是社會製造出一個日趨複雜的世界,卻無法將這個親手打造的產品加以內化的後果。消費文化,無論其展現的究竟是物質的豐沛或窘困,或甚至它究竟製造了些什麼,都因此成爲「不悅意識」的絕佳例證。且,不像自由主義者的說法,反倒在許多方面比較接近浪漫主義與文化傳統的論點,此觀點(當然是在馬克思的研究內)的總目標是重新調和主體與客體,且不只是在哲學的層面,同時更指向歷史與實踐的層次。

商品文化

異化勞動

馬克思畢生的心力都投注於思索資本主義所引發的
痛苦,並汲汲於探索社會生活是如何透過實踐來造就這
種痛苦。主體與客體間的辯證假定生產與消費,亦即人
類與環境之間的相互建構,當中的連結應該是有機與清
晰明瞭的。一旦生產與消費成為分離的過程時,痛苦的
感受便會油然而生,而這就是消費文化內的情形。

馬克思解釋此一分離的基本論調相當清楚。處於資
本主義的社會關係下,人們並未直接針對本身的需求從
事生產。反之,他們飽受剝削,失去了對於各種社會發
展的控制權,也不具有生產工具的所有權,他們必須臣
服於支薪的勞動,才能賺取金錢購買市場上流通的消費
品。這是商品化的過程。最重要的是,人們的勞動力也
被商品化,故使得人們喪失了以「勞動力」型態所能施
展的轉變力(黑格爾傳統中極為關鍵的要素)。人們對於
物質世界展現的創造性,搖身一變成為市場上待價而沽
的產品—也就是學理上所謂的異化關係。

　　這裡頭有幾個含意，首先，勞動不再象徵著人們與世界和自我需求之間，豐富而實在的關係(利用某人的技能去從事各式各樣的生產)，反而演變爲某種徹底抽象與形式化的存在：我將我的能力當作普遍的勞動販售(實際上我所售出的是抽象勞動*時間*的數量)，只爲了換取足夠的金錢。我的勞動力對我而言，不再具備任何特殊的意義，而我甚至也不再利用它去生產我所需要的某些特定物品。因爲和我本身在世界上完成的改造成果毫無瓜葛，所以這些商品在我眼中就像我所擁有的勞力般，顯然只像是外在和客觀的存在罷了。

　　其次，勞動力的出售也不是兩個平等關係間的交換。儘管形式上人們能夠自由地處置此項珍貴的商品，但實際上人們是被迫如此，才能換取生存的工具─也就是取得白花花的鈔票，去購買其他商品。並且在出賣勞力的同時，人們也等於交出了控制權。我們變得只能聽從資本家的擺佈，並成爲生產巨輪中的一顆小螺絲釘：屈從於科技，系統化組織與理性化規範。身爲技術勞力分工的一份子，我的實踐被拆解成毫無意義的動作(將螺絲拴緊，填滿某個容器)，而這些瑣碎流程和最終產品的關係，也因此變得過於神秘晦澀而使人難以理解。儘管身處其間，但我很難從自身破碎的位置，去正確的連結製作產品所必須付諸的總體勞力。這種破碎與異化，進一步又因爲手腦，勞心與勞力的勞動分工而逐步惡化。感知與控制均結構化地從勞動中被析離。

　　也正是因爲如此，在這個理論傳統內，創造性勞動是人性的本質，或言其「生命真諦」，勞動本身就是目的，並能夠藉此滿足人性中改造客體世界的本能。然而，異化的勞動,「只是用以滿足外於其本身需求的手段與工具罷了」(Marx 1975：326)。「結果是人們(勞工)感覺到自己只有在依循著原始機能行動時，才有自由可言―吃吃喝喝，或繁殖後代，或至多在他的屋舍和裝飾中略展身手―當論及他的人類機能時(例如勞力)，他卻似乎沒有比其他動物高明多少」(327)。

　　其三，與生產工具的分離導致階級剝削。出售本身勞力的價碼，和它所創造的價值並無關連。這當中的差異就是利益所在。當出賣勞動力的同時，勞工也將究其本質充斥著剝削性的社會關係加以複製、再造。此外，我們將會在第七章討論到，馬克思曾指出，就資本主義的結構而言，就算將勞動階級所支領的薪資加總在一起，也無法購得所有其勞力製造的有價物，也就是所有的商品。異化在哲學觀點的解釋下，主體之所以無法將客體納入其日常生活中，是基於相當簡單卻令人憤慨的原因，亦即勞動者大多無力購買或使用他們親手製作的產品。我的異化勞動力，被他人用以創造財富，導致我本身的窮困，並使我的需求淪爲「基本需要」，讓我只能對著精緻、區隔與自我發展的夢想搖頭興嘆，當然也無法實踐現代科技權力所蘊藏的無窮潛力。

　　上述三者都刻畫出異化的狀態。自己本身和所具備的勞動力，甚至是一手製作的商品和與他人間的關係，對人們而言都變得抽象，且儼然就像是「深奧難解之謎」。我們絕對可以相信，當人們成為一名勞動者的那一刻，他也成為一名消費者，因為臣服於眾多商品，實際上就等同於自己的勞動力的形式，亦轉變為任人喊價的商品。商業化的勞力製造著更多的商品，而這些物品是被製造來販售，因此便流通到市場等待他人的消費，而非那些付出勞力親手製作此物品的勞工。生產與消費之間的關係，並不能被有組織與清晰地連結至實踐上頭，而是間接地經由市場、貨幣、價格、競爭與利益所中介——也就是商品交易的完整機制。如同馬克思所指明的，此項區隔反映在商品的細緻型態內，亦即由「使用價值」與「交換價值」所構成的型態。

　　馬克思相信所有的社會，都必須將其勞動與物質的稀缺資源配置得宜，以製造出它所需要的特定物品，達到複製本身的目標。為了讓經濟能夠年復一年持續運作，並使得人類軀體與文化均能夠綿延存續，特定的物品與品質就必須保持充沛的供給量：足夠的麥穀與稻作，足夠的技術勞工，足夠的女性以打理家內庶務，足夠的車輛好將勞工與物資運往工作場所。上述這些「物品」都具有「使用價值」：它們可說是經濟與文化的實質面向。

　　在資本主義社會內，來自特定使用價值需求的壓力
，並不亞於其他社會，但在這種社會內，是透過中介而
非直截了當的運作方式達成。人們並非直接地製造本身
所需的使用價值(且因此人們會同時作爲生產者與消費
者)，資本家跨足生產並購買勞動力，以此獲得利潤，並
將生產所需的資本額累積擴展到前所未有的規模。如同
我們在第二章內的討論，馬克思眼中的資本家，實際是
經濟的無關道德者(amoralists，譯按：指其作爲無涉道德
判準)：對於他們所製造的特殊使用價值，無論是害人的
毒品或濟世的醫藥，都完全漠不關心，他們只在意該產
品是否能夠獲得市場的青睞，產生出「交換價值」，並將
此特定物品換成金錢，亦即「財富的普遍形式」。因此資
本主義內是極端形式化的經濟，且從使用價值之實質世
界的概念中抽離出來。

　　這絕非意味著使用價值與需求對於資本家而言毫無
重要性。情況恰好相反。爲了尋求兌現交換價值，資本
家手中的貨品就必須對於某人而言具有使用價值—講得
更白些，必須對於大量擁有購買能力者而言具備使用價
值，這樣才能刺激人們用合理的價位購買產品。然而，
重點在於該使用價值並非其本身的目標，而只是資本家
捍衛利潤的手段與工具，甚至是必要的情境。更確切的
說來，人們的需求已經成爲使人困窘、難以預料但卻必
要的情境，在此間，資本得以不斷地擴充與積累(也就是
馬克思著名的 M-C-M’s 公式，譯按：馬克思翻轉了過

去 C-M-C' 的公式，指出不同於以往交易的目的在於得
到滿足需求的商品，在資本主義內，人們所以要交換，
是爲了得到更多的貨幣)。需求與貨品之間的關係，主體
與客體之間的連結，都不再是自我發展辯證中的一環，
而是算計與剝削的產物。

異化需求

馬克思爲資本主義的現代化，寫下了無人能出其右
的讚美話語。這個讚美來自於，他認爲在資本主義這個
猛獸的腹中，孕育著未來社會的快樂潛質：當中最重要
的是生產的社會化(同時透過分工和勞動的集中化)以及
生產技術力的發展(機械、科學知識、工業組織)。資本
家之間的競爭，難以避免的會驅使他們成爲一支支朝向
終結蕭條匱乏邁進的勁旅，同時也會爭相控制物質世界
，也因此有意無意的強化主體與客體之間的辯證發展。
這整個過程或許是受到對抽象交換價值的飢渴所驅策，
但它根本上仍是依賴著使用價值(一切的物品都還是必
須被售出)。故造就此令人訝異之客體文化擴張的生產性
機制

> 仰賴新式消費的生產…透過無所不用其極的方式
> 去探索世上的任何可能，想要找到堪用的新物品
> ，或者老玩意的新用途…因此，自然科學的發展

攀上了最高峰；同樣地，對於新需求的摸索、創
造和滿足也都從社會內部浮現；將社會人群的各
種特質加以馴化，儘可能以單一的規格模式來滿
足最多的需求，因為品質與關係的豐富—該產品
的製造是為了貼近最全面與普遍社會產品的理想
，目的就是要能夠多面向的滿足人們的需求，該
項產品必須充滿樂趣，因此是高度的人為加工—
同時也是資本主義的生產情境…各種殊異的勞動
類型都納入此一持續擴張且愈趨廣泛的體系…應
運而生的是需求體系的不斷擴充和增生(Marx
1973：408)。

從這段慷慨激昂的論述中，我們可以得到一個重點，就
是透過內部邏輯的力量，資本主義必須將社會由本性與
本性需求的領域抽離，並投入(可能性)文化之內。以需
求與使用價值的豐富化來創造人們的「各種需求」，象徵
著「本性需求的直接形式已經消失無蹤；因為歷史性創
生的需求已經取代原始素樸的型態」(1973：325)。一個
「有著各種需求」的個體，是人類文化的主體，而非一
個受到基礎(「動物」)渴望驅策、求索本能需要的存在
。現代資本主義龐大的生產性，「毫不間斷地朝向財富之
普遍形式的奮鬥，促使勞力超越了其瑣碎本質的侷限」
(325)，將「需求領域」貶抑至微不足道的存在—故不再
需要服從於基本需要，也無須「和大自然搏鬥以滿足他

的渴望，並藉此維繫與複製生命」(Marx 1959：820)。且「超越(需求領域)開啓人類能量的發展，而這正是其本身的目標，也是貨真價實的自由領域…」。

但，資本主義的摩西將永遠無緣抵達這塊自由樂土。生產力與人類需求所賴以細緻化的剝削關係在此成形，並被用以確保「需求系統」遭到扭曲。需求本身變得抽象：既然需求的發展與滿足，皆有賴於商品的取得與否，於是唯一真實的需求就萎縮爲對於金錢的渴求，亦即財富的抽象形式。那些坐擁金銀財寶者的需求，並非他們本身的目的，只是資本家們實現交換價值的一種手段。說穿了，他們的需求只是構成實質的市場需求，並煽惑資本家製造更多的需求，其目標並非著眼於豐饒個體的人文發展旨趣，而只是狹隘的期望從富裕個人的手中壓榨出更多金錢。馬克思對此關係所抱持的觀點，值得我們引述較長篇幅的文字加以探討：

> 我們已經知曉大量人類需求所蘊含的意義，在社會主義的前提下…人類權力別開生面的確證，而人性本質也初逢豐綽。而處在私有財產系統下，他們的意義則被逆轉。每個人都忖度揣測，希望能夠創造他人的新需求，其目標是逼使他人進入一場新的獻祭，讓他犯上新癮頭，並誘使此人淪入逸樂的新樣態，且因此落入傾家蕩產的局面，每個人都企圖樹立外在力量凌駕他人，藉此滿足

自己本身貪婪的慾求。最終人們臣服於大量客體(物品)所集結演化的外在力量領域,而每一樣新產品,都蘊含相互詭騙與相互掠奪的嶄新潛質。人們落入有史以來最悲慘的處境,且倘使某人想要勝過那票不懷善意的敵人,便需要比以往更多的金錢…對於金錢財富的渴求…是由現代經濟系統所造成的真實需求,而其所創造的需求…缺乏緩和與節制,於是一發不可收拾地,成為其真實的標準。主觀地說來,這之所以表露無遺,部分是因為生產和需求的擴張,不但是始作俑者,更前所未有的從事精密計算,催促著人們接受殘忍、精密、不合常理與虛構慾望所奴隸—因為私有財產制度並不明白如何將粗糙的需求,轉換為人類的需求。他的理想都是空想、妄念且令人心醉神迷。即使一個懦夫多麼卑微地諂媚暴君,或者透過多麼不堪入目而蹩腳的手段去重拾其衰頹的逗趣能力,好為自己贏得上位者的青睞,都比不過工業社會中的懦夫,亦即製造者,為了讓自己能夠鬼祟地從至親鄰居的荷包中,多偷得一分或兩分錢,甚至是哄騙到金幣,所做的那些勾當。(每個產品都宛如一個圈套,被用來慫恿他人交出至寶,他的錢財。每一個真實或潛在的需求都是人們的弱點,都被呼喚引誘著撲向陷阱。)(1975:358)

消費文化亦是如此。另一方面，對那些一貧如洗者—也
就是那些生產各種貨品的普羅階級—他們出賣勞力的歷
程根本談不上這類的「細緻化」。實際上，以勞力換取的
微薄薪資只夠用來滿足如同動物般的基本需求，讓他們
的生活水準仍舊低落，更遑論慮及必需品的層級：

> 需求以及藉以滿足這些渴求之工具的精緻化，使
> 得他們所能支應的需求，猶如牲畜般的倒退，且
> 落入一徹底、殘忍且抽象的簡化…即使是對於新
> 鮮空氣的需要，對於勞動者而言都成為奢侈的要
> 求…燈光、空氣等—這些最易如反掌、如動物的
> 天性—對人類而言都不再理所當然。人類所匱乏
> 的不僅只是人類的需求—即使是他的動物性需求
> 都被剝奪。愛爾蘭人（當時正處於飢荒時期）只剩
> 下唯一的渴求—進食的需要，他們希望一嚐馬鈴
> 薯，確切的說，是啃食腐壞的馬鈴薯，也就是最
> 糟糕的馬鈴薯(1975：359)。

對於晚期「富裕社會」以及福特主義高漲與高生產性經
濟的理論家而言，以絕對美好的角度來分析勞動階級的
消費，顯然看來並非特別地可行。前段的引文顯得較爲
充滿希望。然而，馬克思觀點的研究仍有其解釋力，可
以作爲此兩段引文之*間*的連結。無論是需求與勞力兩者
所受到的剝削(無論就何種貧困層次觀之)，或慾望是被

何種奸詐詭計所煽動，以及無法得到滿足的人們所受到
的不公平待遇，對馬克思而言，都不過是相同異化過程
衍生出的概念，在此過程內「需求與滿足手段的不斷增
生繁殖，只不過造就需求與手段的匱乏罷了」(1975：360)
。因此，馬克思抱持與馬爾薩斯相左的觀點，後者支持
更龐大的奢侈消費，認為這可以用以平衡資本主義的爛
賬，馬克思同時也反對薩伊(Say)與李嘉圖(Ricardo)的說
法，因為他們致力於節約，後者

> 拒絕承認生產是由許多怪念頭與天馬行空的想法
> 所引領；他們忘記「細緻的需求」且遺忘了沒有
> 消費，就沒有生產可言；更忽略了透過競爭，生
> 產無疑地會變得愈形擴張與更加奢華；他們沒想
> 到是用途決定了物品的價值，但物品的用途卻又
> 取決於時尚潮流；他們期待只有「實用的物品」
> 能被生產，但卻沒發現倘使有過多實用的物品被
> 產生，便會導致過多人們英雄無用武之地(例如：
> 失業)。這兩種立論都疏忽了浪費與節約，奢侈與
> 困苦，富裕和貧窮都是相等的(1975：361-2)。

商品拜物教

　　對於異化最主要的批判，在於其所導致的區辨與疏
離的問題。我們是否能夠辨識出我們所一手打造的世界

？故當我們發現馬克思有時會專注於探究「象徵的模式」，也無須訝異。社會關係與商品象徵如何呈現？他們在現代社會主體的日常生活中，以及思想領域內又扮演何種角色？他們如何搖身一變成為不相容，且「外於」你我的存在？這些關懷焦點的主要架構正是意識形態理論；亦即由馬克思對於商品拜物教的批判中，所浮現之更為特定的分析。

就許多層面而言，馬克思著墨於商品拜物教的著名章節，其實有一較為狹隘的目標，他期望提供對於當代政治經濟學家的批判，並試圖解釋這些學者如何讓事情變得一發不可收拾。基本上，政治經濟學者界定自己所肩負的任務，在於分析既存異化世界之立即可見的樣態，並觀察當中異化客體的變化，彷彿這些都足以代表社會的真實面。政治經濟學者觀察市場，但當中的商品卻早已脫離製造它們的勞力而獨立流通。倘使我們只鎖定市場，商品的價值看來似乎就只與其他商品有關(或者只與金錢有關，因為金錢抽象地代表所有的商品)。但商品價值的實際來源—人力勞動—卻隱而不彰。故，我們體認價值的方式，是透過物品之間「想像形式」的關係(Marx 1976：165)(或「幻覺形式」，Rose 1978：47)，而非透過探究人們之間的關係(生產的關係：勞動、薪資關係、階級結構分化)。而正是因為這樣的詮釋，我們便複製了最初客觀世界的異化，以及其所展現的形式(商品形式、支薪勞力、資本)。我們將它們視為超越人力所及的力量，

而無法加以改製或轉變，猶如凍結成爲固態，非歷史的
形式，甚至就像是自然而然出現、而非經由社會所產生
的現象。價值所呈現的想像形式，「將所有勞力的產品轉
換爲社會的難解之謎」，這讓人們必須進行解碼，以便「
猜出他們親手製作之社會產品背後的秘密」(Marx 1976
：167)。此過程之所以「拜物」，是因爲一如同宗教崇拜
，都(在費爾巴哈或涂爾幹的討論)涉及將人類權力與社
會價值，投射或外化在某個獨立「神祉」或圖騰的形象
之上—客觀世界被賦予固有的權力、屬性、價值和意義
。

　　此一思潮是從政治經濟的批判爲始，發展爲沿著諸
多相互聯繫的軸線(包括後頭會討論到的「物化」概念)
，對於商品文化的普遍詮釋。首先，商品拜物教的概念
必須加以擴展，使其除了經濟的交換價值，被視爲物品
本身的固有屬性外，同時也可注入各種社會與文化的價
值。就以廣告爲例，這正是其象徵手法的標準模式，在
廣告行銷中，車子並未被視爲人們付出許多勞力製造的
社會產品，甚至也忽略人們在此間所投入的美感，並以
此作爲實踐其生活的方式，而是將車子當作某種與生俱
來便蘊含男子氣概、刺激、地位與現代性的存在，廣告
進一步還被賦予力量，將這些特質轉化至消費者身上，
但消費者究竟是否買帳，主要還是透過神秘與抽象的購
買與擁有關係(亦即金錢的奇妙中介)達成，而非經由實
作與製造的基本關係(亦即透過實踐)。我們將在下一章

內論及，符號學理論能夠被當作詳細觀察此過程的方法論之一(舉例來說，羅蘭巴特就曾經檢視意識形態與「神話化」，藉此原本浮動多變的文化價值，都被拜物地轉換為極其自然的存在)。

誠如李查斯(Richards)(1991：66)的論點，就像亞當斯密所描繪的，商品是純然中性的形式，或「平凡無奇的交換管道，將文化與經濟世界一分為二，使其劃歸為全然殊異的領域」(67)。如同我們已知的，個別商品的實質文化形式對他而言毫無重要性。而馬克思的觀點，則讓我們開始發覺在商品之內蘊含著結構與實踐的可能性，讓我們去轉變整個世界展露的樣貌，這同時包括物品的外在世界，以及需求的內在世界。李查斯本身便追溯此來龍去脈，十九世紀以降，透過展覽與廣告，利用展售物品的模式，商品形式發展出「象徵的形式」，依循著拜物教的軸線，物體於是猶如生活中神秘且獨立於你我的事物，且似乎是客觀的存在。這和班雅明(Walter Benjamin)的研究脈絡大同小異，其作品的核心也正是集中於探索現代科學與工業世界，經由玄妙之異化物品洗禮後所歷經的再魅(re-enchantment)。

豪格(W. F. Haug，1986)為此過程作出一更具馬克思氣息的詮釋。如我們所知，異化商品透過市場交換所完成的販售，必須仰賴購買者對於眼前商品需要與否的自知之明：儘管未盡周全，但使用價值是銷售必須考量的條件。然而，在交換的時刻，商品對於消費者而言不光

只是具有使用價值：它同時還應允將滿足特定的需求，並等待消費者自行體驗。正是這種使用價值的承諾被搬上台面銷售，同時這項承諾之所以奏效，則是透過商品的外觀被建立。豪格因此觀察「商品美學」的發展─商品對於消費者的承諾不只是透過廣告被再現，同時還經由推銷兜售、品牌名稱、設計手法、包裝與展示─亦即所有以商品外觀來傳遞其包君滿意特質的要素。使用價值賣相的生產，已經成為先進資本主義的專家技術，也是一種異化的技藝，因為它發展出其自身的商品美學，商品的「第二張臉孔」，並獨立於商品的具相實體。此外，商品美學還篤信隸從於「政府穩定物價措施的觀點」，因為每個有關於商品包裝的觀點，都是依據增加銷售量的準則被精密計算。較晚的論者則追蹤後續發展，指出「第二張臉孔」被刻意地設計到商品主體內，影響關於何種貨品應該被生產，而其功能為何的決策，甚至包括商品的外觀。舉例而言，沃尼克(Wernick 1991)主張現代物品被當作如同「促銷的物品」或「商品符號」而被加以生產：它們的設計，同時考量到物品本身與行銷兩者，亦即讓物品本身在銷售之際，就能夠同時展現其使用價值，卻又作為促銷工具，有自我行銷的功效。行銷的邏輯侵入生產的流程，且生產已經到達前所未有的境界，「大量生產商品的行銷，將生產的功能改變得只剩下其販售的表面功能」(18)。某種程度來說，現代貿易已經轉變為一種拜物的科學，或，套用豪格的說法，一種

「感官享受的技術官僚統治」，一種「凌駕人群的宰制，其效果是透過其技術化生產的賣點達成」(Haug 1986：45)。

　　第二種論點：商品拜物教以及再現的模式是圍繞著商品形式發展，將根本的神秘性操作植入現代生活，讓人們因此混淆了社會真實或核心的形貌。所謂的「錯誤意識」，將同時導致政治與知識性的後果。人們混淆了決定他們存在的社會條件，故而錯誤地將他們真實的物質旨趣，連結至市場和商品，消費和對於生活水準的量化。威廉森(Judith Williamson 1978)，只提醒我們一個例子，他指出在廣告的運作中

> 在我們的社會，當人際之間的真實差異是透過他們在生產*過程*中的角色被劃分，身為一名勞工，正是他們親手製作的*產品*被大眾使用，廣告所區分的錯誤類屬，模糊了真實的社會結構，並以特定商品的消費所衍生出的差異來取代階級。因此，不是依照他們生產哪些產品而被區分，人們反而是被驅策著透過他們消費了哪些商品來找到自己的認同…我們社會最根本的差異仍舊是階級差異，但將製造商品當作*創造*階級或團體的工具卻形成一層保護膜覆蓋其上。此保護膜即是意識形態(13)。

在雙重意義下消費文化是錯誤的概念。在「錯誤意識」
下，它是一種不真實或錯誤理知的社會關係(此說法與威
廉森遵循的阿圖塞公式一致)；且它是由「想像」或「幻
覺」的形式所構成—廣告中所描繪的社會關係，(只)透
過文化圖像存在，透過這樣的模式，商品被再現呈顯，
這不像階級關係具有結構與物質的事實。

　　第三，馬克思理論(儘管齊美爾亦復如此)長久以來
均密切關注於特定與普遍，部分與整體，社會片段與社
會全體之間的關係。商品拜物教作爲一種再現的模式，
彰顯資本主義現代性的破碎與分裂，顯示個體經驗、行
動、項目的雜亂無章。

　　商品的交換將社會經驗拆解爲瑣碎和分離的計算，
並轉變爲精算(和競爭)的個人；它將所有社會現象都自
他們具體的脈絡中抽離，並將他們改造爲流動，轉變，
異化的存在；金錢關係的必要性也毀滅了所有的社會連
帶，好讓「一切具體存在消溶於無形之中」。這種支離破
碎與流動的現象，和現代經驗猶如「過眼雲煙、轉瞬消
逝與變化無常」的特性，都讓人又驚又喜(Berman 1983)
，並刺激著現代主義者的美學實踐。故波特萊爾
(Baudelaire)筆下的放浪子「興致勃勃地走在柏油路上」(
例，觀察、並用雙眼消費著現代街道與人群的各種樣貌)
，成爲班雅明研究中現代消費者的隱喻：在某些意義下
，所有現代社會的經驗都被貶抑爲際遇的「消費」，獨立
的事件很像商品，由於盲目的崇拜，而模糊其焦點，事

件都經由主導的美學模式被體驗，故注重表面與外觀，而捨棄了深度與歷史(見 Bauman 1993；Benjamin 1989；Buck-Morss 1989；Frisby 1988)。

在此理論性現代主義背後仍有一主要的動力(如同討論齊美爾、克拉考爾 (Krecauer)的文獻，以及費斯比(Frisby 1988)對於班雅明的分析)，將消費與通俗文化支離破碎的形貌，連結至背後始作俑者的力量，亦即將碎片重新放回分析(或辯證)的整體。這類作法的主要來源是回歸於將商品崇拜視為一種象徵的模式：現代資本主義所擴展的並非真實的分歧，而是單一主宰的形式，商品形式促使所有的分歧等值化，也就是說，一切都等同於分離可交換或可計算的客觀存在。因此班雅明側重尼采的論點「永恆地復歸於前所未有的一致性」。也因此，齊美爾有時會強調透過玩世不恭的態度來抵禦過度刺激。理論家的工作是挖掘出在消費主義持續翻新的「嶄新型態」下，隱藏著何種亙久不變的模式。此即為班雅明對於辯證圖像的詮釋力：為對抗商品崇拜的本質，嘗試著理解資本主義社會關係的整體，猶如他們已然被商品化碎片所滲透。(且正是此對於整體與解釋的強調，導致當代現代主義難以輕信試圖挽回的描述類型，諸如齊美爾與班雅明。)

異化與浪漫主義

如果我們嚴肅地看待馬克思批判異化與商品崇拜的黑格爾源頭，那麼將人類實踐貶抑為「勞動」商品的社會，就必定意味著從良善墮入悲劇的社會。因此而產生的消費者—一個只能從許多現成物品選擇的人，且一個透過既定的抽象金錢數量，而非透過具體製作和勞動行為實踐此選擇的人—對於馬克思主義而言，無論個體表面的富裕與否，都代表著對其深切地酷刑與屈辱。消費文化標誌著人們發展能力的終結。遭到侷限的人類主體面臨著盛氣凌人的客體。但這正是資本主義視為基礎原則所製造的局面：由於勞工與生產工具的分離，以及將勞力貶抑為商品的後果，資本主義必須製造出這些*消費者*。無論他們富裕抑或窮困，他們轉變世界的能力都已經成為購買商品的手段；而他們本身的需求與渴望，他們和世界的根本關係，都已經簡化為賺取利潤的單一情境。

這整個傳統追溯從良善墮落的軌跡，並找出理論與實踐的模式，藉此使得嶄新、甚至更好的良善景況，能夠從資本主義的殘骸中破繭而出。良善的景況是以主體與客體的重新協調為目標。用社會學的話語來說，它是由生產和消費之間直接、立即與透明的關係為代表，社會中的人們為了滿足本身的需求，直接地從事勞動製作，並以此能力發展出更豐富的需求和物品。這種希望被

銘刻於使用價值和「具體勞動」(concrete labour)的概念中，也就是追求人類與自然之間的自然關係，利用實際技巧去轉變特定特質的物體，使其能夠服務於特定需求，更重要的是這個需求是由個體本身經驗性地去形成。

在這樣的說法當中有著強烈的浪漫主義作祟，和對形式抽象、功利主義社會攻擊的關係極為貼近，這點我們將在最後一章處理，強調有機主義(organicisim)、和諧、真實和整合的存在，以對抗分崩離析，以及分析與計算的客觀性，強調出實質價值的流失，或被塵封淹沒於形式理性世界的現象(也可見 Miller 1987：32)。實際上，就像許多其他文化批判的論述，馬克思有時亦明確地將後現代與後資本主義社會加以浪漫化，將其視為由使用價值與具體勞動(著重手工技巧而非工業化的製造)所統理的世界，也就是一個擺脫金錢關係掛帥，以及不以經濟價值驅策抽象化的世界。遠古的人們，如農民或工匠(儘管過於天真)直接就根據他們的需求改變原料，而無須通過市場交換的中介。這個非現代社會，就如同馬克思(不同於保守份子與浪漫的反動派)所明白指出的，是一個物質稀缺的世界，故它因此也處處遭遇限制，且必須面對它本身的壓制、不正義與徵收型態。但它卻非異化。

此外，不同於劃分前、後資本主義的有機主義，馬克思眼中的資本主義是徹頭徹尾地異化，且全然受遭受抽象、形式理性與算計性所主宰。作為消費文化理論的結構基礎，它也成為我們所觀察到，介於博蘭尼與自由

經濟辯論內同樣難題的犧牲品。前現代究竟是否如此高度的實存與鑲嵌？而現代又是否是全然的形式與去鑲嵌？(也可參考 Godlier 1986)。

最後，對於和諧性所懷抱的徹底浪漫想法，可見諸於勞力的概念(不同於「文化」)。這也招致嚴重的難題。誠如布希亞在《生產之鏡》(*The Mirror of Production*)所指出的，馬克思的願望之所以落空，得怪罪於現代社會拼命地朝向物品的盲目崇拜發展。現代社會要滿足馬克思所殷切企盼的改革勞力(transformed labour)其實易如反掌，但它所呈顯的卻仍舊是轉型的勞力，以及將世界轉入實用物品的力量，並限制了人們的發展。布希亞本身也提出了一個同樣浪漫的主、客體協調基礎(「符號交換」)，但此論點卻精闢的點出，由於將勞力視爲根本原則，馬克思仍舊無法擺脫主體凌駕客體的窠臼關係，而這其中仍充斥著工業與理性現代性的氣味。而這點也引領我們(但不包括布希亞)返回女性主義者對於主流經濟學的批判，因爲馬克思念茲在茲的勞力，都是生產性的勞力，而非生殖的勞力：因爲所有被討論的都是關於「社會關係」或「男人之間的關係」，以及他關切的核心是主體與客體間，文化與自然間，*男人*與*物品*的關係。

理性化與物化

　　想當然爾，多數西方馬克思主義後續的發展，當投入消費文化的探討時，都涉及商品拜物教模型的擴張與推論。此概念沿著兩條相互糾結的途徑發展。首先，有論者指出，由於商品形式業已擴展到社會生活的各個面向，商品崇拜的模型於是也得以概括至資本主義文化的解明，和一般日常生活以至哲學層次意識的詮釋。其次，亦有論者指出，現代世界逐漸受到理性化和工具理性的宰制，而此方向同時降低人們與事物的位階，使其成為易於操弄、算計的客體(可見 Ritzer(1993)便將此觀點應用至消費工業的觀察)。此論點是經由韋伯與齊美爾的影響而滲入此傳統，並對盧卡奇產生格外深遠的影響：他使用「物化」一詞歸結前兩派論述，整合出資本主義的完整樣貌，超越了勞動異化的觀點，並朝向普遍生產發展，亦即世界被系統性的構成為客觀、自然且獨立於人類行動的存在，且將以全能之姿來規制人類的生活。

理性化

　　韋伯和齊美爾都注意到現代性的特性，已經逐漸發展為行政、控制與算計的形式與客觀化系統，以及量化、方法化與規則。在其最普遍的層次，認為社會生活並非由個體意志和主觀動機所掌控，而是受制於形式與事務性算計的這類觀點，顯然與客觀化和異化的想法息息相關。舉例而言，儘管官僚是由個體行動所組成的組織，但它卻以某種客觀與難以抗拒的姿態出現，並使得規則與律令的冷漠本質儼然等同於自然規律。韋伯特別強調出世界的鎬珠算計是以工具理性的形式呈顯，亦即萬事萬物都能夠被視為可計算的對象，而非具備豐富意義，固含價值的主體。而在阿多諾與馬庫塞手中，這樣的觀點則成為對於現代社會生活等同於「行政世界」(administered world)的詮釋：如同我們將會論及的，通俗與消費文化和個體間存在的工具關係，是將人們功能性整合為系統內元素的推動力。正如馬克思點出的，消費品與文化產品的行銷，意味著將人們的需求視為通往目的之手段，而理性化的概念則突顯出其實踐的方式，例如，透過鎖定市場，以市場調查量化需求，並藉由廣告克服消費者的抗拒。消費文化於是緊緊扣黏於現代性的普遍圖像，亦即支配的奏效是通過理性籌畫，而非恣意而為的權力展現：「支配被轉變為行政管理」(Marcuse 1964：39)。舉例而言，非馬克思主義的加爾布雷斯研究

發現，對技術專家爲主的企業而言，他們的首要目標是降低市場的不確定性，並以此消除諸如競爭(透過壟斷權力)和需求匱乏(透過廣告與行銷)的風險因子。以反烏托邦的角度來理解聖西蒙對於工業社會抱持的期待，則事物的行政理性化最終都將演變爲人類的行政理性化。

在齊美爾的眼中，理性化的概念與現代社會「客體文化」的擴張密不可分；此想法於是一至少在《貨幣哲學》(*The Philosophy of Money*)內一清楚地被用來解釋貨幣化與交換的普及化，是如何促使社會關係、客觀互賴、算計的非個人與冷漠，以及日常生活的「智識化」(intellectualization)。現代世界的客觀性包括將該世界的內含物都當作物品對待：他們的社會循環具備非個人、可計算與符合規律的特質。對齊美爾而言，這所代表的並非完全是負面發展。更貼近斯密的觀點會發現，商業貿易能夠將人們連結至更豐富與頻繁的相互依賴；同時，由於貨幣的客觀性，以及它對於人們展現的冷漠(還包括道德與倫理規範)，貿易也提供「更廣闊的個人化視野，以及個體獨立的感受」(Simmel 1991b(1896)：21)。上述這些特徵都必須歸因於貨幣的抽象性，它藉此將一切的品質屬性都簡化爲等值的度量，且推動量化計算，和「日常生活不斷進行數字運算的必然性。許多人的生活都充斥著…將質化價值換算爲量化數值的經驗。這當然要歸咎於現代時期理性與計算的本質，而與早期時代較爲衝動、完整與情感的特質壁壘分明」(28)。

盧卡奇

以此角度觀之，盧卡奇認為理性化可以被視為商品關係宰制的產物的觀點，比較貼近齊美爾的立場，而非韋伯的想法。儘管和馬克思早期的作品抱持同樣的立場，(但是當寫下〈物化與勞動階級意識〉時，盧卡奇根本不可能讀過馬克思的相關作品)，盧卡奇首先便探討其論述之前提，指出人類的勞動產品(人們的實質與知識文化)，因為本身勞力被當作商品予以客觀化後，亦隨之客觀化。盧卡奇特別關切的是，一旦當勞動力開始被買賣後，便會加劇計算性與理性化，而使得勞力和產品都脫離勞工的控制範疇：「人們的活動變得和他本身對立，活動的成果成為商品，隸屬於社會自然法則的非人客觀性之下，且必然會和所有其他的商品一般，走上與人們分道揚鑣的道路」(Lukacs 1971：81)。理性規劃與行政系統在先進資本主義下趨於成熟，並不斷地強化勞力的對立與客觀化。勞動過程的科學理性化—以戰時左派興奉的泰勒主義為例(Trotsky，Lenin，Gramsci)—就導致對於勞力分工前所未見的精密算計，故身處其間的人們必須服從「早已既存且自給自足」之機械化系統的規則，這樣的系統甚至能夠「獨立於個人而運作」(90)。於是，在自動化的生產技術邏輯內，勞工的存在「只是錯誤的禍首」。

　　勞動過程的理性化將人們貶抑爲生產「異化系統內孤獨的塵砂微粒」，且「摧毀了過去當生產仍舊『有機』時，將個體緊密聯繫至社群的諸連帶。無獨有偶的，在這個意義下，機械化逼使個人成爲獨立無援的抽象分子，他們的勞動不再將他們直接與有機地聚集在一起…」(90)。物化，就像是馬克思口中的異化，毀滅了前資本主義時期的典型模式(無論盧卡奇多麼粗糙地論述他們)，使得社會與客體關係(object relation)變得扭曲模糊。因此，在所有需求都必須通過商品交易中介的社會制度下，

　　　消費品不再以社會有機過程之產品的樣貌出現(可以拿鄉村社會爲例)。它們現在的模樣，一方面，宛如由其他成員所定義認定的某種抽象成員，另一方面，則儼然是基於理性計算後，介於擁有與非擁有之間的獨立物品(91)。

　　盧卡奇於是呼應馬克思極爲早期的觀點，認爲資本主義轉變了社會關係，人們從過去以*實作*證成自己*意義*的情況，轉變爲僅依據*有產*或*無產*進行劃分。工業勞動的理性化是物化的核心，然而他卻只是社會普遍理性化的一環，並造成生產時對於固定、穩固與可預測計算規則的重視，此爲資本主義在模塑普遍現代性時必須引入的成分。故，舉例來說，法律與官僚，就像是生產，亦

必須「恪守規則、穩定與不變」才能維繫「精準的計算」。在拜物的基礎上，社會採行鐵律的屬性—金錢與權力，是依據(價值或政治行動等)「律則」，以可預測的方式通過經濟與政治進行循環，人們可以根據本身自我利益的求索來加以釐清與計算，但卻不再能夠被理解為他們勞動與互動的結果，因為它不再等同於社會，更遑論自然，也因此，不再被視為能夠通過集體行動加以改變的存在。

於是，在物化資本主義世界內，日常生活中的勞動與休閒(更包括高等與哲學文化)全都沾染上相同的「空想」性質，而非對世界抱持著積極或創造的態度：由於人們經過觀察與計算，發現社會秩序與行動之間失去連結，後者並不能用以改變現狀，甚至也認定行動與歷史進程毫無瓜葛。舉例來說，計算之所以被稱為空想，是因為「理性算計的精髓，最終必須倚賴個人對於既定事件必然性之因果鍊精算的知識與能力—而與個人的『多變念頭』無關」(98)。對於必然性的感受來自於在律則社會世界內，人類實踐的客觀化。人們將此社會秩序的對象視為自然的環境，而非由人類行動所構成的對象。人們只能思忖此客觀本質：觀察既定法律，功能性地加以遵從，或者在此規律的架構內精心算計，以拓展自己的利益。

於是，現代資本主義將所有的物品都轉變為商品，這一切都存在於人們的腦海中，並經由佔有而非實踐的

過程被完成。於是,按照相同的道理,人們所具備的行動或感受的質地與能力「都不再是他個人的有機成分,而是此人能夠比照外在世界的各種物品般,去『擁有』或『配置』的事物」(100)。消費文化——種強調擁有而非勞動、實作或改變的思維態度—於是就在資本主義經濟關係的刺激下,直接從生活世界的理性化中崛起。

馬庫塞

正因為這些論者是如此地堅信人類發展必須倚賴於認知到客觀世界是人為事實,且是由人類所親手打造的世界,故而他們的首要課題就是看透現代性的表相。同理可證,他們也必須專注於批判與批判意識。何種知識與理論形式能夠戳破這些錯誤的形貌?批判理論如何能夠促成批判的實踐,驅使人們將世界當作人為產物,而非一自然結構看待?套用盧卡奇的論點,我們如何能打破「空想」的態度?又是什麼遏止了此一批判意識與實踐的成形?消費文化可以說是現代世界缺乏批判意識的典型代表,但它同時也是遏止其產生的主要元兇。此外,所有這些嘗試著將異化、拜物和物化予以理論化的核心想法,其方法論的關切都是迴避理論本身的物化。批判思潮必須避免成為另外一種商品,或者是由人們被動消費的客觀實體。這同時也涉及樂觀主義及其大量產出的事實與資料。迴避的途徑是將採取歷史化與社會化的

概念類屬，將他們還原至其產生時社會形式的辨證關係
。

　　儘管批判理論的法蘭克福學派將此脈思潮發展至極
致，同時卻也陷入無可救藥的悲觀主義深淵。批判意識
是以反抗文化爲根基，亦即有充裕的自主性來抵抗現代
商品化與理性化的襲人浪潮，懷抱著批判緊繃的情緒身
處其間，且一言一行都是爲了表達反對。當文化行動傳
遞出現代性固有自由所遭受的壓抑潛質時，可以被視爲
一種反抗，而透過淋漓盡致的論述，文化行動能夠對於
構成資本主義的事實進行批判。

　　然而，文化整體而言卻成爲消費文化。所有文化如
今都是以商品的形式被生產、交換和消費。也因此，它
喪失了一切原本用來與資本主義社會保持距離的反抗能
量與批判，如今甚至是完完全全地臣服在其腳下。文化
和其他的商品沒兩樣，它的生產開始著眼於理性化與剝
削利用的基礎，並追求大量販賣；且文化也是在異化的
社會關係內被消費。文化已經成爲這個系統中的一份子
──一種「肯定的文化」──而非抱持反對批判。所有的消
費，其中尤以文化消費爲最，已經成爲一種補償、整合
與功能的存在。它提供自由、選擇和愉悅的幻覺，以遮
掩實際上因爲異化勞動所失去的一切；文化更經由鼓勵
人們以擁有商品與否，來界定認同、慾望與偏好，並將
他們整合至普遍的剝削系統內；而這些作法之所以能夠
生效，是因爲消費文化供給了以異化勞動形式複製勞動

者的絕佳體驗。

故，舉例來說，對於那些被理性化生產系統剝奪所有真實性格的勞工而言，電視提供了輕易便能消費之「假個體」形象的廣泛選擇。此外，這些形象並不鼓勵反映出上述矛盾，他們也並未煽動人們批判性地遠離這些資本主義事實，而只是提供娛樂：只是扮演逃避現實的載具，讓人們得以回復，重拾人們的能量和鬥志，好讓他們能夠在隔日清晨，一掃前日被異化勞動折騰後，心智與體能精疲力竭的陰霾，重新回到崗位。此時印入我們腦海的畫面絕對不脫男性工廠勞工，在揮別整日裝配線的工作後返家，然後只能疲憊的癱軟在沙發上啜飲著半打啤酒，以電視節目佐飯，觀看電視轉播的棒球比賽。當慮及資本主義內，主體性的去組織化時，此畫面便更爲複雜難解(如同本書在第三章討論過的)，它提供了異化消費的肥沃土壤：譬如，市民社會的消亡，以及那些過去中介個體與權力制度的沒落，父權家庭和父親在家中與公共生活所扮演之威權角色的衰退。羅文索(Lowenthal)以其睿智但卻隱微不彰的評論總結整個現象，他指出大眾文化是一個「逆轉的精神分析」過程：分析的目標在於釐清造成人們精神緊繃的情況，並將他或她的神經質解讀爲個人的不滿，以及適應矛盾環境時的自我否定；通俗文化企圖要將此潛在體認埋葬到最底層，但由於這是透過鼓勵個體在造就此一痛苦的系統，亦即商品的系統內尋覓解答，因此更強化此一緊張關係。

　　以更哲學的話語來說，對阿多諾而言，消費文化不過是瀰漫於現代意識中的一項「認同思維」。與盧卡奇與馬庫塞的論點相去不遠，這個詞彙重新回歸到最初黑格爾對於主體與客體的質疑。即便主體與客體無法趨向一致或協調(這只可能在歷史終結之際，當所有衝突矛盾都消融後發生)，卻也並未呈現全然的殊異與斷裂(因為縱使必須通過高度中介的方式，但主客體彼此必須相互構成)。在現今的社會狀況下，消費文化則有助於催化錯誤意識，讓人們以為主體與客體，個人與消費品，觀眾與文化如今都完美地相互配合且彼此調和。而事實上，這個認知只符合部分事實，亦即個體本身實際上已經被貶抑為客體，成為生產與消費系統內功能性與行政性的單位。依此觀之，通俗與消費文化，不但反映(或言「有著相同的關係」)了事實，更扮演了複製事實不可或缺的要角。然而，它們的謬誤在於扭曲了事物的真貌，但消費文化─由於已經陷入此系統而非批判性的保持距離─卻排除了任何相左的論點，或甚至扼殺改變的慾望。批判的摩擦和不滿都被壓制為零。

　　但伴隨著二十世紀的發展，當消費文化提供人們選擇自由和前所未有的物質滿足之際，我們能夠站在什麼立足點去批判或心存愿懟？法蘭克福學派所提出的批判方法論，是一種「內在批判」：審判系統本身所宣稱的許諾與固有潛力。舉例而言，此系統承諾帶給人們的自由，並以消費選擇的形式加以實現，但卻否定了更為根本

的自由型態：非異化勞動，和主體與客體、人們與世界之間的創造關係。但是，如此這般的論述，不甚見容於當代思潮，要求我們不只是接受，更得去期盼人們(實際上是全體人群)都懷抱著「錯誤意識」，於是當「實際」未被滿足之際，卻誤以為自己心滿意足，當受到經濟與行政官僚支配之際，卻誤以為自己自由自在。總歸而言，這種論調要求我們區分出─自由主義者(和後現代主義者)將不會如此─人們認為他們*渴望*(want)，以及分析者認為她們真正*需要*(need)之間的分野。為求劃出此一分界，他們則必須提供落差之所以產生的原因、以及此情形是如何被維繫、理論家如何在眾人皆醉的情況下，卻有能力提出揭穿真相的社會學解釋，同時，更必須滿懷希望為我們指出，究竟哪一個社會團體在其物質環境的束縛下，仍能採行批判意識。

馬庫塞或許是將此論述發展的最為細緻的論者，也因此值得我們一探究竟。如同我們已知的，馬克思辯稱資本主義下，生產力的巨幅成長與異化的社會關係相互矛盾。在馬庫塞眼中，此矛盾已經瀕臨隨時爆發的可能，因為現在的社會具有技術能力，只需運用其目前所採用之勞力的一小部份，就能夠去迎合社會整體的物質需求。那麼我們何以必須繼續屈從於剝削的處境，好讓資本主義的生產得以實現呢？必要性的範圍─勞工必須取得，以捍衛其生命存續的工具─能夠被壓縮到最小，且因此人類進行非異化實踐的真實需求，最終也能夠被滿

足：意即人類的活動是滿足自我發展的有意識規劃，而非爲求物質存續的苟延殘喘，這樣的需求。上述光景，當然徹底悖離了資本主義內生產形式的原則，因爲在資本主義內，資源的分配並非著眼於真實需求的發展，而只是朝向抽象富裕的實現：對於商品的壓縮需求將招致經濟的滅亡。(留意「後─蕭條」理論家亦發展此論點；例，可見 Frankel 1987；Gorz 1982，1989)。

馬庫塞承襲馬克思，他指出所有社會都包含難以縮減的「需求範疇」，也因此必須鞭策成員投入勞動。我們探討的重點在於資本主義是如何使得此範疇不斷擴展，以維繫異化勞動與資本家利潤的動態。馬庫塞處理此議題的方式是鎖定在個人的層級，並擁抱弗洛伊德的論點。勞動的必要性是由隨著歷史變化的「實際原則」所界定。而實際原則總是代表著「享樂原則」(立即、直覺的歡愉)的上限，並指出若無抑制、捨棄與延遲，則人類需求永遠無法滿足，此外人們必須邁入「痛苦程度不一的安排與事業，以取得用以滿足需求的收入：例如，勞動」(Marcuse 1973(1955)：43)。故，壓制與昇華(將慾望能量轉換至勞動)的社會需求總是被縮減至最小。

但是馬庫塞卻從「剩餘壓抑」(surplus-repression)中，將必要壓抑(necessary repression)區隔出來。強行施加的限制與昇華─也因此造就勞動的永垂不朽─主要是爲了維護社會支配的利益，而非追尋人類社會本身的再製。在資本主義社會內，宰制與剩餘壓抑隨處可見，因爲「

對稀缺資源的配置與克服，勞動的模式」非但不平等，也未依照「最能滿足個體發展需求的客觀性」加以組織。事實上，這些都被強行納入資本主義社會關係的邏輯，並符合資本家的利益。資本主義的既得利益者奮力擴張異化勞動的範疇(因為這將釋出剩餘價值)以及異化需求(因為將有助於販賣更多商品)。它的既得利益是大幅擴充必要性的範疇，讓其超出目前技術性所需的幅度。

剩餘壓抑的取得必須透過各種的手段，但主要還是針對個體本身需求的層次進行改造。人們是如此徹底地將他們的需求和商品系統黏合在一起，以致於他們「無力拒絕宰制系統，除非他們先拒絕了自己」(Marcuse 1973(1969)：26)。需求對馬庫塞而言從來都不是僵固不變的；他們會隨歷史轉變，並透過主體與客體的辯證關係而發展(這就好像黑格爾傳統下的每個理論家抱持的看法)。馬庫塞將「生物需求」定義為「生死攸關的需求，倘使未獲得滿足，將導致有機體失去功能」(20)。在這個觀點下，當他們的滿足被理解為迫切與自然時，即使是最稀奇古怪的文化需求都可以被設定在「生物性」的層次，被當作「第二天性」(second nature)。而這正是在系統層級上演的戲碼：

> 所謂的消費經濟以及企業資本主義政治，業已創生出人類的第二天性，將人們本能地與侵略地拴綁在商品的形式。渴望擁有、消費、掌握

，和不斷翻新小玩意、設備、器具、引擎的需
求，都被強加於人們身上，使用這些商品甚至
可能具有摧毀人們本身的危險性，但卻成為前
面已經界定過的「生物性」需求。故人們的第
二天性抗拒任何的轉變，深怕會因此干擾或甚
至打斷人們對於市場內前所未見之豐富商品的
依賴—意即轉變有可能終止人們作為消費者，
並透過購買與販賣消費自身的現況。由此系統
所產生的需求也因此均為極度穩定、保守的需
求：在結構本身固有的反革新性
(counter-revolution)(Marcuse 1973(1969)
：20)。

這種反革新並不是透過壓制與昇華，以及長久地延
遲受壓迫勞工的享受。資本主義無法在抑制需求的情況
下存活。在先進資本主義的富裕物質下，如果還依賴清
教徒式的禁慾主義，將一切的慾望都轉換(昇華)為更多
的勞動苦行，則無論是看重繁榮與生產力的勞工，或是
需要販賣商品的系統都無法長久存續。取而代之的是，
消費文化在「壓抑的反昇華」(repressive desublimation)基
礎上的運作。消費資本主義解開了束縛，並給予正面的
鼓舞，讓一般的本能能量以及特定的性慾猶如脫韁野馬
；它鼓吹享樂原則的即刻逸樂，並看來給予人們充沛的
供給。然而，慾望和滿足都只能以他們最狹隘與受壓抑

的型態呈現：系統內仍充斥著對於商品和滿足感的貪婪慾望。露骨的感官享受，非異化性慾的「多樣性癖好」，被抑制為僅餘下性吸引力和化妝品的購買，而肉體的商品化則是把人們的軀體當作性的客體，讓人們的身體「爭奇鬥豔並將樂趣標準化，成為所有地位、聲望、權力的符號，並被宣傳為男子氣概或魅力，或是商業化美麗定義的源頭」(1973(1969)：26)。現代的主體高度臣服於商品的腳下，於是他們無法看見轉變的可能，或無法體認到商品系統內需求滿足的有限性。然而，更關鍵的是，由於人們被說服必須在商品中尋覓滿足感，現代主體甚至無法察覺內心至為根本的需求，也就是最真實的需要，由於人們對於真實感受的駁斥，而造就一切的「偽需求」，意即對於非異化勞動的需求，意即讓他們與客體世界的關係，是以實踐、創造性、遊戲、娛樂，以及本身適切需求的發展做為基礎的需求。馬庫塞以略帶尖酸的嘲諷語氣，將這種主體與客體認同於消費文化的偽和諧，稱之為「快樂意識」(Happy Consciousness)。

由於依照商品生產的邏輯，而非人類發展的邏輯開發需求，消費文化亦步上異化的後塵。因此，它是貼合著系統的需求來結構個體的需求：在經濟上，販賣更多的商品，並確保馴服與辛勤工作的勞動力，讓勞工們深信只要接受異化勞動棍棒的鞭笞，就能為他們換得想像中(異化)消費的胡蘿蔔；在政治上的考量，則是透過讓人們認同壓制他們的系統來保障社會秩序。於此同時，

商品系統最爲根本的需求，也恰好對立於人類最根本的真實需求，意即對非異化活動的需求：資本主義要求勞工採取商品化的勞力型態。消費文化基本上就是對人類徹底喪失真切實踐型態的諸多謬誤補償罷了。

馬庫塞—以及此傳統的多數理論家—經常被抨擊的是，對現代消費者抱持著「操縱主義」的觀點：認爲他們的需求，其實完全都是爲符合系統的功能性要求，而被強行施加。這樣的論點，實際上忽略了人們在面對商品時，所可能展現的創造力、意識和反叛，並漠視事物意義所可能蘊含的矛盾與衝突(而無法完全由系統或理性化的商品美學所控制)，且也未顧及人類主體仍舊持續地利用他們本身的方式，將消費品同化至日常生活中。我們將在後面兩章中進一步加以探討這個論調。

批判主義的這條支線自然有其解釋力。同時，我認爲不應該將馬庫塞對於「僞需求」的說法，錯誤地理解爲只是單純地指出如今的需求都是機械式和自動地強行施加、安插或「皮下注射」進入全然被動的人類客體。其研究核心仍舊充滿價值的面向，因爲他強調必須研究現代社會中，有哪些力量促使人類主體對於本身的需求與認同，逐漸感到混亂、迷惘和困惑，同時，居處的系統則結構性的驅使他們不斷生產更多的商品，而奉行的價值雖宣稱能夠解決個體的難題(實際上是由系統造成的)，但說穿了卻只在乎系統的利益(經濟，社會和政治複製)。對法蘭克福學派而言，個人的難題與需求是再真

實不過的存在(且他們也確實投入相關研究,至少在此學派早期便有些實證成果);他們同時更在諸多限制下,企圖找到解決之道。消費文化的危機在於他具有讓真實需求得到虛假滿足的能力一並不一定是在普遍、基本或生物意義上的「真實」需求,而是實際上由現代社會對主觀性與客觀性發展的潛力,以及因為現代社會關係(多半都是異化的勞動)無力釋放此潛力所造成的那些需求。當這些需求被體認為對於更多商品的求索,而非減低異化、不自由、不公義時,則這些需求本身則成為一種謬誤的存在。正如豪格以廣告與商品美學為例的討論,「無以計數的圖像組合前仆後繼的湧向人們,就像是許許多多的鏡子般,看來有移情作用或完全足以信賴,使人們的秘密浮上檯面,並暴露在此。在這些圖像中,人們都持續地流露出對現狀的不滿感。迎合需求的幻覺本身,承諾將為人們帶來滿足:它能夠解讀人們眼中的渴望,並將他們呈顯到商品外觀之上」(Haug 1986:52)。只有在我們能夠有意識的理解,當社會產生真實的需求卻無法加以滿足,致使需求仍由商品的美好許諾中突圍而出,原因在於後者根本無法帶來滿足,它們能夠「提供的只不過是滿足的幻象,這些商品無法滿足慾望,而只能造就更深沈的飢渴」(Haug 1986:56)時,上述說法才具有意義。商品的美學幻象以及人們在異化社會中需求兩者之間的落差,造成了人們對於商品貪得無厭的飢渴,並經由心靈結構將個體誘入系統的最深處。

社會奇觀

　　我們目前所討論過的論者，均傾向替消費社會描繪出極爲整體的圖像：消費者面對的，是一個系統性產生的客觀異化實體，其目的是吞併消費者。實際上在某種概念下，現代主體基本上都是消費者，畢竟他們的慾望和用以滿足慾望的手段，都是由系統所結構而成，身處其間的大多數個體所能做的只是選擇罷了。系統本身並未藉由和選擇或改變有關的樣態出現，而是猶如一種凌駕挑戰的規範性質，甚至也因爲人們均抱持得過且過的態度而成爲理所當然的存在。

　　對馬庫塞來說，這個系統大抵而言是成功的。我們的需求已經徹底地認同於商品。那些被此系統邊緣化的人們或許會創造出反抗的需求，但卻很少有人指出這些抗拒應該如何被施行，來造成激烈的社會挑戰。然而，經過拉費弗爾(Lefebvre)，葛茲(Gorz)，和情境主義與布希亞等人對於異化概念的發展後，卻衍生出極爲不同的可能性：也就是我們感到厭倦。舉例而言，在情境主義者「社會奇觀」的概念中，所有的實體都變得異化與客觀；我們看待日常生活如同一場壯觀的展示會，但卻缺乏我們的實際參與、活動或投入。基於商業的考量，萬事萬物都被轉換爲符號與圖像，並被剝奪了他們適當的真貌。因爲所有的事物都能夠被商業化和客觀化—包括所有反抗的形式(「革新」這個原本特殊的想法，也可以

被包裝成一種次文化態度,一種行銷的口號,甚至是一種都會游擊服裝的時尙)—萬事萬物都能夠被吸納到這個奇觀中。於是,異化已經從工作場所中擴散開來,並瀰漫到所有的生活層面,籠罩在日常生活所有休閒、消費和文化的自由空間之上。此一分析與盧卡奇最爲相近:也就是對全面物化社會的詮釋。另一方面,情境學派的重點在於,個體經過整個毫無意義的展示秀後,是否有能力透過這些不具意義者,激發出人類真實的慾望、自主性、創造力與衝動。與馬庫塞十分相似的是,他們也訴諸於仍舊潛伏在商品化和消極性底層的本能自我與肉體(Plant 1992)。

布希亞的研究則是另一個比較的重點,誠如我們已經討論過的,將情境學派認爲透過商品幻覺而導致全面物化的觀點推到最終的結論:不只是理性化支配著世界與現實,符碼、模型和機械系統也藉由「超現實」(hyperreal)的建構而凌駕於真實之上。現代消費者,亦即現代公民的命運,並非遭到操弄的對象,而是如同馬庫塞所言,是完全地順從,被投擲入無趣的「黑洞」中,而其表面則充斥著壯觀卻毫無意義的庸庸碌碌。

消費文化和批判

對於異化的批判呈現出一個令人膽戰心驚的畫面:痛苦的意識,單向度的人和徹底行政化的世界,一個充

滿奇妙景觀的社會。在這些論點口中，人類的意識都受到極致客觀系統的宰制與包圍。我們浩浩蕩蕩地(或沉睡)邁入商品的領地。此外，我們也無法另作他想，因為我們的意識均受限於當代商品世界的事實性，且早已失去了批判的能力。

我們可以透過需求的難題，來理解這股濃厚悲觀主義的源頭(在其內部也沒有對抗此觀點的反對聲調)。對於異化和物化的批判比起其他任何的攻訐都來得猛烈，它們指出需求概念是對現代思想與日常生活經驗，最為根本的批判與政治類屬。當論及個體或普遍人類的需求時，我們就必須留意到審判社會的批判標準何在。當馬克思(或馬庫塞或德波（Debord）)指出人類的根本需要，就是生產，以及自由地生產時，他所要傳達的是，此需求為深植在類存有(species-being)的既有天性、若要使得社會獲得良善、正義、真理，便必須提供一個情境，讓自由生產的需求得到滿足，而人類也能夠因此保有本質。相反地，社會的混亂則往往可以被追溯到此需求的不滿足、扭曲、神秘化，或者在消費文化的籠罩下，被轉變為某種異於本質的存在。「需求」的概念指出我們應該用以統理社會，且作為判別標準的那些實質價值。

為何一個像馬庫塞這樣的人，會描述一個全面而單向度的社會，其確切的原因是，在消費和商品文化下，需求的概念無法再提供批判獨立而具體的標準。此概念已經成為系統的功能要項，而我們因此早已失去我們進

行批判的立足點，無論在理論上或日常生活中皆然。舉例來說，如同我們在第二章討論的，自由社會與消費文化根本無法輕易容納所有的需求，而是只關切於特定偏好與實質需求。後者可以說是純然個人的事務，主觀的選擇；他們可以說是消費者主權的表稱，而無法透過外在標準或道理加以評判。在這個基礎下，我們只能以社會的形式理性來加以衡量(社會完成這些商品數量的效率)，因為沒有任何人類需求的概念能夠以實質批判加以肯證(社會流通的良善與否)。除此之外，將此論述更推一層，因為現代社會的商品化與理性化，人們的需求(他們的偏好與選擇)本身就成為加劇社會壓力的目標，這同時包括它們的形式(需求必須永遠被確保為對於商品的渴求)以及具體內容(讓人們醉心於地位競爭、廣告與行銷、生活模式的意象等等)。倘若個體的需求均取決於社會，並被界定為對於社會產品的需求，那麼人們將不作他想地認同社會，且在這當中尋得滿足感，這不是因為社會滿足了他們的渴望，而是因為社會始終是以它所能提供的滿足，來界定人們的需求。不去察覺介於需求自主標準與社會所提供之滿足感之間的落差，啟動批判的想法與動力便無法點燃，人們也因此對系統產生徹底的認同感，唯一被質疑的「政治」問題，說穿了根本一點都不政治：他們不過是對社會所一手製造的需求與滿足，提出有關於效率高低的技術與形式理性的零星炮火罷了。

　　問題在於，對於需求(諸如對於非異化勞動的需求)
的具體與批判概念是必要的，但他們同時卻也顯得不堪
一擊或充滿危機。法蘭克福學派的理論家們，最為誠實
地指出整體批判計劃蘊藏的危機與困難：當某人定義出
某個「真實需求」，作為判斷現代消費者所體驗的「偽需
求」其實是錯誤意識的標準時，此人同時也正作出關於
人類「真實」或「必要」本質的宣稱(此人也涉入哲學人
類學的範疇)。然而，這樣的做法，卻恰好陷入整個批判
傳統致力挑戰的物化思維。此人也正製造著外於社會與
社會關係的人類定義(例如，魯賓遜的迷思(Robinson
Crusoe myth)，譯者按：指狄福(Daniel Defoe)所著之《魯
賓遜漂流記》中的主角魯賓遜，獨自於荒島生活二十八
年的故事)，這是一種非歷史、本質主義和甚至過度理想
化的做法。同時也是意識型態最純粹的型態：某人以人
類普遍本質的論述糖衣，來包裝他本身對於人類本質所
抱持的價值與政治信念(這也是所謂需求論述的原貌)；
他試圖以科學的形貌隱匿自己的政治利益，也就是將他
本身的「期望」，以「真實」的形象呈現。當社會制度和
論述宣稱他們是人類需求的權威之際，且當他們試著要
透過科學、理性或真理合法化他們對於需求的權威知識
時，他們就可以將本身建構成最難以察覺的極權社會權
力形式：政府、福利系統或醫療服務，計劃經濟(command
economy，譯者按：計劃經濟，指以政府決策分配資源，
商品不在市場流通)宣稱能夠比公民本身更了解他們真

實的需求，且在科學的基礎上，是一種極為危險的反民主意涵，並擁有社會權力，將其對於個體實際日常生活的需求定義，強加於人民之上。

在此脈絡下，馬庫塞的態度極為令人憂心。「在分析的最終，真實和虛假需求的問題必須由個體本身來回答，但這也僅只是在分析的最終是如此；也就是說，如果真有可能，以及當他們真的能夠自由地找到他們自己的答案的話」(1973(1969)：20)。然而，在隔了兩句話之後，他又宣稱「沒有任何一個仲裁者能夠妄稱自己具有權力，剛正不阿的決定哪些需求應該被發展或滿足。」實際上，法蘭克福學派理論以及它對於消費文化的整體論述，一方面體認到需求概念中與生俱來的危險性，然而另一方面，卻仍須永恆地與之共舞，因為他們明白掌握所有批判可能性契機的必要性。他們因此試圖透過形式理性替某個特定的實質理性辯護(一組價值觀)，但卻隱而不宣，不是透過粗暴的物化假定和非歷史的絕對說辭，而是經由檢視實際歷史發展的過程與可能性。

在此，我雖不擬評估出此論述的成功與否。然而，它所提出的質疑卻早已成為面對消費文化時，極為根本的關切重點。我們該如何加以評判(可能是作為日常生活的參與者、政治公民，或者是社會理論家)？且，由於我們用來評判的必要標準，往往正是那些受到消費文化高度操縱的需求，我們如何能夠確信自己所指出的是適當的自主標準—我們自身的標準—而非另一樁自我合理化

的意識形態花招？

　　無疑地，馬克思與其奉行者之論述中所瀰漫的黑格爾傳統，爲這些現代難題提供了最有創意的出路。這些論者都並未將人類本質具體化爲僵固的基本需求型態。他們並未替人們提供一張普遍的採買清單，以滿足特定的人類需求，如食衣住行等等(可與馬斯洛「需求層次理論」的例子做對照；也可見吉拉斯(Geras 1983)，他試圖在馬克思主義的傳統內提出基本需求的概念)。誠如我們所知，需求不斷地成形與擴張，變得更加大量且殊異，這都必須透過一個*過程*，也就是透過主體與客體之間的辯證關係，將科技控制擴展至客體世界，並隨歷史變動將客觀文化同化至主觀經驗。然而，此傳統將一個根本且毫無妥協餘地的需求，視爲其論述的前提，並安置於此發展的核心，而人類尊嚴、自由、理性與希望便得以藉此爲基礎：非異化勞動的內在需求，與人類外顯需求相關，人們參與改造世界創造活動的需求，且人們必須在有意識的狀況從事之。消費文化之所以被這些論者批評爲虛假與謬誤，是因爲它無法滿足*上述*需求—透過商品形式造成生產與消費的分離，且導致人類生產能力及其產品的異化與物化。

　　他們用來評判的標準—非異化活動—是否「生效」，以及是否能夠合法化地探究我們的倫理與政治生活，其本身都必定將持續扮演一個闡述、討論、論理和一不幸的—選擇的議題。

第五章

事物的意義

簡介

目前為止我們曾經討論過的所有觀點，都源自於一個單一的預設，亦即：消費是項極富意義的活動。人類度過一生的方式之所以和動物不同，是因為我們和本身需求與環境之間的關係，不但不是單純的依據直覺或預先規劃完成，也不侷限於個人或物種肉體機能存活的這項目標而已。相對地，這也預設了人們理解自己與世間萬物之間的關係—他們的需求—說穿了就是規劃與目標，社會習俗與規範，以及身而為人或人類社會所牽動的各種概念。

現在正是我們檢驗這個預設的時候了。我們將在本章檢視充滿意義之消費的一般性本質為何，特別是在概

念化的消費文化中具備的意義。而當務之急便是去除對
於需求與消費之間某些蒙塵的老舊思想的依依不捨。其
次，這也意味著我們必須同時以探討語言學的悠久傳統
，作爲思索「消費充滿意義」的途徑。在這個過程裡，
我們將會釐清語言學和社會理論之間的關係，以及社會
行動者在社會實踐中的定位，商品背後的意義以及商品
的用途等數個議題。而這些將在第六章中有更多的討論
。

文化複製

　　當你進食時，你不只是要藉由眼前的食物，攝取大
量的養分和卡路里來滿足軀體得以進行一定程度活動所
需的成分，好延續本身肉體的機能。恰恰相反地，你很
可能不願意吞嚥許多六腳或八腳的噁心玩意，甚至對小
狗小貓這類經過人類社會馴養的四腳動物也敬謝不敏。
此外還有更多處於灰色地帶的物種，例如兔子和馬匹對
於英國人來說絕對是餐盤的絕緣體，但對於法國人來說
則非如此。人們透過特定的方式來結合與準備食物，若
將這些方式一一刻劃，都將是種族味濃厚的烹調模式。
除此之外，當人們享用食物時，其實也正處於社會交際

儀式的框架內一包括用餐的時間點，進食的伴侶，使用的器皿和遵循的禮節。總結而言，享用美食的活動所牽涉的並不僅只是肉體機能的再製，同時也包括文化的複製。由於清楚地理解並運用著特殊民族專屬的烹調手法，於是你同時複製了該民族所蘊含的民族性，以及身為其中一份子的認同感。

實際上，所有的消費均帶有文化性。這個論點勾勒出數項重點。首先，所有的消費之所以都具備文化性，是因為它總是可以促生意義：為求「實現需求」並採取行動，我們就必須能夠詮釋複雜的感受、經驗和各種局勢，此外我們必須能夠清楚地理解(同時也得轉換)形形色色的物品，行動和資源，俾使他們與這些需求產生連結。舉個最基本的例子，為了要讓某種物品成為「食物」(food)，就必須牽涉到經歷一段將「不可食用」轉變為「可食用」的過程，以及轉換中的文化實作行為(蒐集，選擇，準備，烹調)。

其次，消費總是具備文化性，因為一一反自由派一利己主義的想法一其間牽涉的意涵都必然是共享的意義。個人的偏好本身就是在各種文化內被模塑成形。這並非意味單一文化下所有成員的消費行為就毫無二致與整齊畫一(這是不可能發生的，特別是誠如你我所熟知的，所有的文化都涉及不同權力、財富與階層力量的拉扯)。重點在於，當我們有意識地規劃出本身需求與既有資源之間的連結時，社會中的語言，價值，禮節與習慣便

會自然而然地被我們所引用,即使當單一個體對該社會文化懷抱質疑,抗拒或重新詮釋其意涵時,亦復如此。

　　第三,所有的消費形式都具有文化特殊性。它們都在特定的生活方式下被結構成形,最少也脫不了干係:沒有人吃的是「食物」;他們吃的是三明治,壽司,烤薯泥(這些舉措也都不只挾帶著「進食」這層單薄的意義,而是爲了享用「晚餐」,「甜點」,或「學校營養餐點」)。需求也是相同的道理:誠如馬克思以略帶種族優越感的口吻所說的「利用刀叉享用細心烹調之肉品的飢餓者,和那些直接利用雙手,指甲與牙齒撕下生冷肉塊的飢餓者,完全是截然不同的兩種人。」(1973:92)

　　最後,我們正是透過具備文化特殊性的消費行爲來製造與複製文化,社會關係與實存的社會。爲了扮演某種文化或「生活方式」的成員,而不只是「行屍走肉的活著」,人們就必須理解特定區域的需求與物品符碼。經由理解與使用我本身文化的消費符碼,我便得以複製與肯證我在某特殊社會秩序內的資格。除此之外,我也以實際行動實踐著該資格。身爲某文化成員的認同感,是透過我本身的各種社會行動來創造充滿意義的結構—也就是我以這種方式而非那種方式完成事物的事實。透過具有文化特殊性的消費行爲來加以複製的,不只是我的認同感,還包括社會關係本身(即使是期望轉變或拒絕本身文化之消費符碼的人們,也溝通兩種文化的認同與觀點)。舉例來說,有證據顯示若有兩個風格迥異的家庭,

一個是每晚都會好整以暇的坐下來吃一餐「家庭餐」，另一個則是家庭成員總是匆忙地「狼吞虎嚥」(不同成員會在一天當中各種可能的時間點突襲搜刮廚房，找尋可以帶到自己房間吃的食物，好在他們看電視或打電動時裏腹之用)，這兩種不同的家庭和家庭關係同樣都會被複製延續。

基本需求

認為消費具備文化性的概念可以透過數種型態呈現。一種論點認為人類擁有基本需求，不過這些不同需求在不同的社會中是以不同的文化形式出沒(例如一個飢腸轆轆者渴望享用一頓中國菜或者希望品嚐到法國料理，這就是基本需求的不同型態)。另一種論點則認定消費會受到文化「左右」：譬如，人們的一舉一動，一般而言應該是依循著本身的私我慾望，然而有時卻會受到文化力量的壓制，而朝著相反方向發生。在上述兩種例子裡，文化都可以說是消費行為的附加物。因此許多論者(譬如萊斯(Leiss)1976 年的談法；萊斯等人 1986 年的觀點)都認為消費文化(不同於早期消費的那些模式)是富裕之下的產物，而非資本主義或現代性的後果。一旦人們基本需求的滿足逐漸獲得物質上的擔保後，消費行為的意義或文化觀點就成為先決要件，且人們變得更加關注商品所蘊含的各種意義，而不只是商品在功能的使用是否

能夠滿足基本或「真實」的需求。在許多類似的想法中，除了消費文化外，還包括消費行為的文化本質，都和「奢侈」的概念糾結在一塊。在各式各樣的論調中，華特斯(Waters，1995：40)就寫道：「在消費文化內，品項的消費具有符號性的價值，這超越了淺薄的物質性價值」，而當「有權有勢的團體…鼓勵消費者去『追尋』超過他們的『需求』之際」便油然而生。然而，我們很難想像任何社會中的物品，都只單純的富有物質性而不具備任何意義性，更遑論想要論辯商品的符號性用途，應該主要被理解為來自於人為的操弄。

更有力的論點是指出文化不是「影響」消費或賦予基本需求特定的形式，而是指稱文化構成了型塑消費行為的需求、對象與實作行為。它並不是一項附加的添加物，更不是經由富裕文明的外殼，對於人們自然慾望的一種輕挑，膚淺或極盡奢侈的塗抹。文化，在這種觀點下，呈現所有社會生活都迴盪著豐富意義的事實，而需求和使用都只有在特殊生活方式內，才能浮現：我們只能憑藉社會生活的文化本質來滿足最為根本的需求或是認同對象(例如，可以參考薩林斯(Sahlins 1976)。

一個強而有力的相反論點，相當尖銳地揭開了不同的面貌。人們常說我們之所以知道基本需求為何，是因為我們明白必須滿足哪些需求，才能使得不同的文化得以延續，或者讓每個個體能夠參與(擁有「成員性」或「認同」)具有文化特殊性的「生活方式」。人們首先需要

延續生命,擁有健康體魄和健全的心理狀態,才能參與各種文化。人們定義和成就生命,健康和心智健全的方式隨著不同文化而有差異,但是想要讓這些變化性存在,就必須滿足最根本的基本需求(Doyal and Gough 1991;Sen 1985,1987a,1987b;Slater 1996)。此一論點還蘊含著更強烈地政治與道德意味:倘使你告訴一個飢寒交迫或無家可歸的窮人「所有消費都具備文化性」,且「生活方式」在概念上優先於「存活」的需求,都將只是讓人憎惡的假道學罷了。此外,若抗拒這類的基本需求,反而追求五花八門的食物,衣著和棲身之所類型,並探求「文化性」需求和消費文化的偏好,這都將使人們陷入永無止盡地進行意義區隔的深淵(講究新潮烹調[1]和麥當勞速食之間的不同需求,都和人類對食物的基本需要相衝突),而這樣的習慣只不過顯得瑣碎膚淺與吹毛求疵。

　　然而,這些探討基本需求的論點,其核心問題都在於他們的預設,他們認為人們能夠區分出類似飢餓這類根本需求和本身特定文化形式之間的差異,或者人們可以意識到究竟採取某類作法時背後所蘊含的意義為何。我們是在文化*內部*體驗著所有的需求(包括肉體需要)。我們唯有從單一或所有特殊和可觀察的生活形態中抽離,才能夠辨認出基本需求(或當將其「文化形式」抽絲剝

---

[1] 譯按:新潮烹調(nouvelle cuisine),指的是減少奶油,注重健康採用蔬果的清淡烹調法。

繭之後，才能發現需求的基本形式)。但是就實際而言，
我們當然無法觀察基本需求—「優先」於需求或「低於
」文化的需要。人們鮮少，或者可以說是根本不可能回
歸到前文化的基本需求，譬如說當人們瀕臨餓死時，在
那個點上，提供給他任何食物都已經無關緊要，因為這
個文化人已經被貶抑為「自然地」軀體。只有在最殘忍
的恐怖極端，經濟浩劫，戰爭時，當社會和文化生活都
遭到毀滅，當—誠如我們說的那些窘境—「人們被貶抑
為動物」時，「基本需求」才會浮現。但是即便如此，只
有在這些殘忍卻龐大的浩劫面前，我們才能見到「瑣碎
」而「膚淺」的文化讓位給「基本需求」。即使在集中營
或運送奴隸的船隻上，人們也並未全然地臣服在基本需
求跟前(例如，這是李維（Primo Levi）《非人生活》一書
中的根本議題)。即使人們飢餓至死，卻也遵循著本身文
化的特定途徑(例如回絕文化中禁止食用或甚至討厭的
食物，因為他們認為社會連帶優先於肉體的存續，故犧
牲自己的生命，他們藉由社會性地界定本身是一全人
(fully human)來實踐著儀式與文化活動(Fine and Leopold
1993))。說穿了，這就是眾所周知的人性尊嚴。且甚至
當這個轉化點強烈到將導致人們的存在歸零，而一切的
「基本需求」如此齜牙咧嘴的浮現時，這時當然也就沒
有所謂界定人類需求的基礎了，因為在這些災難局勢的
面前，我們所觀察到的已經不是需求的「真面目」，而是
社會挫折的極致。

　　最後，人們顯然並不把這類生存的臨界點當作評估本身需求的底線，也並未將延續生命視為超越度過有意義生命的優先項，當考慮到自己時，更未把文化當作劣於肉體複製的追求目標。類似的標準都該交給國際救援，救濟和慈善機構去處置，在這些情況下我們可以將他人的消費行為視為解決肉體與物質難題的作為，而不是自我和文化的實踐。至於我們本身的處境，則仍然有權去尋覓一個超越基本肉體的文化價值。

　　實際上，朵亞和高夫(Doyal and Gough，1991)的論點一也就是認為我們能夠界定出某些作為文化參與之必要前提的基本需求一就清楚地察覺到這些需求將總是在任何實際情況中，以特殊的文化樣貌出現。不過，他們辯稱這些基本需求得以理性的由多元性當中抽離出來，並指認出這些作為支撐有意義生活必要條件的要項，例如作用於：健全的身體與心智。然而即使在這裡頭我們也同樣遭遇麻煩。不同的社會在社會參與上都設定了不同的「進入門檻」。社會不僅要求人們必須符合特定文化模式，所謂的身體健壯與心靈健全，同時還透過截然不同的方式去定義「健全」一詞的意義。譬如，我們只消觀察有關殘疾(disability)的爭辯，就可以理解想要成為社群內的自己人(full member)，必須通過的那道健全門檻其實是以社會和文化的角度來設定：讓輪椅更暢行無阻，態度與官僚結構的些許轉變，而且也涉及更多的參與力，不只是迎合一成不變的基本需求(預設每一份子都擁有

「正常」體魄去進行社會參與)，而是去留意不要讓社會參與被侷限於專屬於那些擁有健全體格的人身上。

誠如我們在本書第四章中關於真實需求的討論，就學術和政治的角度來看，基本需求和「文化主義」的研究取徑都會遭遇到困境。需求的批判概念看來同時具有必要性和危險性(尤其可以參考 Soper 1981，1990)。舉個例子，倘若朵亞和高夫將基本健康的特殊定義置於優位，那麼他們就會被指控成文化帝國主義；但如果他們不這麼做，便會轉向文化相對主義，並失去評斷與比較特定社會之需求滿足能力的標竿。重點在於，即使社會理論家們可能無法有效地定義出「基本需求」，在西方社會(以及許多其他社會)中，基本需求與奢侈品之間根深蒂固的差異仍十分清晰：兩者間的差異被拿來定義應享權利、參與、個體殊異、道德標準等等的底線(Berry 1994)。或許理論家們應該降低對於定義的興趣，或者甚至拒絕去定義我們的基本需求，並更加去關切定義需求的過程，如何在不同的社會裡頭被實現，這類社會狀況的議題。譬如說，無論消費文化中的需求是*真實的*基本需求或根本無關緊要，是真實抑或虛假，說穿了都和問題的癥結差距甚遠，更重要的是現代社會如何去定義人們的需求和它們的相對重要性。或許核心議題在於經由市場交易與企業利益所中介的需求並不民主，並且只給予民眾過少的公開討論機會，並集體的控制何謂他們自身真實需求的抉擇，也因此，民眾才能進一步掌控社會資源

應該如何被運用和分配。或許問題在於「消費選擇」究竟是否是定義社會的絕佳途徑,更別提去滿足其基本需求了(Slater 1996)。

基本物品

對應於基本需求的概念則是「基本物品」。舉例而言,許多論者辯稱就某種角度而言,消費社會中的消費要比其他社會*更為*文化,這是因為廣告與行銷觸及物體基本功能之外的額外意義(香水並不只是嗅起來氣味芬芳,它還彰顯或賦予了人們性慾、女性化、名望或尋覓伴侶的可能)。事物外觀所具備的文化意涵,不只是無關痛癢的表像,更有著神秘化與剝削的功能。它們魅惑人們進入商品符號的聖域,好讓我們購買更多,而非讓我們停留在使用價值或實際效用的領域,畢竟在那兒人們*完成*事物的方式,將著眼於物品「貨真價實」的屬性。

相對於此,消費文化—某些人主張—可以藉由移除「基本物體」的額外文化意義而去神秘化。以巴蘭和史威茲(Baran and Sweezy,1968:139-41)為例,他們就將事物的意義全然等同於商品交換的需求,猶如盲目崇拜的觀點。脫離資本主義內的社會關係,物體—在他們的解釋裡頭,車子—根本無法在動用廣告、行銷和持續的形象變革(包括翻新廠房設備,嶄新的備用零件等支出)中,來取到龐大的經濟價值和社會神秘化。他們認為製造

汽車商品的實際開銷，和理性設計與配送汽車時，兩者
所存在的差距，在一九五〇年代晚期高達美國國民生產
毛額的百分之二點五。這是一個強而有力的批判：他們
估算出「資本主義的代價」，亦即社會資源的浪費與理性
生產底線存在的價差。然而，他們是藉由比較當代汽車
生產和產出一台「雛形」汽車的價值，作為此論述的證
據，以此說明被賦予意義的商品並不具備說服力，毋寧
說是著眼於如何完美地呈現汽車理想中的功能所進行的
理性設計。

　　不過，如果我們認為所有的消費都隸屬於文化性，
那麼我們同時也是主張所有的物品都充滿文化意義，且
實際上沒有任何物品只有素樸的功能性。找到純然功能
性「不具意義」物品的例子(甚至沒有「作為功能性」的
意義，正如同相反的，所謂「作為只有裝飾性」的用途)
，於是就和外於該物品的文化形式，找到其基本需求同
樣困難。然而甚至更為重要的是，功能本身就是一種文
化定義。認為某種物品用途多多或具有實用的性質，端
賴於特定生活模式的存在，在這些生活方式中，人們必
須透過特定的模式來完成特殊的事物。誠如薩林斯所言
，「文化的關鍵屬性…並不是此文化必得符合於實質的限
制，而是它竟是如此貼近明確的符號體制，而後者從來
無法定於一尊。因此是文化構成了實用性」(Sahlins 1976
：viii)。

　　從這個觀點來看，消費文化和其他供給模式之間存在的差異，並非製造有意義物品之社會制度與提供理性或功能性物品之社會制度之間的差異，而是不同系統進行定義、生產、分配和組織有意義需求與商品，和他們關係的差別：換言之，就是文化再生產組織的不同方式。在消費文化中，再生產是透過商品之主導模式被實踐。倘使消費文化只是枝微末節、神秘兮兮或帶有剝削意味，這並不是因為它的文化性(反之，則是一個強調使用物品時的功能和理性的確切供應形式)，而是因為文化*種類*與文化過程，以及涉入商品關係，卻又凌駕於文化和意涵之上的權力類型。

符號學

　　那麼我們該如何理解「消費作為文化」，以及需求、事物和用途經由社會意義組織和結構的方式？且，最關鍵的是，我們該如何去串連這些意義與社會行動、關係、過程和制度呢？過去，符號學是解答這些疑問最有力的研究取徑。符號學一般而言代表著相當廣泛的傳統，主要來自於索緒爾(Saussure)的結構語言學，這派學說是經由結構主義、後結構主義、文化研究和人類學的某些

流派和文學研究進入社會理論中。

　　語言的模型讓這些紛雜流派匯聚在一塊。符號學將所有文化元素都當作語言的要素來看待，而他們所使用的工具則是由語言系統和文本分析發展而來。一種文化的元素—包括消費商品與場合—都被隱喻性的視為可被閱讀的文本(而較少被當作可以被說出的論述)。我們可以透過把這些文本當作某種由類語言系統，與象徵譯碼所擷取而來的特殊符號組織來理解他們。文本之所以具有意義，或者被賦予意義，都有賴於其元素被提煉和賦予他們意義的象徵系統。

　　我們所享用的食物不光是簡單的「提供養分的物品」，同樣的，他們也不是自然而然或與生俱來就被當作食物看待。種族對於烹調方式所抱持的概念或食物的文化，將物品組織為對立的兩群，譬如可食與不可食，甜或鹹，尋常或特殊，果類與蔬菜等等。一旦與對立群的關係確立後，單一類別便可理解，並饒富意義：意義於是依賴於象徵系統，而非源自物品本體，甚至也不是物品在社會實踐中的功能角色。重要的是類別秩序。更有甚者，我們也可以將食物的組織等同於不同文法類型。食物之間的先後順序(甜點在主菜之後上桌)，以及彼此之間的相互搭配(歐洲人可能會對淋上巧克力醬或辣醬的煙燻火雞望而卻步，但這卻是墨西哥人稱為*莫雷*的餐點)，都有其秩序存在。

　　採用此方式討論消費商品，是借用索緒爾在發展其結構語言學研究定義語言的作法。基本的語言單位，亦即符號，被切割為三個組成要素：能指(signifier，物質形式，述說或行之於文，或在消費商品的例子裡，物品本身或其表徵)；所指(signified，事物的意涵)；指示對象(referent)，符號所指涉的物體，這在符號學內是帶有幾分虛無的存在，且最終會消失無蹤。這根本上是因為在符號學中，指示對象絕對無法決定符號的意涵或「價值」；它們之間的關係可說是變化無常。舉例而言，認定一隻四腳毛茸茸，會發出喵喵叫的動物就必定等於「貓」是毫無道理的推論，更遑論在其他語言中，貓這個字眼就更不具意義。此外，當我們把所謂的獅子也當作「貓科」時，就更難輕易地區分喵喵叫與吼叫的四腳長毛動物了；或者我們可能會發現波斯貓、緬甸貓和路邊野貓的外觀是如此不同，因此我們不會將他們劃分為同一種類。符號學所關切地正是這些象徵系統切割世界的特殊文化模式，這些並不是藉由指示對象，而是透過象徵系統而產生。

　　符號學於是可以用來檢視事物迥異的組織，和他們由意義系統所萌生的意涵，故也得以探索時尚系統，食物系統等。這可以說是一個有限的智識研究。我們大可以直接繼續描繪事物如何在特殊文化中有意義的被組織，並衍生出某種物質文化的分類型或字典，白紙黑字的紀錄，國內空間、進食和任何其他項目的不同組織。作

爲一種消費的*社會*解明，最大的收穫在於指出事物並非
與生俱來就內蘊意義：意義和事物是社會地組織在一起
。

迷思

　　當我們觀察符號所能供給的意義範圍，以及這些意
義所能賦予的狀態後，事物所具備的社會學趣味也就更
加濃厚。羅蘭巴特(Roland Barthes)的《神話學》
(Mythologies，1986)儼然是此類討論的核心，它提供了一
種方法去檢驗日常物品(牛排和薯條，美酒與乳品)所能
訴諸的廣泛意義，以及意義如何被意識形態所侷限的方
式。就拿漢堡這個例子來說，漢堡可以指向某種特定的
食物類型，並和其他食物符碼中的項目產生關連，例如
法蘭克福香腸、小圓麵包、薯條和蕃茄醬。不過漢堡看
來也能夠意味著更加廣泛的意義，譬如美國文化(相對於
壽司或烤牛肉)，或甚至是麥當勞化，美國文化帝國主義
，速食文化的現代性。在巴特早期的作品中，他重新詮
釋索緒爾學派透過符號(denotation)與弦外之音
(connotation)的差異對此提出的解釋。「漢堡」一詞(或其
形象)能夠「符化」，有其根本意涵，並作爲世上某種能
夠辨明的事物而存在－烤碎牛肉的厚片。然而，這個象
徵物整體在其他意義系統或層次內，也可以發揮能指的
作用，例如，在這當中世界被切割爲不同的國家文化與

它們所象徵的價值類型(美國商業文化當道,對立於歐洲的菁英文化或窮困的鄉土文化)。「漢堡」於是能夠暗示著大美國主義,現代性或其他拘泥於該物品本身所無法感知的價值。符號賦予神話權力去繁衍出各種價值:並讓後者搖身一變成為前者的自然屬性。

威廉森(Judith Williamson,1978:25)所提供的例子成為廣泛使用的範例。香奈兒五號(Chanel No. 5)的平面廣告簡潔地將一罐香水和凱薩琳丹芙(Catherine Deneuve,譯按:法國女演員)的臉孔這兩張圖片並列。氣味嗆鼻的液體和女性面孔之間本來當然毫無關連,但是一旦他們被放置在同一個頁面框架後,就誘惑我們去假想其中的關係。兩者的關連主要來自於丹芙面孔所暗示的:在傳統的符碼和女性化的建構下,丹芙代表著一種經典、高貴和法國人理想中的女性美。這些意涵都被轉移到香奈兒的香水罐上,於是五號香水暗示著(且實際上承諾著)這種美:說穿了,丹芙式的女性美變成了香水本身的特質。此外,貝比香水(Babe perfume)的新廣告中,也依樣畫葫蘆,將香水罐和海明威(Margaux Hemingway)在打柔道踢腿的圖像放置在一塊。海明威的形象於是衍生出意義一率性而為、自信滿滿、美國人和婦女解放的女性特質一藉以區隔出該產品與丹芙在女性現代符碼之形象間的差異。透過將產品和女性符碼中兩種截然不同象徵的連結,這兩瓶香水於是變得充滿意義,能夠指涉不同的事物(也因此劃分出兩種不同商品的市場),並使得這些

意義宛如商品與生俱來的特質。

　　巴特與威廉森所側重的是後者的論點，他們兩人都並未特別關切究竟弦外之音如何促銷商品。相對的，他們感興趣的是物品的販售，如何推動意識形態的社會有效性。在這些例子內，高雅和率性的女人味，以及女性化本身的符碼，都成為一種自然散發而非文化矯揉的產物，因為透過形象的修飾，這些意義都轉為物品的天生特質。香水(神奇的)看來擁有女人味。言外之意將文化種類轉變為物質世界裡頭，看來再自然不過的元素，亦即巴特名之為「自然化」(naturalization)的過程。象徵系統，無論何等級，在作為特定社會切割與組織世界的方式，及恣意處置真實世界的角度下，顯然是以文化性的姿態存在：事實上，我們沒有理由認為氣味嗆鼻的液體，要比打泥巴仗或夜晚的星斗更能體現女性美。然而，象徵意義就是能夠讓香水自然地擁有代言女性特質的屬性，自然到無論是嗅聞起來或香水的液體型態都具備此特性。於是在某種概念下，此種符號學的論調提供我們對於商品戀物癖之機制與內在操作(一種「現象學」)的解明：人們之間的(文化)關係，是如何透過象徵意義轉化為物品間的(自然)關係。

社會理論

符號學的概念和方法的確造成巨大的衝擊，尤其是對於在理論化消費文化時，文化研究和後現代主義這兩個最爲緊密相關的理論架構格外如此。因此理解符號學式構成此領域的某些方式極爲重要。我們必須更精緻地探詢它所詢問的問題，以及看來忽略的問題。確切來說，我們已經見識過符號學引導著我們去檢視意義系統如何進行內在組織的方式。而隨之而來的問題是符號學如何，或說是否，將這些指示系統連結到「社會」。

我們可以藉由探問索緒爾所投入的是*何種*研究作爲開端。索緒爾的核心目標在於建立語言的研究，實際上更是語言的科學，使它得以成爲一門獨立的學科，不會輕易地被縮減至其傳統的組成元件，像是心理學與歷史。這個目標和涂爾幹建立社會學的野心並無二致，而索緒爾在其影響下，亦採取涂爾幹式的策略。他將這門科學以其研究對象語言來加以定義，語言就猶如涂爾幹的「社會」，他將其建立成如同一個自成一類的現象。這也就是說，語言就像社會，擁有其本身的內部動態、關係、律則，能夠被鑽研而無須指向任何其他外在的事物。然而，爲求語言的研究能夠如同社會的研究，索緒爾諷刺地將語言*從*社會抽離。(可參考的例子，Anderson 1983；Timpanaro 1980。)

　　他取決於三個主要的方法論差異來完成此工程。首先，儘管語言總是依賴特定人們(陳述，文本或話語)的表示形式來展現，但索緒爾相信語言必須被當作一個獨立於特定個體的象徵系統來加以研究，且也不應該就表達者的意向或理解(平鋪直敘/暗號或表演/作證等差異)來解釋。語言是涂爾幹式的「社會事實」，外於個體並限制他們的行為。其次，儘管語言就像是社會般，在歷史中產生，並歷經歲月洗禮，但它卻不被當成歷史行動與過程的結果，反而是作為歷史中單一時間點中，語言學系統要素之間的關係來加以研究(歷時的與不考慮歷史變化的兩種分析)。此模型來自涂爾幹分析整體內部，部分關係的有機主義與機械主義。最後，儘管語言的單位均必須指向世上的對象—包括標誌、命名、指涉目標，但索緒爾辯稱語言單位的意義卻並非萌生於此關係，而毋寧說來自於他們與語言系統內其他單位的關係(符號/指示對象，隨心所欲)。

　　因此，為了要將語言學建立成一門自主性學科，索緒爾制訂出一連串的方法論特性，來界定與構成其主題的重要性。所有這些特性都是量身打造，避免語言被任何其他超越其本身(其內部系統性關係)的事物所解釋，亦即避免被社會行動、歷史社會過程或「具體事實」所解釋。索緒爾所留下的是去描繪此意義系統內部結構的大工程，以及去回答一個嶄新的問題類型，不是「她為什麼這麼說？」，「BMW 汽車為什麼是一種地位的象徵

？」,「在我們的社會內,科技為什麼意味著男子氣概？」,而是「象徵系統的結構如何可能透過可信賴的方式,提供特定的資源給特定的言論,意義和關係？」,「有秩序條理與清晰的意義如何被維繫？」。

這是有趣且重要的問題類型。但它並非一種社會解釋的工作:對於這些如何(how)問題的解答,並不能對為何(why)問題的解答有任何加乘作用。誠如安德森的論斷(1983:48),「語言作為一種系統,提供了言談的正式可能狀態,但卻無法抓住言論的實際成因。」舉例而言,認為香奈兒五號之所以代表某種特定的女性特質,是因為和丹芙的臉孔及她在女性系統中的位置產生關連,也包括類似海明威例子的變化,提供了系統內部的各種要件如何一塊作用的解釋,但卻並未解釋廣告商為何會選擇此種意象作比喻,隨便舉個例子來說,他們為何選擇丹芙而不是席維斯史特龍(Sylvester Stallon)的臉孔,為什麼(或更貼切的是否)真實社會的閱聽者,會和威廉森採取相同的方式來解讀這則文宣等等(Slater 1989)。嗆鼻液體和女人味之間的關係,就存在論的角度觀之,無疑是隨性構築的(換言之,這兩者本質上並沒有與生俱來的關連);但他們卻當然不是*社會的*隨性而為。此二者歷經極為複雜的社會行動與動機的歷史,才被串連在一起(父權制度,廣告傳銷等),但此過程絕不能單純地檢視他們的結果(象徵元素與系統)如何在一則文宣中被結合,就得到解答。

　　如何的問題是難以迴避的關鍵。唯有在企圖回答這些問題時，選擇了錯誤的社會解釋才會遭遇到困難，倘使「可能狀況系統性的呈現『就好像』他們就是原因」(Anderson 1983：49)。譬如，有趣的是，我們可以留意到香奈兒和貝比，丹芙和海明威可以被系統性的連結。對於文宣進行系統性分析，就好像這則文宣是一個社會事實，可以解釋當代的行銷和化妝品，利用父權式的女性意識形態，以及同時釐清了廣告者與消費者等人的詮釋性實踐，則又是另外一回事了。例如，威廉森並未將她在廣告中所挖掘的意義，連結到人們解釋文宣的行動。相反地，在其說明內，文宣「質詢」主體：她主張廣告的客觀結構，預設並需要那罐香奈兒能和丹芙的臉孔產生關連，並促使身為主體的閱聽者確實作出此聯想。兩造的關連與閱聽者的解釋無疑是「此結構的效應」。廣告結構因此被視之為原因，是對於問題提出的社會性為何解答，而非結構性的如何解答。

　　這些困惑深深的困擾著後續的消費文化研究，特別是歷經結構主義的影響。第一，許多符號學的論者覺得他們無須檢視社會實踐(例如那些行銷行動者或消費者)：譬如分析廣告，就可能會「閹割」了文宣結構或象徵系統(Slater 1989)。第二，這些結構可以被視之為客觀的(就好像他們存在於世間，且可以被分析者科學地察覺)。此觀點的後果是造成某種理論性的傲慢。透過使用符號學來挖掘文本的深層結構，分析者可以同時體會廣告

與消費行為(一種真實消費者所無法感知的意義)的真實意義，和它將對消費者製造出的主觀類型。然而我們不明白的是這些符號學者對於廣告的分析，比起消費者本身所進行的分析，(除卻稀少的差異外)有哪一點更加科學或客觀 (Leiss et al. 1986)。

第三，符號學的解釋和消費主義的大眾文化理論極為相似。尤其是他們的結構主義形式都具有高度的決定論。消費文化構成了象徵或符碼系統，決定所有人們使用之一切商品的意義(多半是經由廣告行銷)，且藉由人們在閱聽這些文本時所產生的主體性，與找到自身在這些論述中的座標，實際地「構成」人們自身。布希亞，如同我們將看到的，提供了此一決定論最為極端的論調，在他的解釋內，所有的社會真實都被無所不在的符碼所吞噬。但，不同於此，馬庫塞對人類需求所提出的解釋，無論是對是錯，可以被用來批判人們在今日的資本主義內，所遭到符碼的社會抑制，結構主義者拒斥這樣的說法，並視為另一種「人文主義」的神話 (Soper 1986)。對結構主義而言，遭符碼宰制並不是資本主義的病變，而是一種普遍的情況。人類必須透過媒介互動*永遠是*結構的後果，而不只是當資本家推行理性化與具體化時如此。

另一種極端，則是在後結構主義處理象徵系統作為一種社會事實所引發的相同難題時出現。後結構主義極為迅速地破壞社會意義的決定論觀點。對他們而言，文

本一例如影片、遊記、電視等等一應該被當作矛盾與曖昧，而不是客觀與一致的結構。文本總是涉及氾濫的意義，個體可能會得到天馬行空的解讀，並沒有武斷的符號學者或結構科學，能夠宣稱掌握文本的實際與客觀結構，而系統內的項目意義也從未保持不變，以致於他們無法如同字典所定義的一般，一一被載記。正是因為意義存在的關係性，意義的鎖鍊不斷推進，最終的意義於是被永遠地「擱置」(Derrida)，從未被凝結成為僵固的非時序結構。

然而，我們將在下面的討論中更清楚的發現，依循這種想法發展的結果，尤其被運用來理論化消費文化時，顯然是由結構主義完全的決定論，轉向全然不確定的狀態，而落入某種近乎完全無法得到任何消費文化之社會解釋的局面。人們仍舊全然地在符號過程中被構成，但這些如今則較少被當作堅固和具體的結構來理解，而更像是無窮無盡，永恆流動與不確定的流動，網絡和充滿慾望的經濟結構。最後，由於上述情況，一方面，完全決定式的結構遭到擊潰，且因為如此，在另一方面，人文主義者的行動者概念仍舊難以證實，我們僅餘下稀薄的分析資源，去釐清究竟是經由哪些社會過程才能帶來意義。殘餘下來的媒介，例如身體、慾望、歡愉、權力等，其意義則演變得更加神秘。

在回應有關意義的問題上頭，後結構主義顯然提供了比結構主義更適切的解答。但當此兩者試圖產生社會

解釋時，卻都蒙受相同問題的困擾：他們把針對意義之社會組織(透過同時把社會行動者與歷史過程放入括弧後所產生)的描述，都當成是社會事實，可以用來解釋那些意義如何誕生。而被忽略的是對於相對於社會文本之社會實踐的說明。我們將在下一章中，探討試圖連結意義與實踐的理論努力。

功能與意義

　　消費文化在面對「事物的意義」所遭遇的核心難題，是如何維繫所有消費均屬文化的立場(以避免自然化需求與物品)，但卻不讓文化落入一種抽象的概念(自社會實踐與歷史抽離的象徵系統)。就某種角度而言，我們仍未擺脫基本需求與基本物品的難題。我們必須認清意義並不是一種獨立與系統化的存在，能夠透過現代消費文化被*添加*於消費行為上。我們可以藉由另一項特點來總結這個難題：擺盪於意義與功能之間。

　　再一次，這些方法論特質又和社會學的方法混淆。舉個例子，讓道格拉斯和艾雪伍德(Douglas and Isherwood，1979)分道揚鑣的關鍵是：「忘了商品是用來進食、保暖和遮風擋雨的貨物；忘了他們的高度實用性，試圖擺脫商品是一種貨品的思維方式；而將商品當作一種人類創造性技能的非語言媒介。」問題在於要如何去詮釋這個想法，表明人們可以憑藉自己的感覺，獨立的作出功

能與意義的論述。換言之，亦即人們要嘛可以討論某種
特殊文化獨立定義的功能(或基本需求或基本物品)；要
嘛則是可以針對社會實踐的獨立定義，去探究文化意義
，譬如藉由主張它們是在象徵系統中被定義(Slater 1987)
。誠如我們將在下一章中討論的，道格拉斯的研究其實
比此來得更加豐富。

　　藉由檢視羅蘭巴特和布希亞使用此區別的方法，我
們可以理解這當中所衍生出的某些難題。巴特，在將索
緒爾的語言學擴展至一般文化時，發覺消費貨品、服務
和經驗，並不像語言中的符號，不僅只是在意義系統中
佔有一席之地，在實踐結構或實踐行動中亦復如是。一
片肉塊並非單純的示意，實際上它也被享用。巴特於是
在實踐的實用秩序(不具意義的功能)與意義秩序(獨立於
功能的意義)間，作出一個更加大膽的區別。例如，他認
為某種食物能夠同時跨越兩個極為不同的系統，一者由
「實用」原則所統理，另一者則接受「示意」的原則(1977
：41)。他稱呼這類的符號，「其起源是實用與功能的，
功能符號(sign-functions)。」巴特所欲說明的其實是眾所
皆知的道理：一塊菲力牛排可以提供身體需要的養分，
但它同時也象徵著老饕們對於牛隻各部分肉質的豐富知
識。但以這種方式作出區分，似乎暗示著透過實用主義
與意義原則兩者的對立，可以找到純然功能決定的商品
，且物品的功能可以獨立於意義被界定。猶如我們之前
討論的基本物品概念，這個論點顯然站不住腳。

　　另一方面，巴特也指出「從最早的社會開始，每一種用途都被轉化為本身的符號」(41；也可參考 Eco 1979：21-8)。在這個概念下，物品的功能不過是另一層意義，也因此可以藉由符號學系統而非社會實踐來加以分析。舉例而言：「一旦某符號被構成了，社會便會恰如其份的予以再功能化，當論及此符號時，就好像它正是一個被製作來使用的物品：毛皮大衣的功能將被形容得就彷彿只是用來禦寒」(42)，相對的，我們符號學家明白，毛皮大衣真實的功能是區分極度富裕女性和其他地位競爭者的差異。毛皮大衣的功能—禦寒—(誠如布希亞的觀點)不過只是一個「幌子」，是一種文化秩序自然化的手段，並讓文化上恣意選擇的某物，成為一種地位符號，並具備自然與理性的功能(禦寒)，且這是依循真實情況的刺激。在這個例子中，巴特認定功能只不過是另一層意義，故就等同於某種符號過程，而非社會實踐所構成的某物(因此他對於「時尚系統」的分析，並未慮及人們如何穿著服飾；其實與衣著在各種穿著討論的意義組織有關)。

　　故巴特最後的立場看來是認為物品的功能，非但不是獨立於意義之外，反而能夠完全地被歸納為意識形態。對於功能的這種觀點，其本質只是一種意識形態的策略，好讓(錯誤的)位於符號系統之外的文化沈澱。(至少這是在資本主義消費主義下，布爾喬亞意識的寫照；羅蘭巴特在《神話學》中採取極端浪漫的觀點來看待無產

階級與真實功能及需求的貼近性，也造成他相信他們與神話和意識形態絕緣。)布希亞將這個論點發展到極致，認為我們如今所消費的都只是符號而非物品。貨品並非藉由他們在社會實踐秩序中的功能位置，而是因其「符號價值」產生意義，並符號式的連結到意義系統，例如：美學、功能性、階層制等。布希亞(1968)認為，戰後時期廚房出現的現代大型冰箱，其所體現的是一個複合系統，當中包括，譬如說，實用的北歐家具和寬闊的居家空間，這兩者所彰顯的是一九五〇年代現代富裕的消費民主。當購買此系統的一部份時，其實就是買下了此象徵系統的全部：套句更為時髦的用語，買下了一種生活風格，因為無論你所購買的是任何符號功能，都會喚起整體的意義系統。系統符號的相互交織促成當代消費文化的根本變革，像是生產、行銷和零售都加速地朝向供給消費者一致，協調和富魅力的生活風格概念，生活風格的購物，生活方式的建議等，這同時使得消費者和消費商品在充滿意義的領域內，謀得堅固的社會認同。也就是在這種思考脈絡下，布希亞認為符號的消費已經取代了商品的消費。

　　實際上，布希亞在此特別強調兩個主張。首先，他點出一個通俗的符號學概念，亦即意義是由符碼元素間的關係中萌生—在我們的例子內，所謂的元素就是物品。其次，他主張類似「需求」、「功能」和「實用性」的概念，都只是如同「藉口」的意識形態。他們似乎是存

在於象徵系統之外的「定局」、終點或真實。就以毛皮大
衣的例子來說，我們可以透過表面上將選擇訴諸於自然
，和物品本身的必要性和功能，來合理化和抑制符號差
異隨心所欲的本質。因此，他指出(1981：63-87)，眼前
需要的並不是一個關於需求的理論，而是一個資本主義
現代性下，需求意識形態的理論，也就是一個消費主義
的文化恣意性，如何經由需求的概念，被紮根於物品系
統的理論。

　　在許多方面，布希亞將自己立基於羅蘭巴特和(如同
我們將在下一章中看到的)韋伯倫(Veblen)，針對消費的
自由經濟理論發動猛烈的攻擊：

> 意義的源頭從來不曾在主觀(將自主性和意識設定
> 於優位)的關係間，和以理性目標所生產的物品中覓
> 得—亦即，更適切的說法，經濟關係藉由選擇和計
> 算而理性化。相反地，意義的源頭是透過符碼的系
> 統化被覓得(相對於私人的算計)——一個截然不同的
> 結構構成了社會關係和主體等(1981：75)。

人類需求和功能性物品都是由布爾喬亞經濟所虛構；惟
有「符碼」(the Code)所構成的社會分殊邏輯才真實。於
此同時，布希亞著手研究將物品歸納為符號的歷史解釋
，並指出唯有在資本主義社會中，才能將物品(即商品)
從所有的社會規則中解放出來，但卻擺脫不了意義的邏

輯。舉例而言,不同於禮物和符號交換,「物品轉化符號
不再蒐集其在個人具體關係間所代表的意義。它利用和
其他符號間的不同關係來預設本身的意義…故,只有當
物品作爲殊異的符號自主化後,且因此得以系統化後,
人們才能夠去討論消費和消費的物品」(1981:66)。作爲
消費的對象,物品「從其精神的決定因素象徵中解放出
來;從其功能的決定因素工具中解放出來;從其商業的
決定因素商品中解放出來;故解放成爲符號再度成爲時
尙的正式邏輯,例如,分化的邏輯」(1981:67)。因此,
在布希亞早期的作品中,他描述現代的物品告別傳統脈
絡(例如風俗、家庭和宗教)的方式,並自由地透過現代
功能的符碼被組織:透過類似流線型的符號,他們體現
了國內的現代性。對布希亞來說,符號學精確地將意義
的闡明侷限於象徵系統的內部結構,這不僅是一種方法
論;更是對於消費社會的縷刻,呈現出商品發展的極端
,在這當中,物品都被賦予了全新和反常的實存論位置
,在這個極端點,物品與社會實踐(社會),都可以被毫
不保留的歸納爲「符碼」。我們將在第七章中進一步探究
此邏輯。

小結

　　主張物品、需求和用途皆非自然的存在，而是文化定義下的產物(如同我們在本張開頭的作法)是一回事：也就是說，我們必須檢視他們是如何在特定的生活實作方式內，被定義和運作。另一方面，以符號學的模式來主張物品的唯一真實用途，在於其象徵意涵，則是要證明我們並不需要追究在複雜的俗民世界內，日常生活各種實作中所使用的商品，而只需探討意義的系統，和事物所象徵的各種社會分類。社會實踐最恰當的定位在於其文化意義，但隨之便完全消失於符號系統中。我們將在下一章中發現不同的理論家如何嘗試著在極具意義的社會實踐層次中，奪回消費文化的解釋權。

第六章

事物的用途

簡介

　　貨品具備意義只是一個分析的起始點。消費文化的
理解與其說是一項文本分析，毋寧說是一種社會事物，
它不是一項閱讀事業，而是與詮釋和解明相關的實作。
我們必須體會事物的諸多意義，是社會關係與社會秩序
構作的一部份。我們將在本章檢視各種與此相關的理論
嘗試，其中多數都是從類似的直覺切入，認為就社會的
觀點而言事物的意義並非恣意而為，而是深刻地連結，
或甚至反映與體現社群基層的社會分工。在典型地位符
號的例子中，社會層級就直接被用來描繪商品種類與消
費者分殊景緻的圖像。此外，當透過符合其意義的方式
來使用商品時，我們所經驗的社會秩序，既是一種強迫

和驅策我們的道德秩序，卻也在我們的日常生活中被確實地複製著。

於是，消費成為社會關係之文化複製的一部份，一種經由俗民生活的社會實踐被付諸實現的具體過程。以上述觀點看待事物容易流於機械性，暗示著消費行為不過是無可迴避的墨守成規，或者只是一種確保社會服從的媒介。更貼切地看法或許是因為消費作為日常生活的實踐，在這當中活生生的社會行動者巧妙地運用社會資源(語言、事物、形象)來處置本身的需求，它必然會涉及再詮釋、改造、反叛─故可以被用來從事文化性的挑戰與文化社會秩序的複製。隨著我們從涂爾幹轉至布爾迪厄，且最終討論到文化研究，這種文化複製的可信度將被打上問號，且關懷的焦點也將更加強調崩解與行動者，而非秩序和結構。透過我們在日常生活消費行動中所付出的「符號勞動」(symbolic labour，Willis 1990)，我們企圖嘗試，我們可以掙脫，我們甚至可以毀壞在社會秩序內，環繞著我們所處位置的那些矛盾與衝突。

社會圖像

　　稍顯諷刺的是，此觀點就像符號學般，大部分的靈感都來自於涂爾幹的研究。正如馬克思，涂爾幹將其多數的社會象徵分析都立基於迷信 (譯按：原文 fetish，亦可譯為戀物)或圖騰的概念。「部落」將自身的社會感投射在某種神聖動物，以及其所衍生的象徵形式之上；在此轉換內，該動物的精神或其形象藉由社會儀式的中介，棲息駐紮於成員心中，左右他們的舉手投足，賜予他們血統和認同等。對馬克思而言，這不過是一場騙局；但對涂爾幹而言則是凝聚力的核心。現代集體休閒和消費儀式，如體育盛會、美食筵席和藝術—這一切都是沿襲宗教儀式而來—或許也同樣地對於「道德再製」和社會凝聚不可或缺(Rojek 1985：50-4)。商品和儀式讓社會秩序顯而易見且效力十足：就某種角度來說，消費模式猶如社會秩序的地圖，只要按圖索驥便能夠尋獲構成此秩序的分級與種類。

　　牟斯在《禮物》(*The Gift*)一書中清楚地發展此論調。是什麼「迫使曾經收到的那些禮物成為義務性的互惠？」(Mauss 1990：3)，為嘗試回答這個極為簡單的問題，牟斯觀察禮物交換的社會組織，細膩的剖析貨物流通

的複雜網絡，互惠和競爭的消費儀式(筵席、商品的解構)及競爭性的慷慨行徑。在每個個案內，貨品都被當作社會連帶與道德義務建構的一部份，而被消費且交換著。商品流通依附著社會關係的稜線而安排，且同時複製和再現那些關係。只要人們相信商品擁有其心靈，就如同玻里尼西亞經典的例子 hau 那樣，商品的交換就足以創造心靈的連帶。Hau 來自於最早贈與者的自我、部落和領土；當獲贈者持有 hau 這份禮物時，也就等同於擁有贈與者的某部份，且此具有靈性的某部分企盼返回它的誕生地。Hau 驅使著受贈者回贈某物作為報答。故社會互惠和相互義務的社會連帶，經由商品交換的精神而得到支持。

　　牟斯辯稱此類信仰在理性交換的工業化資本主義世界中已經不合時宜。譬如，異化的概念是一種「經濟偏見」，因為這意味著商品擁有從生產者那兒竊取來的心靈(1990：66)。另一方面，經由消費儀式所流通的貨品仍舊安排和穩固著社會關係的複雜網絡。道格拉斯(Mary Douglas，1979，1984)，尤其是在她和艾雪伍德(Baron Isherwood，1979)的精湛作品中，就討論此觀念對於普遍物質文化和特殊消費文化的影響。她指出商品可以從其本身的功能或商品意義這兩種觀點來看待。倘使前者「暫時被放入括弧」(62)，那麼我們可以發現商品是「促使文化分類浮現和穩固的*根本所需*。人類學的標準作法是預設所有的物質所有物都蘊含社會意義，且會將文化

分析的主要焦點集中在商品作爲傳播溝通用途的部分」(59)。作爲傳播者，商品是用來指示社會關係和分類的最基本「標誌」。透過將公共意義附著於商品與他們的公共用途後，消費於是得以藉由製造清晰的社會分工、類屬、等級等，來組織社會秩序。瞬息萬變與不穩定是社會意義的常態；消費儀式和用途慣例束縛住這些紛雜的意義，且「設定清晰的公共定義」。

　　此論點在純然儀式性消費的行爲中格外顯著。就拿一個老掉牙的例子來說，聖誕節的火雞界定出基督徒社群(或者，在我們這個年代，所謂的西方商業化社群)，點出時節與週期(一年一度的聖誕時節)，突顯了親屬關係和社群連帶(看誰圍坐在餐桌邊)，且火雞作爲一道擺放在餐桌正中央的裝飾品，能夠組織菜色的順序和角色扮演(一家之主司刀切割，故也標示出父權的主宰)，也提供機會證實社會知識和口味(「去年的火雞太乾焦了」)等。透過物品的使用，我們能夠建構和延續清晰的社會普同，因爲透過對我們所擁有與使用事物的分類、比較和定序(ordering)，我們能夠對社會關係產生概念並予以組織，並分類人們與事件。對道格拉斯而言，一切消費行爲都具備儀式的特質：「商品…是儀式的附屬品；消費則是一種儀式過程，其根本功能在於理解事件初始的流變。」最後，由於商品標誌出社會分類，故他們可以被運用來區隔等級和價值，認同和特殊身份。實際上，「被劃分區隔的等級數量愈多，所需要的食物種類也會愈

多」(66)。於是，消費便等同於穩固社會中的認知秩序
—火雞之所以如此頻繁的出現在聖誕節前後的餐桌，原
因不在於牠們品嚐起來有多美味，而是因為，套一句李
維史陀(Levi-Strauss)的用語，在於牠們「有助思考」(59)
。

　　最重要的是，道格拉斯的整體取徑，和符號學不同
，將商品本質連結到社會脈絡和關係，以及實踐。首先
，商品的意義並非由社會天馬行空的賦予，也並非來自
一個自主的符號系統。毋寧說，管理事物意義的分類系
統反映社會秩序本身，且在其複製時，作為道德秩序佔
據核心位置。其次，這些意義在日常生活的實踐中被運
用，以「製造與延續社會關係」(60)。商品意義不只經
由社會秩序的種類組織實作(消費儀式)，社會秩序也同
時透過這些實作被複製。道格拉斯將此稱為「資訊取徑
」(information approach)。商品並不「只是訊息」，更「構
成該(訊息)系統本身。若將商品從人類互動中移除，便
等同於拆解了一切事物。依賴著被供應、接受或回絕的
過程，商品可以強化也可以毀壞既存的界線。商品可以
說同時作為硬體和軟體…」。

　　布爾迪厄(1973)對於巴巴里家庭所做的分析，就提
供了一個商品居家用途之「社會圖象」的簡拟例子。布
爾迪厄分析此家庭的空間組織、物品的擺放位置，和當
中所進行的活動：舉例而言，物品之間的分隔，是依靠
放置於內部與外部、高和低，不同房間或殊異空間來完

成。這些分隔都呼應於認知種類，根據這些分類，社會才得以組織、分類、區分一簡而言之，理解如同男性/女性、成人/兒童，親友/陌生人之間的差異。但是這種針對種類與消費所做的回應，並不只是依循某種漫無章法之象徵系統的行為模式。它萌生於社會制度，但同時也透過實踐來複製該制度。以男性和女性的空間分隔來說，就牽涉到一個實際社會組織的活動、資訊、事件、價值等等。依據道格拉斯的說法，巴巴里家庭的物質組織讓「文化的種類」，同時成為「清晰可見」與「穩固」的存在。經由消費，社會秩序在此一覽無遺並獲得確證，然而它同時也是經由這些實踐才能夠施展拳腳、付諸實現。透過消費，我們取得社會感和社會秩序，這不僅只是受限於象徵系統的框架內，同時也跨越了整體社會領域的實踐行為。

道格拉斯的觀點一就像涂爾幹一其根本是「整合性」(Webster 1987)。消費宛如一股資訊潮流，將人們整合於一個可理解的社會世界。消費符碼和知識及參與消費的眾儀式，對於「建立可理解的計畫」並促使它深植入社會中是不可或缺的元素：「個人利用消費行為來訴說自身，他的家庭、他的地區…他所進行的這種敘述方式，則呈現了他所居處大環境的類型。」相反地，創造了理解不平等的契機。貧窮往往不在於缺乏財產，更通常是被排除在資訊潮流的參與之外；因為消費的短絀，我們就被排除在重要的社會事件和知識之外。實際上，兩種

貧窮如影隨形，因為被排除於消費資訊潮流之外，也往
往直接反映於物質的後果上。畢業生的網絡就是個例子
：是否能夠接觸到好工作、社會機會和權勢，端賴於是
否被連接至資訊潮流的社會網絡。親近這類網絡本身便
需要能夠使用其商品的符碼，和適當地運用他們的儀式
，唯有如此某人才會被當作「自己人」。商品可以被用來
排外，也可以作為辨識自己人的憑據；分類的知識(好比
對於「美食」的定義)就是辨別自己人的必要準則。此外
，人們必須保持在資訊網絡內，這樣才能夠時時更新商
品的資訊，並以此維持自己的成員身份。

　　於是，消費的意義和儀式便標示出構成社會秩序的
種類與分級。然而，這引發了兩個問題。首先是人們傾
向於將這些意義當作機械地反映既存 (pre-existing)的社
會事實。消費就好像被動地由社會所結構的實踐行為
(Miller 1987；Sahlins 1976：117-20)。這種觀點是純然的
決定論，且忽略了透過實踐行動，社會秩序不僅是被反
映(reflected)出來，也被構成(constituted)，當然也被轉變
(changed)的諸多方式。第二個問題則轉往另一個方向。
道格拉斯將她本身的觀點過度簡化地轉譯為現代消費文
化，而未慮及作為資訊潮流，公共消費意義並非社會網
絡的特殊存在，而是逐漸由掌握公共科技之設計、行銷
和廣告的商業既得利益者所管控。將「認知秩序」當作
另外一項需求的渴望，逐漸成為只是一種牟取利益目標
的工具罷了。在此脈絡下的整合，則與社經權力和可理

解性息息相關(參考 Miller 1987：146)。

這些困難在近期的文獻中浮上檯面，並擴展到「消費作為一種資訊系統」概念的廣告上頭(Jhally 1987；Kline and Leiss 1978；Leiss 1976，1983；Less et al. 1986；Schudson 1981，1984)。伴隨著傳統社會資訊系統，例如宗教、政治和家庭的式微，廣告則憑藉其「穿透和有關物品的優越論述」來填補這個裂縫。廣告提供了現代性的圖象，刻畫出社會秩序的樣貌，而這一點是傳統系統所無法達成的。廣告所供給的意義讓人們能夠經由「對於消費品的購買模式和偏好」，標誌出自己的態度、期待和認同感，並將此意義融入生活風格、美食文化和市場區隔內(Leiss et al. 1986：3)。消費和商業界釋出的訊息已經「逐步地吞噬文化傳統為個人與社會認同提供路標的功能─亦即，告訴人們在生活中『自身定位』和『自己將成為什麼』」(11)。萊斯（Leiss），克連（Kline）和哈利（Jhally）的實證研究追溯此篡奪的經過，討論廣告歷經本世紀產生哪些轉變，於是從過去將焦點集中於產品的實用觀點，轉變為藉由複雜的生活風格意象來促銷商品。

不幸的是，這些發展並未被當作商業動機和利用後傳統脫序之契機的角度來被討論(除了 Jhally 1987 外)；而是以廣告作為文化資訊的現代系統，其實用性的角度來探討。舉例來說，核心論調之一，是指出在複雜的現代系統內，需求和商品都變得高度分化和混亂(之所以愈趨如此是因為他們更加遠離「基本」需求和目標，而進

入恣意花費和休閒的境地)。然而,「當商品並未大幅改
變彼此間所具備的特質,要判斷出某項特定商品適合用
來滿足某種特定需求,可以說就變得『去穩定化』了」
(Leiss et al. 1986:59)。廣告提供各種社會論述,連結了
混亂的需求和五花八門、持續翻新的事物,且愈趨透過
「將個人、產品和存在的形象連結在一起」的生活方式
意象來達成此目標(7)。如同對道格拉斯的評論,探討消
費的這種觀點具有「整合性」—消費是一種資訊系統,
能夠將社會成員和道德普同連結在一起;然而,將此觀
點延伸至廣告,就讓後者顯得過於良性,好像廣告的存
在單純只是一個好處多多的現代工具,能夠協助你我突
破現代的困惑(Webster 1987)。

地位和社會分化

　　在道格拉斯的研究中,消費的商品和儀式構成了社
會資訊系統,並經此社會分類的體制獲得部署與控制。
道格拉斯特別關注於證明當消費文化進入運行後,將使
「宇宙論」成真;它們安排了全部的道德領域(「敲擊和
研磨(咖啡)之間的選擇…便等於兩種截然不同人類處境
的觀點」(1979:74))。一方面,它們並不能被簡化為技

術資訊(商品的功能實用性);但在另一方面,道格拉斯卻又拒絕將它們當作只是競爭性的符號,如地位象徵。但正是透過後者的概念,讓我們最規律地取得介於有意義物品和社會結構之間的連結。在這個觀點下,商品的意義來自於它們猶如社會地位標誌般的能力,符號或身份象徵意味著高位階團體的成員身份或激起相關的想像。某人的消費風格,被詮釋成此人社會地位的展現,某人對於商品的慾望,則是仿效更高地位團體消費風格的一種渴求,於是消費商品的文化觀點和技術觀點分庭抗禮,清楚地採用地位競爭的論點:商品,藉由本身的意義,成為社會攀升,社會成員感和社會排外的工具—分化是商品的基本特質,但主要還是與社會層級有關。這種觀點取代了道格拉斯對於道德秩序和社會分類作為完整「宇宙論」的廣義涂爾幹式關切,餘下的便是對社會層級和地位展示極為窄化的關注。

地位消費的模式,經常見諸於人類學式文獻對於非現代社會內,多元和分離的交換範圍所做的分析。我們可以發現,一方面,在世俗和必要商品,和另一方面,炫耀物品和活動(特別是價值不斐的貝殼、珠寶等)範圍之間的尖銳劃分。後者的範圍牽涉到社會權力和名望之間的流通(擁有更多貝殼等)。這也涉及那些交換儀式和與地位展示和競爭的「真實」消費儀式,譬如競爭性的宴會(冬季贈禮節),符號的循環(庫拉,kula)。這種宴會和交換可以是透過大肆鋪張或毀壞經濟價值的形式呈現

(消費一詞最原初的意義)，以捍衛社會對於個體、部落
或親族團體的價值。

　　此系統的一個關鍵概念是將世俗消費自炫耀性消費
中分離出來(這通常被視爲基本需求與文化需求的分化)
。屬於某個範圍的商品不能與來自另一範圍的交換(食物
不能用來交換炫耀性貝殼)，此概念的非現代說法是金錢
不能買到文化或社會價值。我們可以這麼說，商品的功
能和意義，看來就是實際性與社會性兩者的分離。由非
現代至現代物品系統的分析跳躍，經常是主張當今的塵
俗和炫耀性，不再被區分爲不同物品和交換的階級，而
是構成對於相同消費物品範圍的分殊觀點：我大可以在
相同的交易範圍內，購買一輛福特房車或積架（Jaguar
）跑車。想當然爾，這很難符合我們很容易觀察到的地
位分殊和消費經驗，換言之，一個勞工階級的女性照道
理來說通常都是在成衣量販店中購買廉價的商品，相對
於此，中產階級的男性則偶而會選購一台新車，或考慮
假日該去哪個島嶼遊玩(Douglas and Isherwood 1979：
114-27)。

　　韋伯倫最著名的便是把這些差異種類作爲他研究的
核心。他在日復一日的演講與學術論述中所傳遞的詞藻
—「炫耀性消費」、「有閒階級」、「有害分殊」等—均源
自於他認爲的人類歷史結構原則：地位是藉由某人與凡
俗、生產性勞動的距離和所能免除的程度來估算；於是
，消費的時間和商品必須被用來測量此距離。引人注目

的是，韋伯倫從最重要的性別分工來追溯地位與消費的演進。從有歷史以來，女性的「賤役」(「工業」的職業，專注於「無理性的物質」(Veblen 1953(1899)：27)以製造實用的物品)，和男性的「剝削」(他們經過戰爭、奴抑或其他支配形式強佔他人勞動後的產品，並以此證明自己的英勇無懼)，可說是人類社會的主要分化。不同於賤役(「女性的勤勉和默默進行的物質製作」)只能夠提供實用的功能，剝削則能夠示意：它證明了技巧、侵略、權力和成功。故「藉由非奪取的其他方法獲得商品，於是這個男性充其量也只會被解釋為無價值者」(30)。

　　「戰利品」可說是第一項消費商品。由征服所竊取的物品之所以成為人人稱羨的目標，並不是因為物品本身的價值，而是因為它意味著男性的榮耀，這是他生命中角色的象徵，證實的是此人的英勇，而不是實現了任何功能性勞動，且表示他的驍勇善戰。實際上，對韋伯倫而言，擄獲女性作為戰利品可說是所有權制度的起源─這是男性權力的極致表現，讓勤勉工作的女性歸屬於他，好讓自己也能得到勞動的果實，但卻無須親自介入勞動。富裕的目標並非增加消費，而是為求累積榮耀的標記─富裕是一種「有害的分殊」，一種證明某人地位，且因為某人顯然免除生產性勞動，而激起旁人嫉妒和仿效的方式。

　　舒適地休閒和消費的生活，亦即時間與商品的炫耀性消耗，可以說是除了戰利品外，遠離生產性勞動最為

明顯的象徵。韋伯倫主張，休閒並非懶散：它其實也可
能相當忙碌，只要用來填滿休閒時光的活動是非生產性
的。因此，也存在能夠彰顯優越地位的菁英文化，在追
尋形形色色的知識，儘管它並未「直接導致人類生活的
演進…消逝語言和神秘科學；正確拼字；句法和韻律學
；各種國內音樂的形式和其他家庭工藝；最新流行的衣
著，家飾和工具；競賽、運動和醉心飼養動物，例如狗
狗和賽馬…」(Veblen 1953(1899)：47)，上述所有的品味
和文化形式都提供「非生產性消耗時光的寫照」。只要能
夠填滿布爾喬亞或上層階級女性和其家內僕役的生活，
都可被視爲非生產性活動，此列表還可以擴充到各種活
動一她的成就、娛樂、小玩意製作、宗教、時尙等：這
一切都被貼上「替代性消費」的標籤，藉此她的時間，
她使用物品的方式和其身體的形象全都被設計爲象徵之
用，因爲這些活動和符號所具備的非生產性特質可以用
來烘托她丈夫的地位。時間與物品兩者的炫耀性花費，
還與另外一種文化相伴而生，亦即足以衍生出無止盡之
品味區隔的美學修養。儘管對消費者本身而言，這一切
的活動和物品都可能被當作具備實用性或必要性，但事
實遠非如此。它們所提供的實用性只在於滿足消費者必
須證實本身地位的需求。

　　有閒階級生活型態的構成，是爲了將他們自生產階
級的人群中區分出來。在現代社會內，這也規範出階級
和文化整體之間的關係。在現代，不若傳統時期，地位

秩序，

> 社會階級之間的分隔線已經變得模糊與瞬息萬變，
> 而在此現象萌生之處，由上層階級所施加的聲望基
> 準，將其強制影響的觸角予以延展，但卻遭到社會
> 結構的輕微阻礙。結果每一社會階層的成員，都將
> 較高社會階層的生活架構模模糊糊的予以接收，並
> 視為他們生活的理想典範，最後畢生更奮力不懈的
> 追尋此理想(70)。

即便某人必須持續將每日的生活都消磨在生產性勞動中
以滿足物質水準的需求，但此人仍能依靠他所模仿的非
生產性生活方式來為自己贏得聲望。說穿了，由於布爾
喬亞日趨沒落，讓男性不再能夠免於生產性的勞動，但
同時他們卻又試圖使盡渾身解數，增強替代性的利用女
性來從事體面的(浪費的)休閒和消費(並關注於美感和文
化)，於是，這同時也更鞭策著男性投入前所未有劇烈的
財富物質渴求中。

　　這就是模仿的典範。模仿是系統性闡述長久以往概
念的方式，這是因為商品既然能夠象徵地位，他們也能
夠被當作一種地位競爭的工具。商品之所以能夠標示出
地位，是因為它們是優勢地位團體生活形態的一部份。
也因此，較低地位的社會攀爬者就必須仿效此種生活型
態，藉由購買那些商品，和遵循著高階秩序的時尚消費

，「模仿」他們的禮節、風格、規矩等，來宣稱自己有資格佔據較高的地位。如同我們在第三章所探討的，現代性的變化和對文化的蹂躪都通常導致一個事實，亦即地位象徵和事物都可以依賴金錢被購得，而不再只是透過出身和教養來控制。相同的，舉例而言，工業與消費文化兩者在英國的興起，都有利於促成社會結構的組成，轉變為多元、可穿透和相通之「平凡種類」的社會階層，人們於是不但有能力，也有動機去追尋那些優於自身者的財富和生活方式。

然而，一個模仿成為可能的社會，同時也是一個社會地位與地位標示(消費商品和消費方式)的本質都產生深遠改變的社會。有諸多商品都被視為「地位的」或「關係性」的商品(地位象徵相當另類的用詞)。他們的價值來自於標示出社會位置的符號力。一方面，這導致對於消費不滿分析的崛起。只具備關係價值的商品，其特徵在於持續變動和不易比較，因此，沒有任何一場消費可以劃下句點(維繫地位的「需求」能夠不斷的被滿足，因為地位必須競爭式的被維持)，且消費的整體動態更以自我攻訐或零合遊戲的形式呈現(Hirsch 1976)。來一趟馬貝拉(Marbella)假期或品嚐新潮烹飪或許一開始可以代表一定程度的地位戳章，但等到有其他一千萬個人也能夠以套裝的方式加以享受這些商品後，情況就改變了。在這樣的狀況下，上述的消費經驗就貶值了，因為它不再能夠區隔地位，且普及化也打消了任何單一消費者獲

得此商品所能夠達到的地位成就。倘使我們只需靠著購買地位的象徵，有朝一日，便能夠讓大多數的人們成功地複製較高階層的生活型態，那麼，就定義而言，我們全部的人都失敗了。論者們指出，真正的消費文化，比起那些能夠取得滿足的基本需求而言，是由較高的地位商品成分所組成，生活標準的提高直接地強化此變化，並造成更強烈的不滿感(Hirsch 1976；Leiss 1976，1983)。

於此同時，這種轉變也造成對於「時尚」某種廣受歡迎詮釋的興起，當中更不乏些許循環成分(參考Campbell 1989：24)：地位商品的無止盡貶值，構成現代性之品味、商品、外貌和生活型態的持續轉變，以及日常生活內一切事物的持續再製/再模塑。跟得上流行意味著能夠符合消費領導群的生活模式，故，通常也就是(或者模仿)那些其地位座落於流行階梯頂端者，透過購買某些商品而創造流行，是這些人設定了時尚。而同時，生產者也強化並利用此變化，透過早已規劃妥當的文化廢棄來加速此過程，且也持續地以供應嶄新的春秋時尚來翻新市場，經由不同的消費電器(錄影帶、電腦、高科技相機)，透過細膩但卻仍然「必需擁有」的信息，號召著該產品—在那一秒鐘—擁有社會罕見的高價值。對於名牌設計師品牌的瘋狂膜拜，將這種地位的競爭轉變為一種極端蓄意的巧妙操弄。某人擁有的商品具有品牌，以及購得愈多特定品牌此一事實，代表著此人是個雅痞

，並毫不害臊地經由消費行為參與一場地位的競逐賽。
極其類似的論點則與齊美爾有關，對他而言，時尚流行
所涉及的辯證是分化和服從，個體化和模仿，這一切都
被當作人類與生俱來的特質，其所展現的社會形式是在
使用物品時，同時服從品味的社會結構，然而卻又希望
以此標誌出個人和其歸屬團體的特殊和與眾不同。

如同我們在第三章的討論，類似模仿的概念早已在
西方現代性展開之際，便盤據不去。但是，作為對於消
費文化變動的一脈解釋，它卻存在著侷限性。首先，它
幾乎將社會動機盡數簡化為「仿效某人之優位者」的渴
望，且通常將此渴望理解為無一例外，而非提供一個社
會學的說明，去討論如何與為何(或到底是否如此)這已
經成為現代社會的普遍現象。消費絕不可能只是和人們
標誌和宣稱地位的動機有關。其次，模仿理論預設任一
社會階層的消費風格都會從上層「滴落」(trickled down)
。此預設是對於層級和維繫該階層過程相當機械式的觀
點，也忽略了消費風格能夠從次等社會團體的內部資源
與社會經驗，甚至正是因為該階層與較高階層的對立(
也就是階級鬥爭)興起的可能性。階級競爭可能引發生活
風格模仿的極端對立。試想布爾喬亞的盧梭和拉克羅斯
對於高貴階層生活型態沒落的尖酸攻擊，或是往昔地位
符號的複雜反轉，諸如汽車、珠寶、服裝這些高貴商品
，如今卻由年輕的黑人文化奉為圭臬。此外，消費風格
不僅只是向下流動，同時也會朝上和兩側流動：那些上

層階級男性所穿著的西裝，之後則成為高尚的布爾喬亞公民、白領勞動者的最愛，甚至是勞動階級在稀少的休閒時間必穿的服裝，其實它最早的起源是「下層民眾」軍中制服的騎乘裝束(Fine and Leopold 1993)。

地位符號和模仿只不過是我們在下一章的討論中，與符號學相關之更加廣泛主題的一個例證罷了：物品的功能和其意義之間的差異。其實，在這些概念裡，商品都被縮減為單一的功能：彰顯並分殊化不同的地位。物品的唯一實用性在於深化地位的競逐；任何其他的實作功能都被視為只不過是理性化或「藉口」。實存的社會實踐於是只剩下社會爬升。故，韋伯倫論述中所透露出的尖酸諷刺，是因為他過份醉心於證實一切最受珍視的文化觀點，從女性美以至經典的學習，壓根不具備任何本質上的好處，甚至人們汲汲營營的追逐也和本身的歡愉毫不相干：它們的價值只在於作為等級的象徵物。韋伯倫強調它們之所以能夠標誌等級，唯一的原因在於它們毫無實用價值，且盡可能的遠離生產性勞動，因為實用價值老早就完全被象徵價值所取代。地位等級說穿了仍必須以某種活動的形式來呈現(忙碌的休閒)，因為全然地戒絕活動(這可謂是地位最為純粹的指標)，即使對最為頹廢的貴族，也將是叫人難以忍受「枯燥沈悶」。所以，地位式消費便倚賴將意義從社會實踐中抽離出來。相反地，唯一顯著的社會實踐顯然就是地位競逐。

　　廣義而言，羅蘭巴特和布希亞兩人在區分功能和意義之際(第五章)，就僅採用韋伯倫較爲一般性的觀點，亦即物品唯一真實的意義在於標誌地位。緊接著，他們將此觀點普遍化到所有階級，並轉譯爲符號學式的語言。布希亞將此發展的最爲淋漓盡致，認爲人們不再消費物品，而是消費符號。誠如韋伯倫與羅蘭巴特，某消費物品的想像功能或實用性一旦撕下假面具，便只是一種理性化，一種「藉口」：商品之所以具有價值，其實是因爲它標誌出社會地位。而商品的經濟價值或價格，也唯有在作爲一種指示物時，才會顯得重要。人們所以願意掏腰包購買最爲昂貴的商品種類，不是因爲該產品比較廉價的商品具備更高的實用價值(雖然它們可能是藉此被理性化)，而是因爲它所象徵的地位和排外性；而想當然爾此地位也可能因爲設計師或商家品牌而被凸顯。因此透過社會分化的邏輯，使用價值(功能)和交換價值都臣服於「象徵價值」的腳下。

布爾迪厄：階級與生活方式

　　布爾迪厄研究經常被忽略的重要觀點，在於他嘗試直接處理在掌握消費之文化本質時，所牽涉到的許多範

圍，他既不將消費文化肢解爲抽象的象徵系統，也沒有
把消費文化簡化成既存社會秩序的反射。他藉由實踐的
理論加以分析，在其間品味—選擇和偏好的文化模式—
被視爲「被階層系統內團體所採用的一種資源，其目的
在於建立或提昇本身在社會秩序內的位置」(Crompton
1993：171)。在這樣的概念中，「秀異」(distinction) 可說
是促使社會過程持續運行的關鍵詞，這個詞彙同時能夠
表達我們藉以區分物品差異的分類結構，以及利用這些
物品和其意義以釐清社會關係層級的兩者功能。

　　另一種將消費視爲一種文化的方式，是指出在消費
之際，我們同時還實地演練並展示我們的品味或風格。
然而，品味並非個人突發奇想的產物；它更像是一社會
性的結構。實際上，品味更被細緻的分層。我們可能會
將品味的結構予以劃分(就像布迪厄極爲細膩的作法)，
將文化的不同品味種類區分成「高修養」、「中等」和「
文化修養淺薄」。此分類所代表的，不只是差異還包括層
級，舉例而言，區分那些沈浸於歌劇樂章、那些醉心於
喜劇歌劇或音樂劇者，以及那些喜愛肥皂劇或綜藝節目
的人。這主要並非—至少對布爾迪厄而言——種以物品
本身爲基礎的分類(更遑論是以其固有價值作爲判准)。
我們毋寧說，這是差異結構的分類，且實際上是對於不
同階級人群偏好的期待設定。這些偏好設定是社會性的
組織「習癖」(habitus)或素質傾向結構。布爾迪厄興致勃
勃地想要解釋這些品味結構與生活方式如何興起，以及

他們的社會性功能如何生效。這兩個問題以許多方式交織在一塊，但最為關鍵的方式則在日常生活中呈現。在傳達或展示品味之際，我們也向他人透露諸多有關自身社會地位的訊息。倘使我選擇了歌劇而非音樂喜劇，那麼你就會大致揣測出我的教育程度和階級背景，目前的收入水準和社會抱負，和關於我經濟與文化地位間的關係。你大可藉由我所展示文化分類的特殊系統(我的「品味」)，將我社會性地加以分類。在布爾迪厄經典的論述內，「品味將分類者進行分類」。

和羅蘭巴特的談法極為相似，品味於是被當作一種「文化的恣意」，重點不在於固有的價值，而在於深植於社會過程中的分類。但它卻並非*社會的*恣意而為：品味與社會分工密切相關，凌駕於所有階級之上，這點布爾迪厄已經以實證方式鉅細靡遺的檢驗過。社會分工的層級和文化的分級和階層吻合。在更廣泛的社會脈絡內，相異的品味具有不同程度的社會正當性與價值。文化再製因此涉及各種的競爭與權力形式(「符徵暴力」)，在這當中，個人和制度都甘冒風險，不顧一切地競爭著價值、正當性，也競逐著貼近貴重的「文化資本」(不費吹灰之力的以使用品味和界定差異的知識與能力)。在此過程中，文化搖身一變成為階級鬥爭與競逐的戰場。然而，這並不是單純地意味著階級決定了文化；更確切地說，文化成為階級競爭本身的工具，並在階級結構和分工的成形、再製和轉變中，佔據著核心地位。「新中產階級

」可說是此變化的生動例子(在下一章中有更細緻的討論
)，這些人在生產中的嶄新位置(受雇於服務與文化產業)
，在階級結構中的矛盾位置(流動階級)，和同時暴露於
高等與低階文化資本下的處境，形成了他們的特徵。這
都導致這些人和既存的品味層級間維持著不自在的關係
，然而於此同時，也激勵他們擁護一個全新而破碎的文
化分化與正當性結構(後現代主義)，或至少對此感到舒
適，他們可以藉此推動本身在經濟、社會和文化領域內
的利益，且同時進動階級結構本身的再結構。

　　其實在布爾迪厄的研究中，階級和文化之間的關係
是極為複雜的議題，最好的理解方式可能是透過他對於
經濟資本與文化資本之間差異的界定一在使用合法文化
符碼時，所累積的知識和能力(例如某人鑑賞現代派藝術
的能耐，在紳仕俱樂部中合宜的舉止，或者是某人家內
擺飾所散發的「獨到品味」)。

　　這些「資本」均涉及「正當的層級」。譬如，存在著
所謂的「正當的文化」：高尚的藝術和音樂，這類品味由
早已確立的權威(評論家、學者和收藏家)所界定。也存
在著諸如爵士、攝影或電影的所謂「可正當化文化」
(legitimizable cultures)，這一類的品味能夠且就某些觀點
而言，確實地落在那些合法權威者的眼簾內，也因此，
舉個例子來看，A 級層次影片研究與大學層次文化研究
的好名聲於焉確立。相同的，後現代主義則被視為幾乎
是能夠用來合法化任何文化癖好與品味的方式。消費者

選擇與購物的藝術，對庸俗作品的讚嘆，對 B 級電影冷嘲熱諷的鑑賞等，都能夠被賦予嚴肅的意涵和批判的正當性，甚至激起學術界的關注。最後，仍有一個專門為恣意性所保留的領域(包含大部分消費者日常進行的選擇)，在這當中品味被理解為個人偏好的展現。為了爭奪界定這些正當性等級和各種品味歸屬的權力，於是引發了無可避免的衝突和競逐：例如，哪一個階級，地位團體，教育和文化制度和商業制度例如媒體，應該掌控決定何種文化形式和品味值得受到多方關注的權力。同樣的，在這些文化領域之內，為爭取定義正當優越品味的權力也引爆衝突。誰來決定何謂優異的畫作、優良的影片和珍饈？此外，團體的認同、權力和利益，有時端繫於他們是否擁有正當化品味的權力。

除了正當化階層之間與本身內部的權力爭奪外，對於「階層制度的等級」也掀起一股競爭：也就是說，究竟是經濟資本(工業、企業和金融的布爾喬亞階級，一般而言具備中等品味)或文化資本(布爾喬亞知識份子對於現代派藝術正當與正當化品味，具高度品味，反身性和世界性)佔據定義正當品味結構的上風。階層制度之等級的概念，也導致「可轉換性」(convertibility)議題的興起，在何種交易情況下，經濟資本能夠被轉換為文化資本，反之亦然。在最為經典的例子內，「暴發戶」(晚近由新興商人所積累的經濟資本)無法直接地被轉換為具備高度說服性或合法力的文化資本；無論你打了多少獵或

對於保守黨有多大的貢獻，購買一間鄉間宅邸都無法讓
你成爲貴族，而只能讓你當個暴發戶。另一方面，把你
的子嗣送往伊頓(譯者按：該地有著名的伊頓公學)或牛
津和劍橋大學則是轉換經濟資本的常見管道，這項投資
的超高獲利在於他們對文化資本的適應(儘管你的風險
是他們可能加入「支配階級的主宰碎片」，知識份子)。
他們的文化資本(其品味，不若那些受階級所侷限，並缺
乏經濟資本去降低對正式—更重要的是—非正式教育正
當品味關切程度的那些人)相當容易讓他們透過自信滿
滿的能力去求取上流地位，並將此轉換回經濟資本，他
們的學校連帶，對頂級葡萄酒年份的知識，在大學內所
起用的綽號和在商業午餐中的分享，都使他們在城市中
的位置獲得保證。

　　布爾迪厄的解釋之所以和符號學有所出入，是因爲
他較不關切品味系統的內部結構，而將焦點集中於複雜
的經濟、社會和文化戰役—牽涉到實踐、制度和權力關
係—透過這些過程，分類系統獲得或喪失其社會正當性
，布爾迪厄也關切這些是如何與階級和地位結構產生關
連，並加以複製；然而，布爾迪厄之所以也和馬克思主
義和司空見慣的解釋(包括大多數的市場調查)不同，在
於他並不那麼汲汲於將品味結構與所謂的「階級」此先
驗的事物連結在一起(這麼做的人往往暗示著當中因果
關係：因爲你身爲中產階級，你將會具備某些品味)，布
爾迪厄感興趣的反而是文化究竟如何活躍地涉入階級本

身的形成。

　　除了關於品味結構與社會權力之間競逐關係的解釋外，布爾迪厄也有意協助我們釐清社會與文化結構和社會行動者之間的關係。再一次，不同於符號學式的詮釋，品味結構並非定位與構成主體的系統，更不是人們藉以「社會化」或決定學習內容的社會規範或知識。習癖是布爾迪厄的核心概念，習癖嘗試著在實作的層次上連結行動者和結構。習癖是一個「配置」的結構：分類、規則、期望等等輪廓，它將個體預先安排至特定的選擇和行動。就某種角度而言，習癖等同於涂爾幹式的分類框架，個體藉此認知與描繪社會世界，並在這個框架內部擬定行動。然而，布爾迪厄卻賦予此概念兩個重要的新轉變。首先，習癖一詞源自於習慣與慣例，及事物狀態的概念。習癖是習以爲常且合乎習俗的，是一種對於事物既定方向的感受。習癖雖爲「無意識」，卻是一種實踐，而非精神分析的觀點。舉例而言，習癖同時透過知覺與肢體的體驗，互動間的弦外之音而非清晰的敘述，而被習得與實現。最重要的是，習癖是在肉體的層次，被具體化、學習和實現。舉例而言，這也就是說，當穿戴著正式的中產階級服飾，或當我們試著尋找或使用正確的湯匙來享用湯品，當我們必須表現出優雅的儀態或姿勢時，所感受到的是舒適抑或是不自在，是輕鬆寫意或刻意地努力。經由日常生活消費中的這些肢體經驗，我們感受、傳播或背叛我們「真實」的階級和血統。誠

如道格拉斯所做的文化與文化評判的定義，品味「必須要合身，它不像是手套，更像是肌膚」(1979：77)。

其次，習癖同時具備主觀性與客觀性─實際上它是此二者的交會點，因為它將個體和集體之階級與階級結構的經驗混合在一起。就像布爾迪厄對其更為晦澀的定義，習癖使得「客觀可能性的主觀期待」結晶化。以威李斯(Paul Willis)的《認識勞工》(*Learning to Labour*)一書為例，就讀於中等學校的勞動階級小伙子將不會服從規範性(中產階級)期待：因此他們的課業通常「一塌糊塗」。階級系統藉由他們的「失敗」再次獲得勝利。這些小伙子所進行的是他們本身經濟與文化的複製，並成為侷限於異化工作、微薄收入、社會次等和貶值文化的勞動階級男性。這一切都並非透過他人的操弄完成，而是經由他們本身的努力。他們對關於自己生命的契機、社會流動的迷思、誰是他們真正可以依靠的朋友和社會支持(不是老師，而是兄弟以及家庭網絡，由於家人，他們不希望被隔絕於中產階級的品味之外)，以及有關於何謂他們真正需要的技能(不是高度的文化資本，而是些許的技術技巧，和對抗充斥在日常生活中不愉快和不合作的龐大能力)，都抱持著極端現實主義的觀點。此一現實主義的配置結構─習癖─透過家庭和社群的學習後，充斥於階級經驗內，且透過個人的體驗，或多或少的，有意無意的，造成日常生活無以計數的羞辱和階級損傷。

　　將這些分析擴展至消費生活方式，每樣被挑中的物品和每項消費儀式，都是以精密和現實主義的態度去計算可能發生的社會變動和限制性，以及拿捏恰當的態度來決定內在感受和如何付諸實行。故，舉例說來，布爾迪厄主張勞動階級的文化和消費都遭到「必要的選擇」所決定：「對勞動階級婦女而言，最難以接受的就是在典型布爾喬亞的想法中，認爲家中的每件事物都應該依循著美學考量」(Bourdieu 1984：379)。他的重點並不是說這些勞工婦女因爲立即的經濟窘境，而無力負擔美學考量，而是指出所謂「必要性」是出自習癖的選擇，一種認知結構，且此習癖的形成，實際上是長久以來，在其階級位置的經濟限制下由集體所遺留下來的經驗。

　　這是一個令人失望的結論，它囊括了一些如今眾所周知的偏見和如意算盤—亦即經由一些未曾言明的作法，勞工階級(或是婦女和其他『他者』)將不再受到意識形態所蒙蔽(或者羅蘭巴特的「神話學」)，這是因爲他們受迫於真實的需求，並和物品的功能產生關連，又或者因爲他們透過直接的勞動，和他們的雙手，摸清了物品的底細。(譬如，韋伯倫將其道德普同的樞紐，設定在與「勞動」相關的意涵內，於是，實際製作有用物品的下層民眾和女性，便成爲在道德和認知上比「有教養的」階級更爲純粹的群體。)然而，此論調之所以顯得如此難以想像，與布爾迪厄自稱本身研究犯下的滔天大罪有關，他認爲自己的研究產生了對文化品味的說明，這同

時具備解釋性(察覺社會結構和決定性)但卻也深植於社
會行動者心中。

文化研究

　　與文化正當性和社會實作類似的議題也出現在文化
研究的主題內。更有甚者,它之所以觀察這些議題和消
費文化的關係,是因為其過往所注重的社會關係類型—
尤其是青少年和未成年者的次文化,他們惹人注目和傳
遞出的風格與品味,都在相同的知識領域中形成,且逐
步出自於相同的物質,亦即消費文化(外貌、衣著、文化
商品如音樂、休閒活動)。文化研究最初的動機是期望將
這些外顯行為,解讀為既具備正當性(值得學術研究探究
的一致社會行為),且也涉及(潛在的)有意識社會行動者
所推動的反抗社會實踐,而非只是將文化照單全收。
　　我們可以在最初形成的兩個文化研究支派內,觀察
到這種發展。首先,李維斯(Leavis)、威廉斯(R. Williams
)、湯普森(E. P. Thompson)和霍加特將文化研究的重
點,從既有高等文化所正當化的表達形式移轉開,並朝
向文化研究作為一種「生命經驗」發展。文化作為一種
生命經驗—尤其是階級經驗—不但不被視為無文化

(non-culture)，也不被視為遭到消費資本主義所貶低的文化，但是由於它作為階級生活所必須歷經的中介，且因此一尤其是在湯普森的研究內一也成為階級和階級鬥爭*形成*與競逐、協商和轉變的核心中介。

第二派分支建立在廣泛的社會學傳統之上，以社會組織和有意義凝聚的角度來探究次文化和「變異」團體(相對於將異議份子當作瘋狂或不健全的個人)的現象。此流派有著深厚的詮釋社會學根基(包括韋伯與符號互動論者)，其目標是藉由將次文化生活視為合理的實作予以正當化。一九三〇年代的街角兒童，像是威李斯 (1975)所觀察的「摩托車文化」和西伯狄吉(Hebdige，1979)的 Mod 族系譜學[1]，不良少年和龐克族那些古古怪怪的服裝和內部儀式，假使擺脫不諒解和標準化的嚴肅社會眼光，而是從其內部，透過認識這些行為究竟如何產生意義，且作為對於他們所處社會位置的創意回應，這一切也就變得合情合理了(其界定是經由世代、族群特性和一極為罕見的一性別中介下的階級)。只有當某人將不良少年的物品和活動當作文化加以解讀，並將文化視為一種實作理解時，才能夠真正看清：他們的服裝、語言、休閒等，都同時具備傳遞意義與實際行動的功能。

---

[1] 譯者按：Mod 文化源於一九六〇年代，此時許多英倫青年受到《Quadrophenia》一片的影響紛紛加入 Mod 族，Mod 文化在英倫落地生根，成為英倫本土的次文化，Mod 文化有時也專指愛爾蘭一帶的黑幫文化。

　　很重要的是，當「年輕人」同時成為經濟富裕的快樂消費主義，和激進政治與文化反抗和叛亂大爆炸的焦點時，這些流派便在一九六〇年代匯聚。舉個例子，青少年一詞就標記出介於學校和忙碌於工作與家庭的成年階段間的一個生命喘息新空間，此時的經濟來源是零用金，以及，極為充裕的自由時光。這個自由可以被引導(可以是其他青少年，也可以是消費資本主義)到外顯的物品和活動(音樂、服裝、速克達、自動唱片點唱機、流連在咖啡吧或舞廳)，而這些玩意，舉例而言，均會經由音樂和服飾工業而強烈地商品化。然而，對於這些工業極端遲緩的反應，以及主流社會產生的道德驚慌回應，則透過媒體和政府制度被傳遞，也透露出青少年本質上的挑戰性格。文化和風格的衝突，透過消費而被凸顯，且通常是以內世代的形式呈現。但此現象的持續惡化，是因為原本被用來滿足的專門工具(消費商品)，變成向生產它的社會，宣告全體不滿足和挑釁的載具。

　　文化研究認定次文化與消費文化的關係，既不是毫無意義和離經叛道，也不是盲目依循或遭到操弄，反而是使用手邊之物質謀略的一部份(物品，符號，時間)，青少年之所以這麼做，是希望能夠理解並實際地處置本身居處社會所充斥的矛盾情況。西伯狄吉在《次文化：風格的意義》(*Style：Meaning of Style*)(1979)的討論，或許為我們提供在次文化消費內，所冒風險為何的清晰圖像。他所觀察的每一種次文化，都是由那些遭到透過世

代和族群中介，且持續變動之階級經驗所拋棄，並因而
陷入矛盾苦楚的(男性)青少年所構成。可資運用的文化
資源—消費商品、休閒活動、以音樂和衣著形式展現的
大眾文化—都遭到佔據，並經歷「修修補補」(102-6)的
過程而成為有意義的模式—風格—這可以藉由青少年用
來應付矛盾情況時，所採取的意義、回應和策略來理解
。(參考 Ewen(1988)對於風格和認同間的關係提出另類的
詮釋)。

　　譬如說，Mod 文化的特色在於義大利式的衣著和小
綿羊機車，一絲不苟，他們多半都是時髦的，留心時尚
和裝扮，就好像這才是最終目的，此外他們也嗑藥，蓄
短髮，穿著上頭點綴著英國國旗的毛皮外套，並醉心於
靈魂樂。當勞動階級和中低階級的青年在面對社會和職
業的流動之際—轉向白領族工作，以及傳統勞工階級生
活方式和價值的式微，Mod 族的「酷」(cool)風格，「讓
他們在學校、工作和休閒之間通行無阻」(52)。舉例來
說，Mod 族透過「將整潔推向荒謬的境界」(52)，反轉
了上班服裝的意義，且添加了「難以理解的細節(光可鑑
人的鞋面，雪茄的品牌，複雜難打的領帶結)，而這些看
來顯然都過度極端而與辦公室和教室氣氛都格格不入」
(52)他們時髦的服裝剪裁風格，將作為優秀白領勞工的
一切特質(他們的「外在，穿著，和『風度翩翩的舉止』」
都被加諸『極為緊迫盯人的要求』」)推向一個無所不用
其極的諷刺，但卻細緻的極限：「他們有點*過於*聰明了，

有點過度的小心翼翼，還真該感謝安非他命的功效。」(52)—對於消費商品的各種解釋都全體總動員，以因應一場「符號式的游擊戰役」(Eco，引述 Hebdige 1979：103)。

Mod 族利用「商品選擇」作為他們「排外的武器」，讓自己不會和不良少年、條子和搖滾樂手混為一談。不過他們對於消費的極端重視，本身就蘊含意義：

> 他們「強烈的消費型態」—服裝、俱樂部、唱片、髮型、嗑藥—都被形容為像是「以一種極盡怪誕的方式，去拙劣的模仿由（他們）父母所激發的靈感」—這些人可能是居住在新城鎮或新興住宅區的社會階級，戰後的勞工和中低階層…Mod 族把自己轉化為物品，他們「選擇」（好讓）自己成為 Mod 一族，試圖將系統性的控制加諸在「屬於他們」的狹小領域，且在這當中，他們感覺到可以將「真實」的自我全部投入—這個領域指的是休閒和外貌，衣著裝扮和特定的姿態(Hebdige 1988b：110-1)。

此一透過消費而控制的「狹窄領域」，有時也以「虛構一個『他者』」的型態出沒—週末，倫敦西區，毒品，「位於地下室的俱樂部，小舞廳，精品店和唱片行」的「正午秘密基地」，這些都超越了支配 Mod 族檯面生活的那些「老闆和教師們有限的經驗範圍」(53)，但也和他們

父母的世界大相逕庭。Mod 族「彼此交換變動和矛盾，這也同時影響了上一代的文化，但他們之所以這麼做，主要是著眼於其本身相當特殊的難題」(79)。

多數的分析主要是探討符碼和符碼的反轉，這是以符號學的角度分析，也因此多半充斥語言學式的調調。然而，有趣的是—且與重要的主題密切相關，舉例而言，巴赫丁(Bakhtin)和布爾迪厄—當研究次文化反抗力量時，次文化的*非*語言特徵經常成為討論焦點：它紮根於音樂和影像，服飾和態度，污穢或潔淨的肉體。因此，消費商品和活動看來成為傳遞次文化的絕佳材料，而不顧其大量的製造，符碼化，「連續性」 (借用布希亞的用詞) 的特性，以及他們展現「某些等同於語言的表達功能，且是以(對中產階級)更為熟悉的文化」(Wills 1975：234)。譬如說，威李斯對於「(男性)摩托車文化傳遞風格」的討論指出，大部分的少數文化並未使用語言符碼，且因此對於傳統社會學、社會制度和媒體而言，便顯得誨澀難明；然而它卻是如此真實地存在，「因為中產階級對於這些表達的符碼大部分都視而不見，或錯誤的解讀，故這些符號所控制範圍內的行動者，於是大可以在少數文化的世代內，扮演極為關鍵的角色，且對主流文化進行批判」(233)。對布爾喬亞的口語文化而言，次文化活動看起來「毫無意義或恣意而為」；也是基於這個緣故，次文化是如此的解放、反抗和分裂，且看來能夠在日常生活的消費商品和活動中，尋得這些潛質。

　　這種探究人們使用物品的意義，顛覆意義，透過風格將社會矛盾內的古板守舊者加以改變的分析，端賴於誠實以對，首先，論者必須承認事物具備多種不同，變動和矛盾的意義(物品的「多重解釋」)，且其次，承認物品可說是人們爭奪意義的碉堡，透過這些物品意義，人們競逐、顛覆、創新，讓適當的物品與他們本身發展的社會實踐一致。文化研究已經在各種分析的層次挖掘這些主題。第一，它曾經利用數項理論性架構，檢視社會權力如何透過對於意義的競爭而得以施展。這當中最具影響力的正是「道德恐慌」(moral panics)的模型(Cohen 1972)，以及霍爾（Stuart Hall）將此模型納入葛蘭西式的觀點(Hall et al. 1978)。葛蘭西的理論被用來對抗操弄者以及決定論的預設，亦即相信意義能夠藉由劃一和強硬的系統加諸於人群之上。有論者指出權力具有暫時的性質，原因在於在紛雜的社會配置且通常充斥矛盾的社會構造內，也有協調出「共識」的需求。對此協商至為關鍵的是日常生活內所涉及的各種意義，包括生活經驗的常識，以及能夠指揮紛雜社會團體擁戴的共通符號。這一切都預設著(以此為研究基礎的理論家，最早的是佛羅西諾夫(Volosinov)，較晚的則是後結構主義學者)各種能夠藉以區分「我群」和「他群」的符號(穿著、旗幟、膚色、國家)，實際上也是競逐意義的戰場。

　　第二條發展的路線則是後結構主義。一九七〇年代，文化研究主要是以阿圖塞式的結構主義和電影理論馬

首是瞻，此二者對於意識形態權力和文本結構都抱持著
極端決定論的觀點。這些理論進一步指出消費文化透過
將人們擺放至其結構內，進行操弄，讓人們深信文化文
本的構成是純然主觀的產物(譬如 Williamson 1978)。跳出
這個死胡同的路徑，是去挖掘文化文本內的矛盾本質，
在這當中意識形態總是處於戰火之中，以容納或阻絕文
本所宣洩之極端和離經叛道的意義。〈桃樂絲歲月〉這部
影片當然可以安全地以桃樂絲平淡的嫁給洛克或凱力收
尾，但是，為了要引人注目，她被定位成一個直率或「
活潑」，獨立，倔強，和甚至極可能是縱慾的角色。這樣
的刻劃─這也是娛樂影片的必備要素─引入了對立矛盾
和「文本中的災難」，並開啟了閱聽者認同於此強烈女性
特質的可能性，而不僅只是單調乏味的以敘述告終。極
端和離經叛道之意義的可能性，替女性主義理論者開啟
了一扇窗，讓他們能夠去徵引或重新詮釋此影片(Clarke
and Simmonds 1980)；它也隱喻性地提出了一個社會學的
問題，也就是在實際的文化消費中，是誰擁有較高的權
力或拍板定讞的資格─是認同於桃樂絲倔強作風的女性
，或者是依照文本內的結構，把桃樂絲給嫁出去？同樣
的問題也可以拿來質疑垃圾袋或安全別針所象徵的意義
。究竟它們所代表的，仍舊是控制下之功能物品的符號
系統，又或者，體現的是龐克一族將其視為流行時尚的
元素，加以配戴後，顛覆既有系統後所產生的意義？

在威李斯的研究中一尤其是在《通俗文化》(*Common Culture* 1990)中一事物本質的多重意義，以及社會為了爭奪其意義所展開的競逐，都以消費文化的觀點被相當清晰地串連在一起。對威李斯而言，消費必定是充滿創意和開放結果的行為，因為它必然會涉及使用者間的意義協商，而不只是單純去消費意義早就被製造者事先決定的商品。即便是使用最為大眾市場取向的商品，消費者都將參與一場「符號的操作」。人們「必須自行決定何者是足以負擔的商品，作出自己的美學判斷，且有時拒絕規範性定義，以及由(舉例而言)服飾產業所鼓吹的『時尚』分類」(85)。相反地，消費商品應該是日常生活中，揮灑創意的「原料」(raw material)(19)，且如今當代的消費文化正提供前所未有「的可用符號資源範圍，去發展和解放日常文化。此項解放當然有其侷限和矛盾…(但)一塊完整的非正式大陸隱然成形，日常文化已經被察覺、開啟和發展」(18)。在《通俗文化》一書中，並散見於威李斯的所有研究，我們都可以觀察到他以俗民方法學來對抗這種局勢。物品的意義並不能夠脫離物件本身，也不能透過普遍化的意義系統來理解；而必須觀察實際產生物品意義的所在，亦即人們無法預知的符號勞動實踐。

然而，多重意義與競逐符號這兩個概念，在理論化消費文化時，仍挾帶著它們本身既有的問題。這兩個概念看來都認為消費的優先性高過生產，或者乾脆將這兩

者全然的分離(McGuigan 1992)，並將消費視爲一個如同毫無制肘的自由詮釋領域。存在著一種強烈的趨勢，且無疑地是後現代主義者所探究主題造成的惡化，他們首先認爲，由於消費物品具有多重意義，因此消費者幾乎坐擁全然的自由，能夠依照本身的意志加以詮釋和使用，其次，由於符號是一「競逐的場所」，故它永遠是*政治*爭奪的場所，所以消費者的詮釋與使用行爲，自然而然地便擁有政治顯著性或後果。這些論調的前者牽涉到某種反社會學的「決定論」，後者則牽扯到錯置的激進期待，或甚至(考慮到其葛蘭西的背景)是「意志的樂觀主義」。費斯克（John Fiske）的研究則同時與這兩種論點有關。譬如，在《閱讀流行》(*Reading Popular* ，1989)中，費斯克援引各種迪塞杜（de Certeau，1984）對流行文化經驗的談法，更加謹慎地解釋消費主義的顛覆和反抗策略，例如，消費者宛如「謀略家」，利用他或她對於官方規則的知識，去加以嘲弄並倒轉。費斯克(極爲樂觀的)詮釋汽車保險桿上的貼紙—「購物中心是女性的天堂」—可以說是對於女性在家庭從事家務勞動之從屬地位的顛覆。購物中心是「女性可以進入公眾、賦權和自由的場所，也可以在此佔有一席之地，而不僅只是繞著那些家庭的核心事務打轉」(18-20)。消費本身具備顛覆的觀點，例如狂歡式的性質，女性消費技巧和知識的價值，以及當女性花費她們老公的金錢時，就如同是對先生的反抗行動和展現權力。

　　相同的，費斯克在對於瑪丹娜的影迷進行分析後，他指出「如果她的影迷不是『文化呆瓜』，但卻主動的選擇觀賞、聆聽和模仿瑪丹娜而不是任何其他人，那麼在她的形象內，必定存在著某種裂縫或空間，它們逃離了意識形態的控制，並讓她的觀眾能夠去創造意義，來與他們的社會經驗連結」(97)。但是，上段引文中的「必定」二字顯得不符合邏輯推論：除非某人採取了新自由 (neo-liberal)的立場，否則影迷們的選擇，並不必然意味著費斯克所指涉的那種自由或自主。這兩個例子所存在的問題在於，人們並非「文化呆瓜」這個難以否決的事實，被用來當作觀察他們主動「符號勞動」的根據，就好像符號詮釋的過程並未受到社會關係的限制，且必然能夠產生顛覆的效果。消費看來總是發生在「裂縫或空間」—某個全然自我決定的領域—而不是出現在塵世間的實踐；且那些裂縫或空間看來總成為造反的空間。其結果就是一種「救贖讀物」的持續產生，在這當中文本和物品永遠被當作某種空間，提供歡愉和幻想，透過此空間人們能夠「有意義」，而消費者的救贖讀物將總是中立化文本中一切的「惡」(譬如桃樂絲的歲月中，無可避免的以平淡收場)。

　　第一種論點—認為文本是如此徹底地多重意義，因此他們的意義模糊含混，於是消費者得以毫無限制的自由作出他們本身的詮釋—遭到來自兩個陣營的質疑：認定事物的意義仍舊由社會所建構，且閱聽和消費的實際

行動也是社會所建構。先探究第一個陣營的立場，以莫理(Morley，1992)為例，在某些程度上，他回歸到霍爾(1980)較古老的譯碼/解碼模型，以及「偏好解釋」—文本歷經生產、分配和消費的過程，其中每一個過程都遭受到高度分歧和衝突社會特徵的影響，且必須進一步予以檢視。在單一階段內都可以對於文本從事相異的解碼，但這都必須考量到譯碼者進行詮釋時，與其相關的真實、物質和結構化符號。生產者結構其文本和物品的方式，顯然是為了製造出意義的特定社會效果。那些意義(「偏好解釋」)是否實際地被完成，仍是一個必須觀察的實證問題，但「雖然訊息並非是一種物品搭配單一真實意義，但當中仍存有指示的機制去促銷特定意義，甚至特別優厚某個意義，打壓其他意義：這些都是訊息內的指示性目標」(Morley 1992：21；也可參考 Morley 1980b)。這正是大部分消費物品在社會循環中承受的風險。譬如，讓我們回到西伯狄吉對於 Mod 族文化的討論，速克達(或西裝)的意義在那個時刻意味著一種青少年文化，以物質和文化的型態將現成的消費商品挪為己用，並把該種物品用來滿足 Mod 族本身的文化目標和問題；然而這個特殊的過程卻構成了全新的市場和嶄新的意義模組，於是成為製造商能夠獲利的商品，並銷售到更廣泛的市場。在此過程內，速克達的意義因為商業考量的緣故，再一次的被挪用與轉變，經由重新設計、行銷和廣告後，進行賭注。我們可以在廣泛的消費或次文化領域中

觀察到這個模式，譬如冷門音樂和「主流」音樂，或街頭風與時尚和名牌設計師之間的關係。

相同的，米勒(Miller 1987：第九章，也可參考 Miller 1994)對於消費行為中客觀主義的觀察，犀利地質疑是否所有的消費物品都平等地具備多重意義。在第一個例子內，建築物和城鎮計畫的建築環境，主要是透過相對較不考慮最終使用者的論述和制度而被建造，而一旦建造了，大多數的公共結構均極具壓迫性，且多半無法依據人們的日常實作而有任何彈性。在第二個例子內，兒童的零嘴，可說是一種短暫和較低金額的消費投資，被年輕的消費者用來扭轉成年人賦予可接受食物符碼的定義(零嘴可能是被製造成吸血鬼和死屍的形狀和顏色)。此外，生產者和消費者看來結成共謀，聯手抵制家長，去生產前所未見的噁心物品和意義。米勒在此想要指出的是，並不存在不受限制的意義，更別提不受限制的顛覆，不過物品和社會過程，在生產者和消費者之間釋出了不同程度的空間，讓他們去操作和協商。

於是，消費物品的結構，就對多重解釋和詮釋自由加諸了社會限制；且任何解讀或使用行動產生時，內部的社會關係也有相同的作用。這已經成為媒體消費之俗民方法討論中的特定焦點(Morley 1980a，1980b，1986，1992；Redway 1987；Silverstone 1990；Silverstone and Hirsch 1992)，此派研究早已不再倚靠檢視單一文本的「解讀」，來考量詮釋行動是如何由社會所建構。舉個例子，莫

里 (1986)的研究,將「觀賞電視」當作一種居家消費的複雜過程來觀察,並因此察覺除了其他因素外,觀賞電視主要是由家內的性別關係所結構。這涉及到相當密切的權力關係。例如,當黃金時段所收看的電視節目,順理成章的受控於男性手上的遙控器時(而男性的手指之所以牢牢的黏在遙控器上,其部分原因在於將科技符碼的多重意義縮減爲「男性宰制」(Gray 1987,1992)),想要接觸到這些多重意義文本的管道就受到限制。更有甚者,觀賞電視行爲的意義,則被發現是高度分歧,且會透過人們置放電視的地點,以及因此和其他活動產生的關係而有所轉變(譬如,背景是其他房間所傳來的噪音,或目光緊盯著螢幕)。莫里認爲,這些「看電視」的分歧意義,深深地受到性別權力關係影響而被結構。男性之所以極爲懶惰的賴在沙發上觀賞電視,是因爲對他而言,家庭是一個休閒和非勞動的場所;女性之所以不能如法炮製,則是因爲家庭對她而言是一個勞動與負責的所在。即使只是抓住家庭成員提出各種需求的空檔,「只是看看電視」就會引發罪惡感,或者是激發女性對於那些尚未完成任務的不安感。消費社會學將會不停地挖掘消費者的消費行爲以及物品對於他們所象徵的分歧意義。更貼切的說法是,理解實踐消費活動時,其權力和社會關係結構的組成方式。

除了社會學對於消費行動與消費者自由所提出的問題外,存在著第二個與競逐意義的政治本質有關的問題

。許多論者至少模糊地察覺，無論消費者掌握多少的自由，他們所能構成的權力，也絕不能與製造者和媒體集團對於事物與意義所掌控的權力相提並論。消費者對於資源並未擁有相同的支配權，也沒有權力去結構物品和訊息(或選擇什麼產品應該被生產)，更別提他們的「解讀」會具備相同的公共顯著性和後果，唯一例外的例子，是當文化研究能夠著眼於長期發展和特定的次文化時。大體說來，首先，消費者有意義的使用物品，就是消費文化根本性質的概念(認為當我們使用物品時，會賦予意義)。其次，誠如迪塞杜的分析在「主動性」顯得更加對立的地方，也就是人們操演生存策略的所在，在這當中他們「用一切可獲得的事物勉強度日」，這和生產者所擁有的比較起來則是少得可憐。

某人在消費中顯得主動一相對於一個受操控的大眾文化「呆瓜」一並不等於擁有自由(無論是以文本或社會的角度)，更別提直接與反抗劃上等號。然而，文化主動和文化反對之間的關係，可以追溯到文化研究的源頭。就像我們看到的，文化研究的展開是因為重要政治與學術的刺激，想要正當化邊緣與受宰制團體(勞工階級，青少年，種族團體等)的日常經驗與表達形式一透過廣義而言的消費形式，來建構生活的方式，他們的文化並不是被當作負面或不理性，也並非次等或被操弄的結果，而是因為創造性的賦予一致的*政治*意義，而被視為主動與反對的展現。然而，不同於驚人次文化的生活經驗和消

費形式—亦即「主流消費」—則繼續被當作服從主義、
受操控和非反對的表現，因為它們並不引人注目、表達
異議，且也並不主動。相對的，當文化研究中提及「主
流消費」時，都是作為一種消極和服從主義的象徵，因
為它並不被期待能夠激起政治或文化的反對、激進或崩
壞。如果一個次文化的成員穿上義大利式服裝，那麼他
就搖身一變，成為一個參與創造與表達*工作*的勞動階級
英雄；而當其他人這麼做的時候，卻被視為投身於不假
思索和唯唯諾諾的消費主義行列中。因此，當男性次文
化的消費活動涉及動力、活動和反對時，主流文化則看
來是服從主義與受操弄的表現，這根本上就讓文化研究
在討論操控理論時對此興趣缺缺。

　　對於消費行為政治性的重新評價，多半清楚地以性
別界線為分野(Carter 1984；McRobbie 1978，1980，1984
，1991；Thornton 1995)。次文化對於年輕女性而言，是
個不自在的場所，因為女性在廣泛社會中，並不若男性
般自由，在次文化內部也並未擁有意義控制的自我決定
權。如果年輕女性在物質文化中，以其創造性的表達方
式違背既定的規範，那麼無論對於成員或非成員而言，
她都將成為「殘渣」。默克羅比(McRobbie)因此主張我們
應該觀察在下列處境中，女孩的消費形式與文化如何進
行：例如她們的寢室文化，在這當中—排除公眾與引人
注目的街頭文化—消費和文化集中於流行音樂和海報、
化妝品和流行，以及對於明星的著迷，這些都是女孩和

其他女性朋友分享的秘密時光。當我們只關照特殊(男性)消費時，女孩的消費就將被忽略；它也被正常化，且被當作毫無意義，只因爲其表面呈現的是服從主義、消極和非政治。默克羅比的重點是讓女性的經驗具體化，並正當化爲觀察的對象。她也關切於挖掘出寢室文化內部的活動形式與行動者(特別是女孩能夠賦予意義的「歡樂」和「夢想」的空間)。然而，就像所有文化研究的研究者那樣，她跨越了認知的細微界線 (這是費斯克所放棄的)，認爲這種服從主義的消費其實帶有主動性，並預設其所蘊藏的反對性。在這兩個論點之間，仍存在著整個傳統的有力起源，那就是認爲消費行爲是創造社會意義之社會過程的一部份(參考 McGuigan 1992：第三章)。

小結

　　這些議題讓我們重新回到本章的開頭。我們如何將消費的文化本質連結至長久以來「社會性」的分析概念？我們如何觀察事物、需求和用途的社會意義，而不將它們簡化為無所不能的社會結構(符號學符碼、社會類屬的框架是由社會秩序本身所產生，亦即商業資本主義結構)，或是將它們視為毫無限制、模糊含混、開放，猶如自我決定活動的空間，如此毫無拘束的自由，讓它逐漸看來像是至高無上自由消費者暢徉的空間？當我們在下一章中，從文化理論移往後福特主義與後現代主義的概念時，這些議題便顯得愈為急迫，對後兩種論點而言，這些都成為透過消費文化的方式，將「社會」轉變為「符號」的社會學崩解的原因。

第七章

新時代？

簡介

　　消費文化總是具備「嶄新」的特質，但過去二十年來所瀰漫的氣氛，卻產生截然不同且有後續影響的新穎類型，現代性內部本身出現了結構性轉變，並在其經濟、社會和文化實踐的模式上出現裂縫。探討對新紀元轉變的感受，已經成為大多數社會理論的焦點，其主要的討論項目是：後現代主義和後現代性，「新時代」，由福特主義轉向後福特主義，由組織化資本主義轉變為去組織資本主義，由商品和交換價值，轉變為商品符號和符號價值。

　　一方面，有論者指出這些轉變對於消費文化造成重大的影響。最重要的是，他們認為在現代環境下，福特

主義大量生產標準化商品,以滿足同質化消費者的大量消費,已經讓位給後現代,後福特主義的商品專業生產,更特殊的量身訂作,且明確鎖定一群注重生活品味的消費者,而非像是階級、性別或年齡等廣泛的人口學變項。消費已出現不同的變化。

　　另一方面,對於全新性的感受則較此更為激進。這派觀點的人認為,消費文化不僅遭受這些轉變而有所變化,在許多方面更是同時作為促成這些轉變的工具,而且在這個承繼現代社會的嶄新世界內,消費無庸置疑地扮演更為核心的角色。舉例來說,在後福特主義系統內,他們認為,工程師和生產管理者,製造業或重工業均必須讓出資本主義的駕駛座,而由行銷主管和設計顧問,零售商和「新主意」(idea)的生產者來執掌大局。就是因為後現代的萌生才能使得消費文化成為核心,它不僅作為社會病理學的診斷(無論是文化面,抑或經濟面),也能夠作為最高系統層級的社會解釋。

　　我們在本章將探討這種全新性的感受從何而來,且它將率領我們走向哪裡,它促使何種社會現象格外醒目,而它將衍生何種議題。這幅圖像使人極為迷惑,這同時是因為它正是我們所居處的現代,也因為它事實上就是如此混亂迷惑。最大的困惑圍繞著「後現代」而興起。一方面,後現代是一種認為在我們現今所生活的世界內,其經濟、社會、政治和文化關係,都和現代時期存在著品質(qualitatively)差異的論調。也因此衍生出各種關

於當代社會生活的社會學論點，當然我們也可以認爲本書的討論亦是這批社會學陳述之一。簡而言之，我們可以投入後現代*的*社會學(仔細觀察是否發生了決定性的轉變，且，如果真是如此，現在的社會看來究竟如何)。這包括後現代主義的社會學，是一種對於文化本質轉變的研究—包括日常經驗、美學實踐和社會理論本身—這顯然是這些新時代的一部份。本章的前兩個部分便會鎖定這些工作。我們首先檢視後福特主義和相關論述，是如何概念化與消費文化親近且歷經之後的再結構社會。這個問題本身使得我們必須回溯到較早之前，去考量人們是如何看待其所歷經之社會再製的消費角色。接著我們探討被用來作爲個案的後現代消費文化的廣泛新發展。

然而，跳脫後現代性的社會學(sociology of postmodernity)，仍存在著後現代社會學(postmodern of sociology)。這引致一種論點，認爲普遍社會和特殊消費文化所帶來的後果，不再能夠透過陳舊的現代觀點來理解。誠如布希亞的說明，現代主義最重視的事物—社會、自我、需求和功利—都在後現代世界銷聲匿跡。布希亞自己的解釋—諷刺地—極爲社會學，因爲它用來解釋這些銷聲匿跡的一般作法，是藉由宣稱社會轉變可以被理性的觀察(且可以證明無法尋獲)。於此同時，他所引發的主題也來自於後結構主義和某種激進的符號學。這些論點以哲學式而非社會學的口吻，指出老舊的現代觀

點從來都只是虛構的：重點不在於現代觀點的銷聲匿跡
，而是著重於我們不再信仰這些迷思。我們將以針對此
取徑的討論，暗示有關消費文化批判的結論。

消費和資本主義再製

多年來，消費文化通常被描述為呼應大量生產之大
眾消費的到來；福特主義系統則是更普遍的說法。論者
們如今指出，大約三十年的時間，我們已經目睹了此系
統持續地加速崩解，以及無論在消費和生產上，它都已
經被破碎和分歧化所替代。我們將在後續部分進一步釐
清這幅圖像。然而，在福特主義和後福特主義兩個概念
的背後存在著一種關切，我們首先將需要檢視更為廣泛
的脈絡，以理解生產和消費如何能被扣連，或「鉸接」
，好讓資本主義經濟和社會能夠持續不斷地被複製。福
特主義和後福特主義是剖析這兩種社會再製模式的途徑
。

現代性曾經鼓勵我們將消費視為私密和個人的事情
，然而現代性卻也反常地讓消費成為社會經濟管理的核
心工具。後者是極為長期的發展，然而，這同時需要經
濟學家與政治家來體認，消費是經濟與社會再製的整合

要角，縱使個人的消費在道德上與政治上，可以被視為私人行為，但聚集性個人消費—有效率的需求—則是一股主要的社會力，這可以被視為在技術上是透過其功能來維繫系統的穩定或加以擴張。它因此成為政府和企業管理，以及社會與經濟理論的合法對象。

思想與實踐經濟模式的形成是這項轉變的關鍵，這將個人消費牢牢地綁縛在國家的健全與發展上。在前現代的歐洲，飢荒和短缺(直到十八世紀中這種情況仍在英國持續發生，而愛爾蘭則直到十九世紀仍舊如此)可以被視為糧食儲備的週期性政治危機，其後果則是暴動與傷害—亦即政治秩序而非社會再製的難題(Appleby 1993)。同樣地，誠如我們所見，下層民眾的過度消費，被貼上奢華的標籤，且被當作一種比經濟穩定更加嚴重的「重大秩序」(違反自然層級的原罪)問題(Sekora 1977)。

就像人們經常留意的(OED；Williams 1976)，直到十八世紀，消費這個字眼，如同燒耗的火把，或肺癆(consumption)這種破壞力強大的疾病，其所代表的意義是浪費、耗盡(Porter 1993a，1993b)。同樣的，在政治性和準經濟的說法中，消費是一種損失，是從社會秩序分離出的價值，而非作為此秩序再製的一部份，更遑論作為社會秩序擴張的一部份(縱使—在政治用法內—奢侈的菁英消費可以代表權力)。重商主義的想法恰好證實這一點。國家的富裕程度仰賴君王保險箱裡頭所儲蓄的金條多寡來認定：國家的健全靠的一國之君家族的健康來

證明。消費將傾向藉由輸入進口商品來淘空這些財富—「異國華麗而庸俗的服飾將搶奪這個王朝的金條銀塊」(Thirsk 1978:v)。更貼切的是，由於財富象徵在戰爭與冒險時，政治、軍事和經濟的能力，故與君主政體的權力與國際王朝的競爭密切連結：過度的消費不只是一種浪費，更是一種叛國舉動。除此外，在經濟成長低落的脈絡下，消費更像是零合遊戲中的必死策略：你我當代對於消費的正面評價，有賴於開放結局之經濟擴張的預設。

自十七世紀晚期以來，人們才開始逐步地將消費重新定義為需求(demand)。當消費等同於浪費時，是一個經濟的逃脫點。需求則是在經濟*內部*的某物，當它經由政府流動時，便猶如在物質資源環道上的一個節點。需求不像消耗會折損道德和政治良善，它同時是一種契機，也是擴充再製系統社會目標時的必要物。奎內(Quesnay)的《經濟表》一書則最為生動的證明了這項轉變。透過將經濟以複雜的輸入與輸出圖表來表示，奎內將經濟描繪為介於諸多努力之間的系統性關係組，每個都是由特殊的「經濟」觀點出發；消費則是其運作的一個整合部分。

將消費重新評定為社會複製的一部份，並非只限於經濟學。消費在政治上也得到重新評價，舉例來說，傅柯也同時以生命政治(bio-politics)和自由治理(liberal governmentality)的觀點將消費加以理論化。此即是針對

群眾將所謂國家財富與權力的*資源*進行逐步的再概念化
。人民之所以被「監督」，原因不只是維繫社會秩序，同
時也是爲了將他們馴化爲勞動力，軍事能量和自我統理
的政治主體。他們的需求被塞入國家政策的需求框架，
他們的消費則是用以符合社會秩序的複製。然而，消費
在道德的層面也被重新評價。十八世紀早期，孟德爾
(Mandeville)的《蜜蜂的寓言》(*Fable of the Bees*)一書所引
起的軒然大波，可以作爲此轉變的例子，因爲書中罪大
惡極地宣告公共利益的產生，是源自於「私人惡行」，而
非美德。孟德爾以詩歌的行文主張道，即便是最墮落與
頹廢的品味和慾望，都將刺激經濟實體必須去滿足他們
，從而增加財富與公民活力。這是從財富增加的角度，
而非道德判斷的觀點嚴厲地看待消費—或許顯得極爲諷
刺，且就它在當代的脈絡中也顯得有些犬儒，並且是藉
由它在擴張再製過程內的技術功能，而非它在道德上的
美行或墮落：他的立足點是所謂的「經濟無關道德主義
」。當亞當斯密從孟德爾那兒擷取不少靈感，並於一七七
六年，以較不譏諷和誇耀的口吻指出「消費是生產的唯
一目標和目的」時，他便將道德與技術層面的關切結合
在一起。他顯然捍衛在有效率生產，及在自由經濟撤銷
管制情境下，消費者享受廉價商品的權力，但他也同時
主張經濟成長的潛力(和勞力分工)取決於市場的規模和
範圍。一個高薪經濟允許那些創造此財富者分享這份美
好，然而他也衍生出經濟所需的各個需求層級，擴展到

前所未有的高階活動層次(Smith 1986(1776)：180-5)。

　　和孟德爾一樣，斯密察覺在需求的形式下，消費是擴張再製不可或缺的一環。然而，他卻並未指出需求的匱乏是再製危機的潛在慢性源頭。進一步說來，這種認識之所以在古典政治經濟學說中付之闕如，通常可歸因其決定性的預測著「薩伊律則」（Say's Law），亦即「供給創造其本身的需求」。即便在細節處曖昧模糊，此一假定卻宣稱所有商品產出的價值總和，均以薪資和利潤的形式支付給那些參與生產者。因此，人們應該永遠且自動地，在經濟上會有充裕的手段去購買產出的商品：每一個被列出的標價─在經濟的某處─都會搭配上被支付的薪資。薩伊律則關切的是生產與消費間的總體經濟和長期均衡；新古典經濟學則注重短期和個體不均衡，而透過價格機制將自動地調整本身，造成供給與需求之間的均衡。

　　認爲消費在經濟與社會再製的危機內，扮演著重要角色的觀點，也在李嘉圖進一步地捍衛薩伊律則，並抵禦來自馬爾薩斯的攻擊時，被賦予重要的位置。馬爾薩斯認爲當收入被儲蓄而非花用時，需求和供給之間便不相等。此外，儲蓄錢財將有利於產出的增加。他之所以這麼主張，是因爲(和大多數的政治經濟學家口徑一致)他假設被儲蓄的錢財將自動地被投資在生產性資源(資本)，且因此導致更高的生產量。低度消費的危機也因而成爲可能，進而造成在結構性永遠無法滿足的需求基礎

上，產品輸出卻持續地擴張。馬爾薩斯針對此兩難所提出的高度保守解答，是褒揚擁有土地這種非生產性的消費，以及依賴不勞而獲收入生活的坐食階級(rentier classes，譯按：以出租土地等方式坐收租金者)，換言之，也就是將會累積對於商品的需求，卻不會產生任何進一步供給的收入型態。

此論調是馬克思學說的核心，我們馬上也會討論到這一點，不過它是透過凱因斯才成爲政治上的重要因素，並和經濟大蕭條有關。在凱因斯之前，各界普遍認爲衰弱的集體需求是經濟不景氣的主要元凶。按照薩伊律則，它假設無論如何平衡將自動回復，只要當價格一尤其是勞動(薪資)和幣值(利率)一跌至一個水準，導致投資再度顯得極富魅力，也會因此創造出新工作，並造就商品的需求上升(因爲更多薪資被支付)。那麼我們該如何解釋蕭條持續多年的景況？大蕭條期間這些律則的明顯失靈，以及開始運行的諸多機制，都爲凱因斯的論點提供背景，也就是在縱使並未完全就業的層次上，仍能達成均衡。在此最關鍵的變項正是消費的習性一個人家庭預算的儲蓄與花費之間的平衡。隨著收入的增加(人們擁有更多能夠支配的收入，且能夠將部分儲蓄以備未來所需)，消費的習性將傾向降低，因此壓低利率(因爲有更大量流通的貨幣因此他的金額便會壓低)，但也減少了需求，因此讓那些本來因爲增加生產性投資，並可能創造較多工作機會，並因而增加消費的作法都顯得毫無吸引

力可言。最終，儲蓄和投資將達到一個低於最佳輸出層次的均衡點─且*停在那兒*。當民眾的消費習性難以改變時(尤其當它被認為，如同凱因斯的想法，是受到心理學的規則所決定時)，透過總體經濟政策也可以達到相同的效果。因此公共工程的政府支出與增加流通貨幣兩者的功用，都是試圖在維持低投資成本(利率)下，增加總體需求的作法，因此尋求將儲蓄與投資之間的均衡保持於某層次，俾使達到完全就業與產出最大化。基本上，政府一肩挑起馬爾薩斯所謂「非生產性消費者」的角色。

重要的是消費成為經濟理論和政府政策的核心與正當焦點，只是作為一個數量，一個加總，並擠身為即時方程式的組合，經濟就是透過這些方程式被塑造。此外，所有努力的目標都可量化和千篇一律：較高的生產量和就業率。實際上，即使*聚集消費*─總和數量─已經成為政府干預的對象，凱因斯卻千方百計的避免讓此干預政治化，他的作法是描述消費內容或具體性質。因此，即使凱因斯被視為和英國福利國家極為貼近(這跟羅斯福和希特勒都利用基礎建設的政府投資作為需求管理的工具，極為相似)，但他卻並未要求「公共工程」是「優良的工程」，或聚集實際需求是以任何特殊的消費類型出現。改善軍事裝備的效用和國家醫療服務相同，都是為了克服消費衰退取向所引發的多重效應，且想當然爾，直接擴張貨幣的流通，也有助於公共部門積累更高的薪資，並成為一九七〇年代慣用的手段。

　　在凱因斯發現管理難題之處(提供出路)，馬克思則引領我們進入結構本質的矛盾迷宮中。然而，誠如凱因斯的說法，至少在某些馬克思主義的傳統內，這些矛盾規律性地浮現，如低度消費的危機(希法廷(Hilferding)、盧森堡 (Luxembourg)、巴蘭(Baran)和史威茲(Sweezy)等人的談法都是如此)。實際上，馬克思主義內部，對過度生產和低度消費的危機理論，長久以來便進行著豐富的論辯，然而所有的陣營通常最終都必須屈服於馬克思主義的基本觀點，對於任何其他的現代經濟學理論亦復如此，亦即，生產和消費根本上相互關連，更具體的說來，從生產所賺取的收入以及消費者的購買能力，其實是一體兩面。

　　誠如我們已經在第四章討論過的，在馬克思主義架構下的勞工和消費者，資本主義和消費文化，支薪勞工和商品的消費，都在同一個時間點被創生：和生產工具的分離，同時使得勞動可以當作商品被販售，且得以購買商品再製勞動力(透過購買市場上的消費商品來迎合勞工的需求)。我們在第四章以異化一詞來檢視這個現象：需求、活動(勞動)和物品如何在這些情境下成形？

　　然而，馬克思也以同樣的基礎，來解釋資本主義的複製和危機。擁有者評價商品(包括勞動力－權力)的方式，並不是依據他們的特殊品質(使用價值)，而是估量他們的抽象經濟價值(交換價值)。然而，為求理解其經濟價值，並能夠將這些商品販售出去，他們就必須要確

保該產品是對某人具備使用價值，且這個人是有足夠錢
財能夠購買此商品的人。必須要有充裕的實際需求(足夠
的某人需求)，才能讓個別的企業能夠維持營運。此外，
資本累積的急迫性驅使著資本家大幅擴張生產的技術工
具，也因此導致他們必須賣出的商品無窮無盡的被產出
。這個動力來自於結構。個人的貪婪並非始作俑者，資
本主義競爭的情境才是罪魁禍首—無法大幅地提昇生產
能力和效率，意味著相互競爭的企業將透過削價競爭來
博得市場的青睞。由於社會不必要地堆積著毫無使用價
值的新產品，而使資本主義面臨破產。

　　勞動力與生產工具的分離以及勞動力與其產品兩者
的後續商品化，均帶來交換價值體現的需求，以及隨之
而來對於有效率需求前所未有的高度需索。但資本主義
在滿足此需求時，也同時出現從未展露的敗象。首先，
勞資關係是資本主義生產和擴張再製的基礎，亦是剩餘
價值的來源。資本家最終的目標就是極大化產出的價值
與支付成本之間的差價(最終的「利潤」)。然而，所謂
的「支付成本」亦是勞工的薪資，因此更是構成市場實
際需求的主力。故，資本主義—就其基本運作原則的結
果觀之—同時生產出較多的商品和較少的實際需求能夠
用來支付商品。(以更長遠的角度而言，經由資本增加的
基礎構造所導致之利潤下滑的趨勢，也能夠以相同的模
式呈現。)任何一個馬克思的初學者都能指出，這樣的困
境追根究底就是生產力與生產關係之間的矛盾。馬克思

本人,一如往常地,更爲生動地解釋這個狀況:

> 每位資本家都會要求其勞工應該要儲蓄,但只有
> 針對單一員工時如此,因為他們把他當作勞工看
> 待;但對於世界上的其他勞工卻絕非如此,因為
> 他們是被當作消費者來對待。撇開資本家所有「
> 虛情假意」的言論不談,他們不過是千方百計的
> 煽動勞工去消費,滿嘴都是新商品有何等魅力,
> 並喋喋不休地鼓勵勞工追尋新的需求,等等(1973
> :283)。

於是,放眼所有的經濟,並觀察資本主義的根本社
會邏輯,你會發現每一個資本家都試圖壓低薪資與他們
旗下勞工的消費,並嘉惠所有其他的勞工掏光口袋,甚
至超出自己能力範圍,盡情地享受消費。

其次,結構矛盾是由市場本身所造就。不同於自由
主義者口中的市場是以價格的調整解決所有的難題(且
對凱因斯而言,市場將會輔以策略協助加以完成),對馬
克思來說,市場永遠都是神秘化的機制。具體說來,由
於市場是生產和消費間的中介,再製的基礎於是陷入無
政府、毫無理性和區域性的危機傾向。個別的資本家於
是會在察覺社會需求或甚至接獲實際需求之前,便極大
化其產出。資本家根本無法在事前得知他們擴張投資的
勞動力是否符合社會需求;而答案只會在實際市場行爲

實踐後揭曉：是否有夠多的人們真的掏錢購買？在逐漸複雜化的經濟內，視線於是比過去更爲模糊不清。馬克思對於資本主義貿易危機最爲完整的描述中指出，第一部門的產品(資本商品的產品，或生產本身產品所需的工具)，在第二部門(消費商品)指出需求已經乾涸的訊號反饋前，仍繼續生產了好一段時間。這個時候，堆得如小山一般高的產品和生產力便會因爲宣告破產而被搜刮一空。

　　重要的是，此邏輯促使馬克思主義者認爲戰後「富裕社會」的發展方向，和凱因斯或加爾布雷斯的說法極爲類似。最爲著名的是巴蘭和史威茲(1977(1966))(但也可參考 Sweezy(1942)；Mandel(1976)；Mattick(1971))以「盈餘吸收」一詞來解釋消費文化：也就是說，被產出的價值超過能夠吸收它的實際需求。資本主義因此格外需要在舊思維內那種「非生產性消費」的高度浪費。軍事防禦、冷戰的武裝競賽，以及主宰地理政治的爭奪戰等作法，都是消耗天文數字錢財的好方法，在這些過程中，所創造的是各種工作而非商品。同樣稱職—且實際在邏輯上等同於戰爭—的是「販售的努力」：巴蘭和史威茲認爲設計和風格的轉變、廣告、包裝和其他五花八門的做法，都會爲產品添加高昂的非生產性成本(例，貨物的商品形式會導致成本的提昇，如同本書第五章的討論，這和物品的使用價值大異其趣)且因此誇大了實際需求，同時更透過行動控制需求的文化內容，以達到壓制市場競

爭度的目標。

故在馬克思所描繪的資本主義再製與危機圖像中，消費都扮演著舉足輕重的角色。然而，就像大多數其他的經濟學家的想法般，一般來說，唯有被當作一種實際需求，和購買力的總和數量時，消費才能夠在此圖像中插上一腳。大部分的情況下，當馬克思技術性地觀察系統性再製，而非實際上鎖定商品文化(異化)時，他也同樣將需求(人們想要的真實使用價值)當作如同某種外來物(舉例而言，他們是「落於經濟過程之外的自然動機」(1973：245)；但可和范恩(Fine)和李奧帕特(Leopold，1993：258-9)做比較)。在某種範圍內，這是因為馬克思同意自由主義功利主義者各派的談法，亦即資本主義經濟實際上具有正式和去鑲嵌的特質。他的重點在於指出這個錯誤(衍生出異化和剝削)，而非指出這是不真實的，且同時認為這樣的情況並非自然產生的後果，而是一個被歷史內各種作用力促生的情況(且可以被改變)，而他有責任加以挖掘和解釋。

於此同時，除了幾個重點之外，馬克思鮮少交代實際消費與正式資本主義經濟的關係，多半是透過薪資的決定性來帶過。在各個例子中，消費的品質屬性直接被連結至薪資的等級，薪資多寡象徵著再製勞動力的成本。首先，也是最為赤裸地，減薪降低勞資關係的品質，而階級剝削也迫使他們的品質降低。如同我們在第四章中討論的，資本主義將勞工貶抑至基本或甚至「原始動

物」的需求。

　　馬克思對於消費的第二種說法鞏固了以下的情況：正因為市場經濟的正式性，勞動力的價格並非透過人類的需求被決定，而是取決於市場內勞動力的供需關係。當需求高(經濟成長時期)或供給少(例如十九世紀的美國)薪資就會飆漲。然而，當需求少或勞力過度供給時(勞工過剩，轉而成為無工作的「產業後備軍」)，薪資則會被削減到相當微薄的金額，甚至可以微少到勞動力供給完全乾涸的極端點：也就是說，薪資跌降的程度，已經到達勞工無法進行本身的肉體再製，以作為勞動力的程度(以及無法養活後代子嗣)—勞工陷入饑餓、長期不健康和精疲力竭的處境。

　　然而，第三，「再製勞力的成本」作為界定最少工資和消費水準的方式，會隨著歷史而有變動，且隨著歷史對於生活水準的爭奪中成形。此代價無法利用某些自然或既存的存活底線，作為品質界定或量化基礎：即使在資本主義下，勞工也從未只是一堆軀體，而是各種社區之成員的人們所組成。無論在任何歷史時點，何謂構成公民生活底線的存活標準，都存在著不同的道德與政治規範；對於生活風格的品質，一般也存在著傳統與習以為常—文化的—的期待與渴望，甚至不亞於勞動者內部的看法。此外，即便是透過資本家的經濟觀點，勞動力也是充滿變數，勞動力的再製需要不同類型的技術、規範、體力與心智力量、智能和將這些傳遞給下一代的能

力。最基礎的勞力再製於是涉及到消費形式這個文化變項(例如教育、教養和勞動、居家、管理、宗教等等性別分工)，這同時成為再製的標準和達成的手段。因此，文化、教育、意識形態、家庭生活的議題，全都成為考量資本主義勞力成本的要素。他們是社會再製所需之最低消費水準(故也等同於最低工資)的一部份。且即使此一最低消費規範成為工資水準協商的考量點，市場對其造成的影響力，也絕比不上更為普遍的階級鬥爭因素。資本家嘗試著將工資壓低到最低廉的程度，只需要能夠適時地再製他們不可短缺的勞力即可。勞工本身則利用工會、罷工、政黨、社區抵抗和宗教運動，定義和爭取他們相信能夠文明生活所需的資源、文化期待等等的消費*社會*基本水準。無論是公立與私人的宗教制度、慈善團體、善心人士和福利系統也都加入這場競賽，試著去約束過去不斷流動並隨著歷史變更的事物：在某個既定的時刻，工資(加上這些福利形式)所必須滿足的基本生活水準，消費水準。(參考 Rowthorn(1980)為馬克思的工資理論作出精彩的總結)。

福特主義

馬克思觀點的特殊之處，以及奠定福特主義與後福特主義理論基礎的是，當消費規範是由複雜的社會、文化、經濟和政治力所設定時，*這一切全都*能夠從勞力與系統再製的觀點加以看待。大部分人口的消費必須被調整至(無論是在數量或品質上)能夠達到系統性需求的均衡點，一方面，讓勞力成本維持在夠低的水準以擴大剩餘價值，但同時仍然能夠「再製勞力」，而另一方面，確保薪資夠高以帶來充沛的實際需求，才能貨真價實地取得勞工所產出的價值。此觀點可能會導致更加機械化的功能主義：所有的社會需求，其所扮演的角色(無論是功能或反功能)，都是以維繫資本主義內流通的角度來加以解釋。另一方面，此觀點也提供了生產與消費究竟是什麼的說法，只不過顯然是在將這兩者全然分離的系統下所展開的鋪陳。(對於此類觀點的犀利批判，請見Bagguley et. al 1990)。

勞工被再製的方法包括勞工的消費水準，部分特性(舉例而言技巧、勞動規範)、消費行為的方式(購買商品)，都可以說是資本再製的核心要素。消費規範、薪資水準、實際需求和市場規模，無時無刻都處在一個不斷複

製的循環之中。任何部分的疏漏都會引致危機。資本主義需要尋得「管制的模式」以避免任何這類破壞的產生。也因此，將消費盡可能地牢牢鎖入這個循環中便顯得刻不容緩。但由於消費關連著人們的日常生活模式，而不只是與他們的技術經濟功能有關，故此連結所牽涉的就不僅是資本主義經濟的控管，而和資本主義社會息息相關。

「福特主義」和「後福特主義」正是這類管控模式的其中兩大招牌。後者本身源自於新福特主義的概念，由馬克思理論的法國「管理主義學派」發展而來，主要是以阿格列塔(Michel Aglietta)和李沛茲(Alain Lipietz)為中心。他們絕非僅是鑽研福特主義的理論家，但絕對是福特主義內最具影響力的學者(見 Harvey 1982，1988；Lee 1992)。他們的主要論點是，雖然生產和消費被認定是資本主義再製的功能必要物，但此二者卻無法自動被確保。我們毋寧說，這是歷經階級鬥爭後的歷史成果；很可能在努力的過程中嚐到苦果(帶來危機)，或者是達成的方式遭遇瓶頸，以致必須另覓他途(因此必須轉移到後福特主義)。然而，現代資本主義發展的普遍趨勢，卻始終極為清晰。資本是「由勞力所生產的社會結構，但此一社會結構卻使得勞力臣服在他本身的再製邏輯腳下…二十世紀資本主義的演進，不但沒有減弱此社會的必然性，反而將這個現象加以普遍化，並涵蓋所有社會關係。支薪勞動力的擴張已經讓社會的同質化達到前所未有的

程度…」(Aglietta 1979：24)。此一隸屬關係不斷向外發展，並主宰整個資本主義社會，因為資本主義「改變的不只是勞動過程，也包括勞動力再製的過程，」故衍生出「支薪階級消費模式的全新特徵，且…將此一消費模式融合到生產情況內。」

　　早期的現代資本主義(就阿格列塔的研究，直至美國的十九世紀晚期)不讓勞工擁有生產工具，並將他們貶抑為支薪勞動者，但卻並未全然轉變他們的消費模式。顯然，社群被切割為獨立個體，家庭也搬遷至城市和工業區，並且人們也自然而然地被逐漸引導到現金經濟(cash economy)，必須花錢購買商品。家內消費仍舊存在，甚至延續頗長的時日，家庭生產，例如製作衣服、種植蔬菜、豢養動物、自己的娛樂之道(Braverman 1974)。商品消費的匱乏對資本主義經濟而言猶如芒刺在背，尤其是當時主要是集中於資本貨物(第一部門)而非消費品(第二部門)的生產：支薪勞工無法成為鋼鐵、煤炭和化學原料等等鎖定的市場，而這些卻是後來資本累積的主力。

　　在世紀交替之際，出現了兩個重要和相互關聯的轉變。首先，資本累積的焦點「向前」移動，從生產者轉移為消費品，這是必要的發展方向。畢竟唯有在製造汽車時，才會需要大量的鋼鐵，因為車輛的製作必須使用這樣的材料。消費品的大眾化市場馬上就得被尋獲，此外一套用再製的概念—勞動力的再製(勞工的消費)也必須仰賴於採購商品(全新的消費品)而非過去的家庭生產

。這就同時需要社會的轉變(傳統社區的瓦解，大部分均早已透過工業都市化本身的社會崩毀所完成)，以及充裕的薪資(達成的方式是借重福特主義的看法，認為高薪資/高輸出成長的經濟，必須倚賴集體對於持續攀升之生活水準預設的討價還價)。

消費品生產的大幅擴充則和第二項轉變有關，並和勞動過程本身的轉變有關。阿格列塔將此理論化的方式，是將它當作猶如由倚賴從勞工身上奪取「絕對剩餘價值」的累積制度(以延長工作時間，購買更多的勞動時數，來增加生產量)，轉變為倚賴「相對剩餘價值」的制度(增加工作效率，且因此在同樣的勞動量下更具生產力)。其方式是採用如今眾所皆知的自動化設備、密集的勞力分工，高效率的存貨與流通管理，嚴格的成本精算等等。福特主義的大量生產工廠本身就是最佳代表，帝爾伯恩工廠使用內部轉動的裝配線，亦即亞當斯密別針工廠的機械版本，在那裡生產的分析單位被切割為個人，反覆不斷的工作將帶來最終的成果：細碎的工作會由裝配線帶到勞工的眼前，因此不需(也不允許)浪費絲毫的時間在不同的工作間移動。從這個觀點看來，福特主義象徵著以強化勞工的技術分工，將生產過程中的每一個微小動作都納入系統性的規劃。福特主義和泰勒化總是如影隨形。勞工在執行任務時的每一個動作都被仔細查驗和分析，以消除體力與時間的浪費，接著再將最終的分析正式化，作為勞工必須一絲不苟加以遵循的生產準

則。勞工於是完完全全的隸屬於精密規劃的生產過程下，喪失了對於勞動的所有控制權，換言之，成為去技術化(deskilled)的個人(泰勒就曾經惡名昭彰地形容他廠內的勞工就像是訓練有素的猩猩)，更因為失去對於工作過程的控制權，他們也失去工作時的所有自由時間(別想閒聊，更別想來場牌局等等)(Baverman 1974)。然而，生產過程的理性化，對福特來說，其實還不僅只於裝配線上頭的機械化動作，還包括勞動原則的灌輸，舉例而言，透過「企業城鎮」的教育、道德監督和福特聲名狼籍的「社會學部門」，來鼓勵「百分之百的美國主義」，但也雙管齊下的透過支付高額薪資達到此項成效，因此提高了消費作為補償與誘因的可能性。此外，工作場所之外一切生活的理性化，有部分是被設計來反擊工作場所內部理性化所產生的異化。

阿格列塔以相對剩餘價值所描述的特徵，其實正是許多論者，如韋伯、齊美爾口中所描述的光景，其中盧卡奇更以理性化和物化(見第四章)二詞加以稱呼，在此我們也提出相同的問題，但更加細緻地探問其技術細節：勞工在生產時的勞動理性化，如何普遍化為消費時的勞動再製，且實際上更蔓延至日常生活和文化內？

事實上，根據阿格列塔的說法，勞動能夠在同樣的邏輯不延伸至日常生活其他部分的情況下，被加以轉變和理性化。這是直到本世紀之交時，西方資本主義「積累的延伸領域」的特質：「生活的傳統方式可能仍舊紋風

不動或可能遭到摧毀，但它並未在功利的功能主義邏輯下迅速地遭到重組」(1979：71)。這也就是說，前資本主義的社會關係(城鎮與鄉村，工作與季節和習俗，以及公共生活與家居生活間存在的緊密關係)均可能會在消費並未透過購買商品成為主宰的情況下，遭到破壞。另一方面，積累體制的加劇，所牽涉的轉變不僅是勞動過程的轉型，還包括勞動力再製的轉變。高度的大量生產需要商品的大眾消費，這就必須能夠使勞工與生產工具相分離，才能避免他們自行以廉價和有效率地方式取得消費品，唯有如此，才能使得大眾消費成為可能。然而，即使資本主義的運行需要商品的消費，阿格列塔發現消費主要仍是種私人行為，且很難成為政府或企業直接立法施壓的對象。而且，消費是由勞工在生產中的生活所結構—它「聽命於一普遍的邏輯，亦即要重新組成在社會實踐中消耗殆盡的精力」(156)。最重要的是，勞動的理性化(泰勒主義)以及將工作與家庭分離，使得勞工在工作之際無法擠出任何時間恢復元氣：所有的「修復」都集中於休閒時間。因此家庭消費的目標是在維繫人們心智與體能的狀態，以便在工作上全力以赴(這很像是法蘭克福學派強調消費是一種回復，或拉費弗爾（Lefebvre）對於異化休閒的分析)。

消費主要集中於商品，也因此取決於資本主義的生產關係。最重要的是，現代的消費(尤其是在美國)是由標準化的住宅和房車引領風騷。這兩者之所以格外引人

注目，第一個原因是「個人消費過程的組織化和穩定性至為關鍵，同時還要能夠在商品交換時，表面上將個體與自由關係融入其中」(159)。小家庭是消費的基本單位，建構一棟房舍，並以代步汽車將它連結到工作，以達到此目的。此外，房子和汽車「兩者共創的加乘效果，成就了商品的龐大擴張，並以使用價值的系統性分殊化作為後盾⋯而其演進則是仰賴於節省時間的各種器具，取代家庭內的直接勞動。」換言之，這類商品全都是商品消費體系不可或缺的好幫手。第二，這兩者都證明了消費是遭到福特式生產邏輯的主宰，因為他們都涉及標準化商品的消費，更是區從於自動化大量生產，隨波逐流的「功能性美學」。也就是說，福特主義的大量生產不只需要大規模的社會消費，同時也要求品質形式。福特主義的消費主要是環繞著規模經濟而運作，故能夠藉由貨物的標準化來壓低單價成本。最後，阿格列塔認為消費品的文化區隔，仰賴於其所象徵的社會地位，他將此稱為意識形態過程。這些象徵和代表被組織轉化為其他論者口中所謂的生活形態：「培養出習性，藉以穩固將勞動力置入既定流程的作法」(157)，而這些習性能夠經由家庭、廣告等等方式加以習得。

阿格列塔分析這一切是如何在政治層次發揮功效的作法，可說是創新之舉，而且也沖淡了功能主義的氣味。或許國家集體協商是最佳的例證。組織化企業必須維持低廉的薪資成本；還得確保勞工願意服從工作場所內

的密集規劃和理性化;而企業也必須保證大量產出的貨品都能夠銷售一空。組織化勞工—先別提較為激進份子的喧騰—被說服放棄所有工作場所的權力(雖然他們略有斬獲的提出要求,促使政府必須管制勞動水準,例如健康和安全),也得遵循勞動守則(履行合約,準時上工,只能在十分有限的情況下發起罷工等等)。勞工所換得的是持續調高的薪資。這對於組織化企業而言可說是無傷大雅,因為這些薪資水準都經過詳細設計,而不會損及獲利,且同時薪資的調漲也必須合乎預期,以確保在短程和中程的期間,都能夠有足夠的實際需求產生。提昇的生活水準—社會的「消費規範」—是一個組織化和穩定的架構,且它直接或間接地預設了所有消費都將涉及商品的消費。最後,政府也樂於在這些協商過程中插上一腳,因為以法律來規範這些交易,將能夠保障政治與工業的和平,將社會秩序的結構性威脅降到最低,且以合理的薪資達成完全就業,並縮減福利支出。(必須提醒讀者注意的是,協商後作出的所有「結論」都牽涉到勞工工會的組成:因此「社會消費規範」的成果,並不適用於多數的女性或族群弱勢,這些人根本就被排除在此過程的直接參與之外。這也正是此分析的一大敗筆(Bagguley,et al. 1990:20)。)

認為大量生產需要或者帶來大眾消費的觀點,當然並非阿格列塔所獨創,更遑論有關後福特主義的論辯。儘管用來描述此二者連結(通常是倚賴廣告與操弄)機制

的理論複雜程度較低，但通常還是會導向相同的核心論點，直指大眾消費以生活水準的提昇，一石二鳥的挹注資本主義：首先，它確保市場必得吸收大量的產出；其次，它也保障工業與政治的寧靜。消費文化導演了一場「賄賂」好戲，因為勞工(無論是任何技術水準或組織程度的勞工)都獲得自由以及相對充裕的消費空間，其交易的代價是接受加劇地理性化、異化和對於工作生涯徹底地失去控制，此外，在政治上則接納一個「民主」系統，此系統雖然進行管理，但根本上資本主義仍舊毫髮無傷。此論調延伸盧卡奇承襲法蘭克福學派將大眾文化當作「補償」的看法，且進一步由諸如巴夫曼(Baverman，1974)，伊文(Ewen，1976)和威廉斯(Williams，1980)等學者加以釐清。

後福特主義

為了解釋福特主義與大眾消費的轉型，我們必須再一次回到管制模式，也就是將各種經濟、政治和文化因素連結在一塊。對於轉型為後福特主義的一般結論，通常包括下列幾項考量。直到一九七〇年代早期，消費社會一向被視為能夠克服經濟危機與景氣循環系統的一環

。一九七〇年代早期，此系統正達到其內部與外部瓶頸的情況則愈趨明朗。投入福特主義生產的成本與時間開始變得異常龐大，而高度產出和低單位成本的邏輯也逐漸失靈，因為貨品的巨大數量使得商品只能以愈來愈低廉的價位售出，賺取微薄的利潤。這主要是因為逐步飽和的消費市場脈絡，以及時尚、品味和潮流正以前所未有的速度不斷翻新所導致(而這正是福特大量行銷時代下造就的結果)。試想，砸下幾十億的鈔票，歷經五年的研究與發展，以及工廠車間設備的購置和流通網絡，其結果卻是無法靈機應變的決定去生產不同類型的巧克力棒，而只能繼續大量生產數以百萬計的舊商品，更糟的是這個產品還必須在未來五年繼續和其他各種五花八門的競爭商品一起搶奪客源：這個賭注看來實在有點愚蠢。

「靈活性」和「彈性積累」是對該情勢的回應，不同於過去力圖讓工廠一口氣生產出大量的標準化商品，以達到規模經濟的成效，如今的目標則是規劃出靈活的車間(和勞工)，能夠符合成本效益，製造出一批更為顧客導向的貨品。所謂幫顧客量身訂做的產品，是從設計、生產到送交顧客手中的速度，恰好符合消費者品味與風格翻新節奏的步調。能否具備此能力則主要與新科技息息相關—尤其是電腦化和自動化—這能夠省去過去在生產線轉型時，拆毀車間器械或添置新工具所必須賠掉的鉅額資本，如今則只需要略微調整自動控制裝置工具

即可。最理想的是，當我們要跟上瞬息萬變的消費者品味對於精緻商品的喜好時，利用電腦的輔助設計去生產新產品，規劃出工廠原料和操作指南的規律，以及零售通路的細節，都變得既簡單又廉價。不只是回應迅速又價格低廉，這同時意味著小量和特別訂製的產品流程，每單位的成本並不見得會比冗長與標準化的流程來得昂貴。

所謂的彈性化還遠遠超越生產線本身，通常與資訊的流向有關。舉例來說，後福特主義指的是和販售點以至原料供應者之間迅速與相互聯繫的資訊潮流 (與「班尼頓資本主義」(Benetton Capitalism)的概念相同)。「即時」管理完全仰賴此一資訊來源，確保能夠掌握每日或甚至每個小時內，各品項的精確銷量分析，以蒐集商品的訊息，包括各種枝微末節的情報，然後再回饋給生產者。這樣的作法讓生產者只需製造市場所需數量的產品，但也只能向生產者訂購在極為短暫期間內可能需要的貨量，也因此透過循環資本的加速流通，減少因為持有股票與囤積貨物所導致的利潤流失。彈性化與資訊也和企業內部的去中心化及權力與責任的下放有關。當彈性訓練勞工所組成之較小規模，較自主的工作單位，比起泰勒化的機器看管人，能夠作出更迅速、更富創造力的反應，且跟得上新科技的發展後，福特系統嚴格的命令階層，便因為分散的資訊網絡的出現而顯得毫無用武之地。

　　另一方面，所有這類新彈性並非是純粹的生產導向，因為福特主義還面臨其他內部瓶頸，其中最重要的一至少對阿格列塔來說是如此—是工作場所的極端異化。工業行動加溫 (罷工、停工、破壞活動、曠工等等)，通貨膨脹率的攀高，和「膨脹性蕭條」(stagflation)的新現象，都在一九七〇年代紛紛浮現，這些景況都意味著福特主義那套作法已經行不通。逐漸提昇的生活水準無論在工作場所或更廣泛的社會內，都不再足夠作為強烈異化的補償品。這如果不是因為生活水準提昇不夠快速(且若不依賴降低利潤或增加無法接受的通貨膨脹是不可能更快地提昇)，就是因為消費文化本身不再是充分的補償。或者—就如同貝爾的論點般—正受到福特主義所激勵的消費文化和「快樂主義」，侵蝕了工作倫理與勞動紀律的根基，並創造出「躍升期望的革命」(Bell 1979：233)。很可能正因為這些原因，論者指出，頂尖的企業，逐漸從泰勒模型內去技術的機器看管勞工，轉向「人力資源」模型(Rose 1991)。如今企業不再只是沿襲過去傳統的觀點，只運用勞工的勞動力，同時也啓用勞工的動機、創造力、人格，而且實際上，隨著我們進入一九八〇年代，企業更進一步採用勞工的事業性格。於此同時，彈性的(例：不穩定)勞動力則搭配著靈活的科技。

　　根據福特主義的例子，我們可以將這些轉變歸因於整體規範模式內消費模式的轉變，並帶來後福特主義模式的誕生。首先—且通常是最為核心的論調—彈性化所

代表的意義就是從販售給同質大眾市場的標準化商品，轉變為鎖定特定市場的精緻商品。這就意味著揮別早期模糊的社會關係與結構模式，也就是以往風行的福特主義行銷手段。老舊的模型致力於能夠從競爭的產品中，*凸顯*產品(透過它們「貨真價實或想像」的性質)，但卻將個別消費者全都一股腦地丟到世俗大眾與毫無區隔的國家或國際規模市場內。當需要衡量消費者之間的社會差異時，他們的作法是根據標準化人口類屬的差異來加以切割：將人群依照職業、性別、年齡層和地理區域區分(種族性極少被考慮到—舉例而言，可見 Marchand，1986)。這背後所隱含的預設是，依據這些社會結構的類屬面向，就能夠輕易地預測出消費品味與購買能力的不同模式。

另一方面，後福特主義行銷將市場與消費分解為「生活風格」、「縫隙市場」(niche market，譯按：填補穩固市場的新市場)、「鎖定消費群」、「市場區隔」等概念。這些並不是以廣泛的社會人口結構做為切割線(而且如果不是完全毫無關係，至少也不是輕易地劃上等號)，而是將文化意義和廣泛商品和活動連結至協調的形象內。概略說來，生活形態的行銷手法不只是辨識和鎖定既存的生活風格，而是將消費者依據富含意義的模式、藉由設計、廣告和媒體(媒體本身就逐漸朝向區隔化或「窄播」發展，而非大眾化)加以組織，以製造出不同的生活型態。如果說布爾迪厄指出品味與生活形態不只是反應社

會結構，同時也以社會實作的形式成為當中的構造，那麼後福特主義則進一步指出文化構作的生活型態類屬，如今已經被取代，或逐漸被淘汰，像是階級和性別等與現代密切相關的社會結構類屬，都在後現代分層內遭到質疑。此論點的結論—例如布希亞—是指出以往被當作社會的物品，如今則因為符碼和行銷樣態與類似邏輯的發酵，消融至一個無窮無盡和瞬息萬變的生活型態生產內。較不極端的說法，或許可以「新時代」陣線(Hall and Jacques 1989；Mort 1989)為例，他們相信(後)現代公民將自我定義、認同、享樂、自由等與他們日常生活相關者，和消費連結在一塊，並對立於生產(因為生產毫無疑問地帶來工作場所的異化，選擇和數個世紀內現代個人在私我領域意義與價值的集中化)。在這個脈絡下，關係形式與認同不再根據消費，而是以勞動或公民性作為開展基礎，例如工會和政黨，則失去多數人們的好感與順從，並逐漸成為無效的社會力。

上述所有的發展都和國家之福特角色的終結有關。需求管理與福利義務的成本，再加上資本的國際化，使得國家如果不面臨破產，也早已困頓難當，以往的傳統選民也崩解為流動的生活型態和「新社會運動」，既然難以一一掌握，自然就無法管理，「經濟的領導極致」，國家邁入一個緊縮和新自由的撤銷管制期。需求管理逐漸失去主導權，而轉變為各種社會決策權力的下放，讓由市場中介的消費領域去作決定。

　　我們將在後面幾頁的篇幅中使用其中一些因素，但需要說明幾個重點，首先，後福特主義的論點(就像那些有關後工業和後資本主義社會的觀點)，打從一開始就和未來學混爲一談：我們都察覺到潮流走向。舉例來說，儘管實際自動化的範圍仍舊難以確定，但企業的去中心化和崩解卻是長期、循環，和普遍的資本主義特質。其次，如同當代圍繞著全球化和地域化所展開之論辯，諸如彈性化、崩解和市場區隔的概念，都不是暗示著資本主義正面臨縮小和窄化的命運。因爲即使是鎖定市場的能力也必須倚重於工業和行銷科技的力量，才能在全球規模的層次上運作。相同地，大型購物中心是後現代精髓粉墨登場的舞台，它所需要的投資數額與理性化程度，甚至是福特主義望塵莫及的。第三，無論在經濟或文化層面，這些新時代特質的顯著性都遭到質疑。當有些評論者熱切地指出後福特主義所代表的系統改變，仍舊充斥極爲濃厚的資本主義氣息時，另外一群人則力主這些改變將造成「經濟」的崩解。相同地，對於消費者採取更爲彈性的回應，或將勞工當作人力資源而非訓練有素的猩猩，則不是被解釋爲提供人類自主(或反抗)的新天地，就是直接被當作在資本主義古老而熟悉的系統需求內，對社會主體進行的一種更爲深層且更加詭詐的整合。

　　最後，無論如今嶄新主導行銷形式的發展範圍，是從大眾化轉變爲區隔化，或是由社會結構轉變爲生活形

態文化，其間的產品分殊和市場區隔的歷史與概念差異，都被過度地誇大(Slater 1985，1993：202-3)。例如，福特「任何您愛的色彩，只要它是黑色」的大量生產/大量消費策略，早在一九二〇年代中期，就立刻在他稱霸的市場，因為通用汽車的「史龍主義」(Sloanism)而相形見絀(Rothschild 1973)。史龍依據生活形態類屬去組織高度分化的汽車領域，特別是針對個人生活區隔(如專門為獨身者、新婚夫妻、家庭等等打造的車款)。在大多數人稱為福特主義的年代中，通用汽車並非一個古怪的先驅者，而是當時世上最大型的企業。在福特主義當道時，市場區隔與產品分化存在的證據，經常被試圖將福特主義普同化到所有工業的作法所模糊(Leiss et al. 1986)，這些人對於特殊工業內所發展出的行銷手法，完全視而不見(比較 Fine and Leopold 1993)。於是，要從市場區隔內區別出產品的差異都已經存在概念上的困難，更遑論要將他們分割至不同的歷史紀元：誠如任何一個市場商人都知道的，由於產品的差異必須要*針對*某特定消費的區隔差異，對這些人而言該差異才具有重要性，因此這兩者根本難以區分。

消費文化與後現代

在理論化今日的消費文化時，後現代那惡名昭彰的混沌概念，將此觀點總結為劃時代的轉變或新組織，以及消費的變動。後現代文化概念顯然與後福特主義如影隨形，他們都觀察到：資訊、媒體和符號的主宰，社會結構崩解為生活形態，日常生活和認同與興趣組成時，消費普遍性地壓倒生產。然而，和此兩者有關的核心論點可能是物品和商品，也有可能是經濟的發展，甚至最終是社會整體的去物質化。此論點有時是以布希亞式的口號作為遮掩，指出我們不再消費物品，而只消費符號。然而，在後福特主義的脈絡下，去物質化至少可以指向四個不同的社會發展。

首先，非物質貨品在經濟和消費中，扮演著前所未有的重要角色。廣泛來說，經濟重力(亦即價值、數量與職業)的核心產生，從製造業轉向服務業的重大轉變。實際上，「服務」是一個極為曖昧的語彙(Bagguley et al. 1990；Gershuny and Miles 1983)，而且許多服務還包含大量的物質成分(麥當勞售出無數有形有體的漢堡，旅遊業則仰賴重要公共設施的發展)。當然，許多消費則是由諸如資訊、建議和專業、休閒盛會與活動、娛樂等事物所組成

。這些大多證明了一個事實，亦即社會世界大體上，包括社會關係和經驗，都能夠被製造爲可販售商品的形式被消費。

第二，即使是物質商品也開始擁有高度的非物質成分。這包括「商品美學」的延伸，這使得多數產品都必須考量到設計、包裝和廣告形象，且這些要素顯然逐漸主宰物品的樣態(在生產、配送與消費時)。讓這種去物質化更加普遍的概念，則是因爲下列事實更加確立，亦即不同於過去人們慣於談論貨物與服務的消費，我們如今則偏好談論商品「經驗」：瑪斯所販賣的不只是巧克力棒，而更像是「品嚐經驗」。

第三，逐漸非物質化的性質有一部份受惠於貨物的中介。也就是說，我們所面對的物品(服務、經驗和活動，一切被具體化爲商品者)都愈趨以圖像的形式呈現：這是廣告行銷爲求在影片、電視和雜誌上刻劃出生活品味的作法，並讓閱聽者接收名人和明星等等進行的代言。我們可以說，這是異化自相矛盾的一部份，也就是事物變得更加具體化，但卻較不物質化。這當然同時展現了「社會奇觀」與布希亞口中的「超現實」意涵。當現實的面貌逐漸消散之際，符號的千變萬化也就變得更加具體化。

第四，消費品的去物質化通常和製造者貨物本質同等的非物質化齊頭並進，其中最重要的就是「勞動力」商品。一群由風格迥異思想家組成的陣線(例如貝爾、托

佛勒(Toffler)、杜衡(Tourraine)、米爾斯、黎士曼(Reisman)和李歐塔)指出，姑且不論最終產品的物質性高低，我們都可以觀察到生產過程逐漸由非物質功能所接管，這其中包括知識、科學、專業技術、系統、規劃和電腦控制技巧。由於技術發展、企業管理的理性化，以及國際經濟及投資網絡逐漸的抽象化，多數工業的原料都逐漸轉為非物質化。

其結果是，第一，全新而擴張的非物質商品市場：資料庫、電腦系統和軟體設計、資訊、顧問所具備的專門知識，轉包契約管理，規劃與行銷功能，員工與客戶關係管理等等。第二，論者指出，勞工花費較少的心力在事物型態的轉換，他們的精神多半是用來面對消費者，和同事相處，並造成他們的團結，願意代表企業、販售與行銷。我們在第三章內匆匆帶過的長期爭議，則是認為當「人類勞力」逐漸被視為「人力資源」時，企業所購買的不再是大量的抽象勞力，而是購買「人格」、承諾、社會技能、真誠、情感溫暖等(Hochschild 1983)。李維斯(Sinclair Lewis)在一九二○年代大聲疾呼，以及瑞斯曼與米爾斯在一九五○年代所記錄的，看來已經成為後現代一九八○與一九九○年代的原則：身為勞動者，你必須出賣人格；這就需要努力的透過消費來實現，讓自己成為衣冠楚楚、相貌堂堂、充滿魅力、跟得上文化、新奇與時尚脈動的個人。人格可以說是去物質化商品和其文化的範例：你是何方神聖，你賣些什麼，以及你消

費哪些玩意，看來都形成駭人的整體。

事物的去物質化對於他們以消費品的姿態，流通與進入日常生活的方式帶來深遠的影響。首先，資本與消費各個階段的循環速度都急遽的加快。交易次數、再投資與資本調度、生產者與消費品兩者創新與廢棄的速度，風格的轉變—這一切都達到歇斯底里的迅速(Jameson 1984；Lash and Urry 1987，1993；Mandel 1976)。其次，去物質化也帶來權力的新議題。舉例而言，如同拉許和厄理(Lash and Urry，1993)所指出的，如果資訊與符號的流動變得如此集中而能夠被控制，那麼生產、勞動與消費，便能夠接近並控制資訊網絡中介的社會權力。拉許和厄理討論到資訊的「貧民區」：他們指出網絡之外的社會空間，被投入一個經濟、社會與文化貧困的惡性螺旋中。就某種觀點而言，這讓我們回到布爾迪厄「文化資本」的想法(或道格拉斯和艾雪伍德對於資訊交換的分析)，但卻賦予它額外的解釋力，因為文化實際上已經成為資本的一種形式。

最後，所有這些物品去物質化的要素，也正是費勒史東（Featherstone）所描繪「日常生活的美學化」的普遍現象(Featherstone 1991b：67-8)，人們邁入一個充斥著符號與意向潮流的世界，這是一個透過圖像和圖像型態呈現的世界，如同布希亞的說法，在這當中，事物自他們的物質性或甚至社會決定性中脫離出來，而被精緻化為純粹的商品符號或符號價值。(欲參考用這些發展「嘲

住」行銷社群本身的有趣嘗試,見 Brown(1994)。)

不穩定的符號

物品的去物質化與符號的勝利,和許多文化不穩定、可塑性、變動性的形式有關。最重要的是,去物質化看來意味著象徵與實際、符號與物質貨物、文化與經濟之間差異的崩潰或「內爆」(implosion)。這因此也可能證明後現代的核心論點:界線與差異的崩潰、不穩定或穿透。例如,拉許 (1990)就分析這種「去差異」的過程。現代性是由不同的社會領域所組成,各領域都能夠自主地發展或甚至進化,且是透過根本的分析性差異以及社會與概念階層所組成。在後現代文化內,這些領域和差異都變得模糊或內爆,且垂直的階層也因此萎縮為平等的水平階級。過去現代主義者所列出的差異,如今都變得模糊,或萎縮為水平關係:高級文化/通俗文化,真實/虛構,心靈/肉體,科學/藝術,文化/社會,藝術/日常生活,主流文化/次文化。此清單通常也包括標準的社會結構差異,諸如階級,性別和「人種」或種族。

在對後現代性的大多數解釋中,消費文化不但是現代性差異模糊與弭平的例證,也作為催生此現象的中介;它甚至也構成有力的解釋項。舉例而言,在觀看氾濫的電視節目時,我們可能前一分鐘正觀賞著肥皂劇,後一分鐘卻又對於歌劇深深著迷;從劇情片跳至政治節目

，或轉至融合這兩者的戲劇紀錄片；發現時事評論比節目來得有趣；觀察實際正進行的戰爭或改編成舞台劇的政治事件。原本分屬於不同世界和價值系統，且主要吸引不同觀眾的事物，如今則佔用著相同的文化空間。此外，此一文化空間看來是被所有人、各個地點，均在相同的時間加以佔用，這正是麥克魯漢所描繪的「地球村」圖像。符號的平等打破了時間、空間和人口差異的疆界(例子可見 Meyrowitz 1986)。早期資本主義的討論會將此現象歸諸於商品化的擴散：一切事物，無論其文化層次的高低，公共或私有，都能夠一視同仁地被製造成為能夠被買賣的事物。在後現代文化的觀點下，商品早已被去物質化，且如今僅存的，純粹只是符號在「符號的政治經濟」內的循環流通。無論在循環流通的各種符號數量看來是多麼的無窮無盡，當我們回歸於「只是符號」的層次時，它們全部都是一致的。在符號循環的內部，除了選擇之外別無其他—世界上的事物並不具備本質的意義或定性；他們純然只是構成符號的選擇，然後等待著被選取與混合。「折衷派是現代通俗文化的體現：人們聆聽雷鬼音樂，看著美國西部影片，嘴裡吃著麥當勞產品作為午餐，但到了晚上則品嚐著家鄉菜，在東京擦著巴黎來的香水，在香港穿著「復古」服飾；電視遊樂器更是必備的常識」(Lyotard，引自 Callinicos 1989：162)。天地間只剩下符號，只存在著差異，但這些差異的價值卻不能被區分或分出高下；所有殊異的符號全都互相

等同。

　　「去差異化」可說是後現代文化的關鍵概念，它所呈現的是符號與現實的內爆，或者，以符號學的說法，則是符號與指示對象，弦外之音與真實意義之間的內爆。符號和文化的層級再也無法合理地被確立固著，如同布希亞的說法，達到外在世界的「定局」。消費不再遵循需求的決定性，也不再強調對於真相的認知、精進的科技統治，或是因果與目的論所型塑的後敘事之歷史。這些意義的外在侷限如今都被釋放，且實際上體驗著被內化到文化與符號化的隨性遊戲中。最後，當代的經驗於是變得「毫無深度」可言：無止盡符號化猶如一個地平面，沒有任何事物能夠隱身其下，或越於其上。舉例而言，時間與歷史洪流不再構成邏輯，或者也無法作為組成實際社會過程和關係的脈絡(和解釋)。歷史被簡化為意符(signifiers)—風格、指涉物、形象、受詞—這些都能夠獨立於本身既有的脈絡循環流通。因此後現代建築學從歷史的不同時段汲取靈感，然後將他們全都放入「混成品」中，其目標在於立即的成效，但卻無須對於歷史的連貫性擔負任何義務；流行就是不斷地循環，重新流行與再度結合某時期的衣著打扮；國家文化和「傳統」全都從他們的脈絡中被撕裂出來，並被塑造為商機無限的觀光商品(「Merrie Olde England」，鄉村裝扮，主題樂園歷史)(Jameson 1984；也可見 Lukacs(1971：90)對於將時間簡化為空間的具體化分析)。在每個例子內，消耗性符

號所參照的並非眞實的歷史順序，而是宛如一個摸彩箱，裡頭裝滿著五花八門的款式與形象，這些符號都具有相等的被選擇機會，然後依照彼此的關連產生意義(或進行競爭)。因此，以詹明信(1984)對後現代「精神分裂者」的議題分析爲例，這些人總是處於精神緊繃的狀態，故無法形成一個協調的自我(這需要能夠在一定的時間長度內，有條理的陳述想法)，於是取而代之的，這些人只能混亂地在永無止盡的符號之河中漂行。

這種對精神分裂患者的討論成爲後現代消費者的兩個例子之一(而消費者則成爲後現代主題的例子)。另一方面，消費者處於永久的當下，面對著所有的社會生活，在這個領域內充斥著同時存在與毫無深度的表徵，消費者必須從中選擇，然而卻沒有任何外在指標或靠山(類似需求、價值或眞相的「定局」)可以作爲選擇的參考指標。消費文化猶如一場化妝舞會，身處其間的我們，從取之不竭的藏衣室中不斷地拿各種裝束來妝點日常生活，驅策著我們如此做的動機來自於派對生活本身，而非任何外於此的生活。另一方面，後現代的消費者被認爲是冷嘲熱諷、消息靈通、具有反身性和留意到正在進行之遊戲的一群人。就某種意義而言，現代性的龐大消費者都被騙得團團轉，他們全都成爲不折不扣的服從主義者，眞正地渴求事物，且眞實地處於遊戲內。而後現代的消費者則恰好相反，他們對遊戲本身抱持高度警覺(說穿了，那是參與遊戲的唯一方法)。消費者必須具有可

觀的文化資本，才能夠理解流動與分離符號充斥的景況，並能夠將他們當作只是符號看待；消費者必須從聚集與肢解象徵的經驗中取得樂趣，而非從事物本身汲取快感；他們還必須從決定性的義務中解放出來，才能持續觀察符號的戲局，並跟上此潮流。舉例來說，不像浪漫派的旅者追尋真實，更不同於大眾套裝假期提供者們以照片捕捉「寫實」的經驗，「後-旅遊者」知道她或他是一個旅者，且「旅程就是一連串的遊戲，充滿了多元文本，而非單一、真實的旅者經驗」(Urry 1988：154；也可見 Bagguley et al. 1990；MacCannell 1989；Urry 1990)。

由於符號被認為不再定於一尊，無論是積極或消極來看，後現代性均可以被理解為「後責任性」。人們不是從老舊或威攝力十足的迷思中解放出來，並自由地嬉戲嶄新自由的符號性資源，就是已經擺脫所有道德與集體的義務，並揮別真實的推測，在一純然相對主義的世界內，只肯屈從於原始慾望動機的統治。在下面的討論中，我們將採納這些分野的部分特質，但它仍舊展現後現代主義打從一開始便存在的政治混沌：有意識地在消費文化的兩種傳統特質間猶疑擺盪，無法決定它所代表的究竟是一幅最終迷亂的景致，亦或者自由解放。

布希亞與「社會性」之死

後現代對於消費文化最根本的論點就是「真實的喪失」：在當代資本主義的生產與消費內，經由物品的去物質化，並透過雷同消費者和一個由符號所建構世界的文化經驗，不只是當中的物品，還包括所有的決定性，都被轉化爲由千變萬化符碼所代表的符號。遺失的「真實」不只是需求與物品，也包括階級、性別、種族，甚至是社會本身的社會結構現實：這一切都被轉化爲社會性的圖像，並透過生活形態的意象中介型態而存在著。

我們得要感謝布希亞，畢竟他曾經試著將此邏輯推展到極致。誠如我們在第五章的討論，他的作法是發展激進的符號學。如同該章的討論，布希亞將消費的社會邏輯界定爲「社會差異的邏輯」。此邏輯是「符號學的」：貨物的意義完全來自於它們在社會符碼(功能、聲望、美學等等的符碼)內的關係位置。除此之外，對布希亞而言，「符碼」的概念並非一種方法論上的分析工具，而是一種社會事實，而且是先進資本主義發展下，所萌生的一種社會過程，甚至是社會行動者。故商品的交易—由早期資本主義所啓動的交換價值規則—創造出使用價值的概念：符號與物品必須指向某定論，某指示對象，也就是投射至世界上具備滿足其條件特質的實存物，比方說真實的需求或實際的物品。在這種工業化資本主義的世界內，生命是由指涉對象所主宰(真實的需求與物品)

；而「社會連帶」則是透過交換價值而被左右(人們之間的連結，是倚賴當他們尋求各自殊異的偏好時，所造就的相同價值)。然而此特定系統的產生，意味著物品已經從它們的傳統脈絡中解放出來，且不再與真實世界密切連結，反而只倚靠彼此之間的關係：「文化符號是它們的共通點，且均被納入一協調的系統」(Kellner 1989：10)。我們不再消費產品(指示對象)，而是轉而消費符號，更具體的說來，是符號系統：人們購買消耗品或進行流通，是為了獲得社會地位，而這是根據與所有系統內其他商品符號之間的關係安排而來。相反地，我們如今捍衛社會地位與認同的方式，僅是單純的倚賴商品符號，而非透過諸如階級的社會結構指標來取得。貨品的價值不再源自於他們的用途或甚至是它們抽象的經濟交換：我們毋寧說，貨品的符號價值才是它們價值的衡量點。商品，一旦被解放為「符號」就能夠「自指示物或產品飄離開來，且獨當一面，於是『社會連帶』再也無法倚賴指示物而達成，而需要仰賴符號。此外，我們的認同是經由符號價值的交換而被建構，且意符(signifier)(或形象)正當化的手段就是意旨(signified)」(Kellner 1989：29)，不同於指示對象的外在性與決定性，意符是符號學內的符碼。

於是，首當其衝的，符號逐漸具備決定社會意涵的自主性。它並未指向任何對象，而僅只是自我指涉，並以它在符碼內的關係位置為焦點。其次，符碼主宰了社

會生產與消費。它們藉由組織生產和安置消費(已經成為符號的消費)來結構真實，而非只是反映或代表真實。第三，如今符號不再反映「真實性」，而是製造真實，符碼與實體間的分際已經混沌且無法確定，甚至多半毫無干係：也就是內爆。界線，差異性已經被拆除，而這兩個領域融為一體。最後，內爆的後果之一是所有社會生活都呈現出符碼的特性(猶如符號學的定義)。萬事萬物都被當作符號看待(這就像是萬事萬物過去都被當做交換價值來衡量)，一切都變得變化多端(任何符號都可以相互取代)，沒有任何事物具有決定性，故沒有任何事物能夠脫穎而出，顯得比其他事物更加真實或貼近真相(壓倒的決定性已不復見，沒有一個外在於符碼體系的最終符碼權衡指標)。

對許多人而言，重要的是第二項轉變，亦即符碼結構且組成真實的想法。布希亞在某種程度上，指出一個常見的觀點，認為中介化的經驗(符號、媒體、圖像)逐漸取代了實際面對面的互動，因此透過符號的邏輯，社會連帶也跟著受到波及。然而，布希亞同時也較為激進的(但並非史無前例)指出，符號邏輯透過各種生產與組織的形式，主宰著真實的構成。舉例來說，在回溯貝爾或瑞斯曼的論辯內，布希亞預設了一個由資訊和知識商品主宰的後工業社會，在其間勞工已經從物質的加工脫離出來，並投入使用社會技能的社會管理內；「生產的模式」被轉變為「生產的符碼」。如今主導著生產和科技工

業機器(apparatus)的是規劃功能、擬象模型與電腦化系統，而不是物質的毫無理性的川流。布希亞以「擬象」這個詞彙來描述此情境：圖像並非模仿世界或單純無盡地再製本身(如同福特主義大量生產)，而是透過其本身的模型來產生。它所產生的事物並非真實，而是「超真實」，也就是並非照本宣科地複製既存事物。機場候機室、麥當勞漢堡、主題樂園、商場配樂—這一切都無止盡地被跨越全球複製著—並非再製某些原初的事物；而是或多或少的，作爲產生它們之基因碼(genetic code)的完美例證。因此，日常生活的事物再一次徹頭徹尾地顯得毫無深度(depth)，不但與長久以來所發展的社會關係毫無干係，甚至也難以尋獲痕跡。在後現代的世界中生活，意味著理解或遵循著衍生出此世界的符碼。

但根據布希亞的觀點，社會性實際上已經消失無蹤。市民社會的相互關係與活動—休謨的社交世界—已經被民意測驗、市場調查、選舉和媒體的抽象控制所取代。這些仍然是擬象與量化模型而非社會關係，它們將社會關係趕盡殺絕，甚至試圖建構或模擬出社會的假象(例如廣播節目中，現場觀眾或打電話進來的聽眾)。如同身處一個展覽的樣版社會，「群眾」只能夠消極地面對這一切。此外，猶如拉費弗爾和迪波德(Debord)的談法，社會性死亡的結果是人們並非被操弄，卻也無法反叛(以什麼民意反抗？)，並非服從主義者，卻甚至無法具備創新的概念(除非指的是廣告行銷大力推廣某物截然不同，令

人耳目一新，但說穿了總是換湯不換藥）。人們其實最終
只是出生、毫無區別、中性化。實際上，或許迪波德不
作如是想，但對布希亞而言，人們對消費文化能夠採取
的唯一恰當反應，只是更為加遽地順從，吸收更多的符
號和意義，以試圖揭露出所有符號最極致的無意義性。
這是「沈默大眾」的「黑洞」，藉由吸納並扼殺消費文化
擲向他們的所有意義，去暴露出社會性之死(他的宣告絕
非無的放矢)。倘使異化與具體化批判的論點─和布希亞
的說法兩相比較─主張現代性將每一個人貶抑為世界的
消費者，布希亞則指出在後現代性內，唯一可行的「反
抗」活動，只是更劇烈地消費罷了。

誰的後現代？

在一個根據財富與權力分割的社會內，我們會期待
文化的形式與經驗也如此被劃分。舉例而言，儘管我能
夠察覺我具備「後現代經驗」，但他們卻並未組成日常生
活的整體。此外，我們很難想像許多人能夠適應於折衷
派的作法，亦即人們「在東京擦著香水，在香港穿著『
復古』服飾」。就算我們承認整個後福特主義與後現代主
義的論點能夠結合，仍舊無法泯除諸如在何時或哪種情
境下，誰是後現代消費者這類的社會學質疑。然而主張
存在所謂後現代文化的論述傾向於「無所不包」
(totalistic)(儘管很少像布希亞那般的全面)，也因此衍生

出對於資本主義意識本身，甚至是整體，更加非社會學式的詮釋。即使法蘭克福學派與情境理論(Situationist Theory)也能夠同樣地全面化，但他們仍然尋求將資本主義異化的現象，連結至必然產生此特徵的系統實體。對布希亞而言，真實已不復見，殘留的只是符碼和不具深度的形貌。將後現代經驗連結到社會結構或社會團體的結構位置，之所以沒有引發問題是因爲一極爲關鍵的一後現代經驗也提供解釋來明他們的消逝。後現代經驗是全面的，因爲它已然吞噬了「社會性」，使其無力鑑別後現代性的真僞。

但是社會學式的質疑仍舊層出不窮。如果後現代經驗依賴於消費品的使用，或是更爲普遍的，依賴於沿襲消費主義生活形態的模式去建構人們的生活，那麼金錢與權力就相當直接地成爲通往後現代文化的門檻。以鮑曼爲例(1987，1988)，他將「墮落」從「受壓抑」中區分出來，前者指的是社會內三分之二能夠進入消費遊樂場者(也就是構成加爾布雷斯所謂「滿足文化」的同一批人)，後者則是指仰賴政府鼻息，也因此區從於國家規劃與管理的三分之一者。誠如華德(Warde，1994a)所點出的，這削弱了平等主義的正義和公共供給的民主潛力(如果不是實質的)。它也並未察覺到私有供給的高度理性規劃與管理。然而，它所指出的是財富和權力差異能夠分化社會(和世界)，不僅是因爲區分出不同的消費規模與層級，而更是因爲將社會切割爲全然殊異的消費模式，也

因此呈現出日常生活與日常需求極端迥異的結構。

　　此外，不同消費模式之間的疆界，都同時受到私人與政府嚴密地管制與監督。對於空間管制可說是顯而易見的例子，尤其是針對當代社會城市所做的控制。後現代內城市的轉變，通常是指由工業化城市搖身一變成為消費、娛樂與服務的場所。譬如，許多研究也因此集中探討購物商場的建築與郊區，工業與前工業區域的「博物館化」(musemification)(例如港口區、老舊市場與建築)，「不眠之城」與城市勞工轉向消費和金融服務。這一切的空間轉變均意味著都市社交與經驗的嶄新形式。然而他們全都清晰地針對特殊的社會部門(或市場)而設計。透過消費、休閒與娛樂設施的提供，城市獲得改善以吸引旅遊者和其他人們的國際移動(例如商業會議，大型運動盛會)，和在晚期現代性，遷移至郊區的中產階級消費者，以及致力於專業和金融服務將「破舊市區重建為中產階級居住區」的人們。

　　盧金(Zukin 1991)就針對此類後現代大都市貧民區背後所隱含之極端物質化的競爭，提出有力的解釋。將貧民區予以重建或創造，以符合旅行者與專業化的需求，將造成更多額外的貧民、無家可歸者，或直接迫使土身土長者絕跡。相同的，戴維斯(Davis 1990)對於「洛杉磯要塞」(Fortress LA)的討論，便敘述對於商場、居家和街坊守望相助的管制，都使它們儼然成為禁區，拒絕那些不符合或無力負擔後現代文化者的進入。各種消費文

化的形式於爲成爲多重和牽一髮動全身的排斥界線。西
班牙人之所以五花大綁地(或等而下之的待遇)被抬出加
州的購物商場，不只是因爲他們口袋空空，而是因爲他
們是有色人種，而這兩種特質極爲清晰被連結在一起。

　　後現代文化與消費的概念，與它們強調以示意
(signifying)取代社會性一般，主張不同於傳統的「歸屬」
認同或現代結構的區分，消費是由生活形態所組織而成
。誠如本書第三章的討論，這與諸如新部落文化與自我
認同的想法密切相關。但是許多人們卻清楚地因爲歸屬
認同，諸如女性、黑人、猶太人、年長者、非上流社會
(non-U)，或是因爲強制性的認同規範，諸如異性戀的普
同預設，而被結構化地排除於後現代流動認同的經驗之
外。也就是說，當後現代理論預設「本質主義」已經隨
著所有其他「決定性」的消逝而死去，或者預設社會性
已經消融爲意義符號時，卻難以處理仍舊存在的種族歧
視與性別歧視。事實遠非如此。新部落文化與生活形態
的概念也是同樣白費力氣，它們預設人們能夠迅速、輕
易，且不具承諾地去挑選並丟棄成員身份與認同感，並
相信這些成員身份和認同被連結至不穩定的無管制疆界
以及對於群體象徵的依賴，甚至也不會因爲時間而產生
連續性。然而實際上，人們仍然繼續參與社群，並在極
爲長久的時間內扮演當中的一份子，所以這就必須要對
此群體產生認同感，學習並觀察當中的既定規範。例如
許多家庭、教堂和職業仍舊存在，而校友網絡、工會和

政治組織也並未消失。

新中產階級

　　試圖以連續與殊異社會結構來分析轉向後現代文化
與消費的作法之一，是將此轉變連結至過渡到後福特主
義時，新中產階級的形成(Featherstone 1991b；Lash 1990
；Lash and Urry 1987，1993；Lee 1992)。有趣的是，這和
解釋消費文化與現代性時的一貫基調相同，認為消費模
式的轉變幾乎總是與「中等類型」(middling sort)，此一
新社會部門的出現有關。在十八世紀這是嶄新的商業與
貿易階級，在轉向福特主義之際(借重調節學派的分析)
，新興的白領勞工與中間管理階層—因應福特主義企業
增加的官僚複雜度，所創造出的階級碎片—構成了福特
主義大量生產貨物的嶄新市場(Agiletta 1979：85)。此處
所討論的焦點則是認為過渡至後福特主義時，再度拋出
另一個新穎的中產階級，此階級本質上就傾向後現代文
化和消費，我們也可以說兩者之間具備「選擇性的親和
」。

　　這派分析倚重布爾迪厄針對風格與實體兩者的研究
。早期與現代資本主義的「老布爾喬亞」肯證了經濟與
文化資本間的分裂，其本身又根據資產階級的屬性與知
識份子的特性而被劃分開來(通常構成此階級本身的後
代)。分裂的兩邊不僅具備殊異的品味結構，同時「也擁

有不同的聲望、合法性、相關的匱乏,且因此(知識份子的)文化資本的社會價值,就必須藉由拒斥文化商品的市場來達成」(Featherstone 1991b:89),好以此維繫一個高等文化自主領域的假象。這個策略也能夠提昇知識份子的聲望,賦予他們界定正當品味與優異文化的壟斷權,讓他們儼然成為階級的碎片。

隨著後福特主義的降臨,新中產階級因為結構的轉變而得以成形,並扭轉上述的情形。他們就如同煥然一新的資產階級,其成員同時具備高度的經濟與文化資本。此一階級碎片

> 是新經濟所需之道德重組的創始者…他們同時肩負需求生產與消費者以及製造貨物的職責。經濟的嶄新邏輯拒斥了生產與積累的禁慾倫理,亦即不再著重於節制、嚴肅、儲蓄和精算,而偏好消費的快樂主義倫理,強調賒欠、花費與享樂(Bourdieu 1984:310)。

此一嶄新的資產階級是金融、設計與行銷,以及非物質生產部門幹勁十足的執行者。

新中產階級的天生盟友,是那些隸屬其下的「新小布爾喬亞」,他們「熱切地合作,致力於遵循嶄新的道德規範(尤其是與消費相關)以及相應的需求」(Bourdieu 1984:366)。他們透過各種方式來達到目的,以符合隨

著所謂後福特主義到來之際，所浮現的全新職業需求與類屬。首先，誠如我們所知的，不只是新穎的服務職位，同時甚至還包括幾乎是製造業內部的所有角色，顯然都較少要求單純的勞力或甚至技術技巧，而會更加強調人力與社會技能。「當紅的是款待、販售、安撫等等的技巧…」(Crompton 1993：176)，同時關切顧客與同事(透過人力資源管理)，以及倚重於人事部門與專家去管理本身和彼此，強調的概念並非如同泰勒主義模型的極大化生產量，而是「建立所有員工對於組織上下一心的認同感」(176)。其次，由於教育、社會服務、醫療體系、甚至是警察局與軍隊的成長，範圍龐大的公共服務工作者也隨之形成，他們的目標是掌握人們的需求，工作者本身的專業考量是「身體與情緒的管理」(176)。第三，「需求商人」和「新文化媒介」也隨之崛起，從那些直接由大幅擴張的媒體所雇用者，到廣告者，市場商人和公共關係與新聞處官員，這些職業的勞動者紛紛投入呈現與再現，以及符號式的商品與服務。新的小布爾喬亞認同並實踐後現代性的典型活動：他們已經取代組織化資本主義的商品生產者(Lash and Urry 1987)，成為傳播者和符號的生產者。

然而，新小布爾喬亞階級是(向上或向下)流動的，因此在此一新資產階級中，對於公立學院的導師普遍缺乏信心。他們寧可就讀舊的綜合技術學院和新大學，卻不選擇牛津大學和劍橋大學，或甚至其他名校。他們對

於本身的習癖和特殊的身體感到不自在(Featherstone
1991b：90)，也因此展現出高度的自覺、自我監督與自
戀，他們持續地試圖取得文化資本，且他們在自助、身
體維繫技藝等方面易於受騙。他們實際上嚴肅地看待品
味與生活型態。根據費勒史東的說法，這使得此階級成
為自然的消費者，同時也基於類似的原因成為當然的後
現代主義者：他們缺乏菁英文化資本這個事實，仍然與
背景和職業密切相關，同時影響文化技巧的習得與文化
目標的產生,「他們企圖將專業新領域的理性加以正當化
，例如流行音樂、時尚、設計、假期…這些都逐漸成為
嚴肅分析的對象」(91)。他們並未推廣特殊的風格，而
是對於普遍的風格概念萌生嚴肅的旨趣。且不若老布爾
喬亞階級與老知識份子間的斷裂，新的小布爾喬亞階級
不但不要求，甚至積極地不允許商業與文化，以及經濟
與文化資本之間產生裂隙，因為透過後現代主義，他們
試圖要正當化的，恰好就是構成他們經濟職業與其階級
的文化活動。

後現代性與後結構主義

　　我們之前曾經指出，後現代主義因為無法決定當代消費文化將會導致脫序或自由所呈現的矛盾情愫。在這個觀點下，政治地「描繪後現代」(Huyssen 1986)的議題，就和某些我們所引入與文化研究相關的議題極為類似，但卻更加強烈。社會界線與階層的消融、流動性或內爆，以及無法將社會類屬固著於「現實」、需求的決定性、社會結構或自然、都可以被視為積極社會主體的一種解放，個體如今能夠逗弄社會符號資源，而非受到社會結構所決定，他們如今也能夠將社會性的再現當作純粹只是建構新事實的圖像或原料。或者這樣的解放也可以被視為精神分裂式的脫序。基本原則、價值、真相、真實、實際的需求或真實的物品全都成為過去式，同樣地，也不再有任何的批判，而不穩定的個人(不再有所謂自我，而是破碎片段的主觀組成)就只能透過由系統與其媒介所建構出的符碼流來構成。

　　此矛盾更因為另一個因素而顯得愈加複雜：論者可能會說，後現代主義一部份是由後福特主義，一部份則是由後結構主義所構成。這兩個組成部分看來是朝向兩個極為相反的方向拉扯。後現代主義的後福特主義概念

，為經濟與文化彼此相關的轉變提供了社會學式的詮釋，主要是呈現符號同時在生產與消費內具備支配性的特徵。甚至當布希亞論及社會性已然消散時，他大致上也是透過一個社會歷史的詮釋，假定此現象曾經存在或實際上能夠再度如此，來達到這個結論。在這個意義下，布希亞和那些批判異化與物化的論者並無差異，他們也提供社會性之死的解釋(例如單面向社會或全景敞視的社會)。實際上，布希亞與「文化與社會」的論點極為接近(第三章)，這類論述認為真實社會(有機社會)已經被人造與虛妄的商業化與消費文化社會所取代。這些傳統保留某些真實或實質的概念(如「符號交換」)，可以用來對於過去曾經壓制它的社會發動批判。如同布希亞的觀點那般，「真實」可以不存在於當代的社會世界，但他們的目標是詮釋真實是如何隱匿無蹤，以及又該如何加以挽回。

布希亞大體上遵從這個觀點。他追溯歷史事實以探尋他們的消逝。然而，他同時也依循另一個思想訓練，該概念則點出後現代思潮中的後結構主義面向：他通常檢視諸如需求、使用價值的概念，社會關係不被當作歷史事實而研究，而是當作虛構的事物被解構。需求不再存在，存在的只是需求的意識形態；社會不再存在，存在的是它的虛構物。布希亞於是利用解構的技巧，將現代思想中的核心觀點(需求、個體、勞動和社會)去神秘化，並揭露—如同符號學的去神秘化—這些觀點體現的

是文化建構，而非具體的事實。因此，協調的自尊與自我、自然的肉體、理智、需求、諸如性別與「種族」的認同，全都以虛構的整體呈現，並藉由社會權力形式的樣態被拴在一起，因此整體必須被拆解爲他們的組成過程、論述與實作。

諷刺的是，後現代消費文化也可以被當作如同日常生活內的一種解構主義形式，去拆解虛構的自我、社會、需求等等，且能被當作如同真實的一個媒介以及去神秘化湧現的神秘泡沫來加以呈現，消融了虛假的整體，也侵蝕了同意壓制之基本原則與確定性的普遍信念。舉例而言，消費文化導致精神分裂者，詹明信(1984)解釋中的模仿消費者，以及布希亞所謂的社會性之死；相對主義促使菁英主義或絕對文化價值的沒落，如今的社會經濟則賦予「去中心」主體選擇偏好的權力。思想本身被簡化爲一連串的消費者選擇，而決定的關鍵不在於真實或理性，而是端視修辭風格和文本的娛樂性。

然而，如果後現代主義的論點是指出消費文化已經成爲一種手段，或帶來去神秘化與自由的結果，並使人們得以愉悅的縱情嬉戲，那麼後現代主義將會發現它本身與此格格不入。在某種程度上，後現代主義認定社會主體正從現代性所提供的(虛構)確定性中解放出來，這就如同現代性也提供解放性，讓人們從傳統社會的確定性中解脫。這樣的比較使得後現代主義和自由主義與新自由主義十分接近，且值得我們進一步探究，並更細緻

的理解今日所供應的是何種解放型態。

後現代主義和新自由主義時常訝異地發現彼此是共同對抗批判理論家和社會保守主義的盟友。誠如我們討論過的，後兩者致力於尋求超越個體之上，或深植於個體內心的(理性、傳統和歷史性、本質)具體社會價值。他們對於需求和商品的概念便是由此規則衍生而來。前二者則抱持著相反的立場，他們透過各種方式(例如將事實從價值中分離出來，強調決定性的虛構本質)攻訐這類基本原則根本毫無根據可言，此二者將那些決定性信念視為社會的毒蛇猛獸，更有損自由的發展：譬如，二者都抨擊公共福利體系、上流文化、公共服務廣播和許多其他現代主義圖騰，認為他們不但是錯誤的存在，且儼然是一種權力的施為，替人們的需求和慾望訂出標準答案，並強加於其上，且限制人們慾望和行動的自由。這就是所謂的社會限制。實際上，不同於其他論者指出文化和批判社會的傳統已經遭到毀壞，對自由主義與後結構主義者而言，這些傳統實際上從未真正存在：前者將它簡化至個體層次，後者則解釋為文化迷思。

於是，自由主義和後現代主義都認為由社會威權定義出具體的需求和價值，或者區隔出真實與謬誤需求的作法，不但不具可能性，亦並不可欲。因此這兩者通常都加入一個類似民粹主義和反菁英主義的陣營，認為人們的歡愉、慾望、品味和嚮往都應該具備自我合法化(self-legitimating)的特質。他們也都將現代性視為無藥可

救的多元(自由主義)或相對主義(後現代主義)，並主張政
治與倫理都應該服膺於此。因此他們以各種論述支持「
尊重差異」、民主與公民權、個人自由、消費者主權。最
後，自由主義者和多數的後現代主義者(至少樂觀者)都
把消費者和其他的社會行動者當作展現創造性、行動力
與自我規範的人群。

　　另一方面，自由主義與後現代主義之間的差異在於
，後現代學者果斷和強烈地彰顯出其眼中消費文化的激
進本質。首先，自由主義認為個體之所以自由是因為他
們具有理性。批判理論抨擊形式理性(formal rationality)
是對於自主價值的扭曲、異化和物化。後現代主義則傾
向於主張人們之所以自由、具創造力或自主，是因為其
非理性(irrational)。這有一部份是因為後結構主義懷疑任
何與啟蒙極權主義特性有關的理性形式，而這當中就包
括經濟行動的形式理性。實際上，在傅柯的思想中，此
論述與韋伯學派和法蘭克福學派對於工具理性的批判均
十分接近。自由主義內由理性組成的個體－生產者和消
費者－可以被視為將另類現代性的極權模型強加於個體
之上，一種正規化的形式與管制的工具。因此，當自由
主義總是希望以個人內部的理性自主思考來打擊社會宰
制時，後現代主義對抗社會權威(如今還包括理性的權威
)的主要策略則是非理性：衝動、慾望、本能、肉體、潛
意識、享樂主義、嘉年華會的倒置、違背符碼意義的滿
溢。因為消費者的非理性而不是理性，讓他成為後現代

主義的英雄。

此分歧的起源，部分來自對主體的不同詮釋，自由主義傾向將消費者視爲連貫和計算的個人(自我)，雖擺脫不了非理性的慾望，但個人卻心知肚明並以理性的方式加以追尋，以務實原則滿足享樂原則。對多數的自由主義者而言，理性自我是社會行動者的真實面貌，就像我們前面曾經討論過的，經濟人是最貼近此理想的形貌，而非消費者。另一方面，後現代主義大體而言承襲其後結構主義者的起源，認爲自我是協調的虛構，真相是一個去中心化的主體，個人可以被解構爲不一致的多重論述、受到潛意識驅使、由慾望構成的無組織體、肉體佔據首要地位，並由無盡的符號流與差異所充斥。不但不具備理性，也談不上整體。就某種程度而言，各種衝動所漂泊的汪洋看來似乎被組織化的結構所控制(諸如自由主義者眼中的理性經濟行動者或自利的社會人)，但實際上這若不是一個捏造出來的謊言，就是一種壓抑的形式(例子可見 Deleuze and Guattari 1977)。

第二，自由主義的主要論調鎖定在市場或公民社會，後現代主義則是文化。前者所信奉的社會機制是非個人化的協調自主個體的自利行動；對後者而言，則是將自我拆解爲更加基本的慾望單位或符號，將意義流視爲社會整合或組織的機制。這兩種觀點都被用來解釋消費文化的核心。慾望被產生與傳送的方式，也因此被等同於構成社會的方式。另一方面，文化與批判的傳統強調

既存與轉變的用途與消費，也因此認爲應該透過人類與自然之間的組織關係來達成社會協調。

　　第三，縱使自由主義和後現代主義都處於價值與認同不相容的後傳統世界，但他們卻賦予其極端不同地特質。自由主義堅持多元主義(pluralism)認爲，差異可以透過如同市場與政治民主的社會機制加以管理，也允許多元利益共存(co-exist)或被協調。多元主義因此贊同規範、控制或結構多元慾望或利益的形式價值(理性、平等、自由)。後現代主義則與其相反，他們擁戴相對主義(relativism)。認爲沒有任何價值高於衝突，即便是得以規範它的價值也不例外。對後現代主義而言沒有什麼必須被遵守，存在的只是生存或征服的策略。批判理論家們，則抱持第三種立場，繼續他們那場不可能的遊戲，合理化本身的道路，崇拜著難以撼動、根本但卻自主的價值。

小結

　　歷經過去十年，後福特主義、後現代主義和後結構主義相互交織所構成的論述，在消費文化的論域內贏得壓倒性的勝利(甚至強勢的將消費文化用在更廣泛的社會分析討論上)，因此使得許多學生與學者都將其奉爲圭臬，彷彿我們確實居處於一個新時代，且認定這些新時代意味著與現代性的徹底斷裂。礙於篇幅本書無力去處理我們究竟是否邁入新時代的議題，但我們仍必須指出該議題的答案仍舊開放：後福特主義和後現代主義仍是論辯，而非事實。於此同時，本書的結構與論述應該極爲清晰地指出後現代性的多數議題與概念工具，假使仍未觸及其結論，也已經點出論者長期關切的消費文化，其實與現代性並存。最重要的是，後現代主義內的後福特主義面向，其實延續了對於複製社會秩序時消費所扮演之社會經濟角色的關切，而這能夠追溯至亞當斯密甚至之前的思想脈絡，而後結構主義學者所關注的形上學、知識論和需求與價值的道德政治位階，則繼承了現代時期對於消費的關懷。

後記

　　我並不試圖在本書中，解決任何關於消費文化之所以在現代心靈中，佔有重要地位的理論性或實作性問題，此外也並未透過實質的批判來駁斥任何本書曾經回顧之文獻所提供的「出路」。我將有限的目標設定在質疑某些可操控的秩序和脈絡，好讓讀者在遭遇此一廣泛與擴張的領域時，能夠對其核心具備更清晰的概念，並瞭解其危險性。截至目前為止，我希望已經妥善地呈現出其危機。最重要的是，我希望讀者都能感受到，因為消費文化和我們如何集體地去掌控社會秩序以及私人領域之間的關係有關，在這當中人們界定出本身的定位、他們的需求與如何生存，「面臨危機存亡」是深刻與基本的*政治面向*。消費文化的討論是釐清我們如何配置自己生活的權力，以及掌握必要的資源去定義，並過著我們理想中的生活型態。

　　誠如傅柯曾經指出的，權力並非龐然怪物，且在某些觀念下，權力具備生產性而非壓抑性。然而，依舊有幾股主導的社會力量，這些都必須被認可，並由某人所

競逐，並打著某個神聖名號，從某個地方發起行動。除
此之外，誰又夠格述說對於錯誤的感受？在現代思想內
，這種對於某人、某地和某事的批判與反抗，均已經被
認定是相當重要的現象，而且也透過需求的概念，以及
它在界定認同、偏好、價值、集體與文化時扮演的角色
認清他們的歸屬。藉由對需求的論述，我便將自己投身
於特定的社會價值與目標、認同和成員身份。而且在我
的日常生活內，正是因爲經過無法自行闡述這類論點，
或在社會世界內追尋那些需求完美極致的歷練，讓我多
半直接地、面對面，壓抑地遭遇到那些被我名之爲權力
的玩意。例如婦女極端渴望陳述出她內心的渴望，卻因
爲父權關係而獲判有罪；像是塞給兒童一堆商品而非營
養品；像是一位第三世界的人民，因爲過度發展世界的
經濟與政治地理的需求，而被推向貧困、戰爭、集體屠
殺和文化落後的苦境；也像是一位殘疾者或年長者無力
支付健康照護、居住、暖氣等日用品的費用，只因爲他
或她本身的價值—肉體與心靈的機能—已經喪失市場價
值；也像是一位知識份子，他本身的批判行動因爲商品
或學術生產規範已經遭到異化；此外也包括在政治和媒
體的公共領域，某種族成員的需求完全被漠視，只因爲
結構化的種族歧視，已經使得他們在勞動、居住和教育
的世界中被滅絕—其作法是透過這些人們的經驗，透過
他們列舉的需求和一切他們被限制列出的潛在需求，也
就是我們熟知的權力。也正是因爲這些經驗，促使我們

積極地投入批判理論與實踐內。

　　消費文化是如何勇於面對其需求所引致的批評？猶如我們所指出的，這個問題的答案不只充滿分歧，而且也早已成為現代時期所有核心政治論辯的重要環節，其中包括自由、凝聚力、平等、認同、價值、多元主義等等。消費文化為批判思想提供有力的論點，供其衡量現代性的代價，如今則是後現代性。另一方面，消費文化無疑地也飽受抨擊，因為支撐其論述的結構不平等，使其難以滿足各種需求，以及隨之而來的貧困。但即使在其「滿足需求」之處─論述繼續發展─它所滿足的也不過是在漫長火線的末端，還能夠存活的那些需求，此荊棘道路佈滿物質與符號權力的不平等，文化的媒介，市場「非人的操縱機制」，合作規劃的工具理性─這條荊棘道路是如此漫長，故那些果真由此萌生的需求也已經被折磨的稀爛，而根本無法被那些恰當的類屬者所辨識。

　　另一方面，不同於阿多諾過度的冷嘲熱諷，或是布希亞叨叨絮絮的虛無主義，大多數人即使處於貧困的深淵或服從主義份子當道的高峰，也都和喪失心智消費主義的行屍走肉有很大一段差距。我們有能力付諸行動，對於周遭的物質與體驗的商品，進行再詮釋、轉化、修正、回復；實際上，我們*必須*具備這一切的能力，藉此理解身邊的商品，吸收這些資訊，並透過批判或服從主義的模式，將其轉化至日常生活內。我們也諷刺性地利用各種不同的設置，使自身遠離對於商品系統的認同，

讓這一切就像是場遊戲，把這些視爲某種膚淺與無盡的
變形體，而非深切、不變與僵硬的存在；就像迪塞杜或
費斯克的說法，我們所參與的是一場謀略抵抗和游擊式
的戰役。

　　不可否認的是，當人們在消費的遊樂場中嬉戲時，
仍會發生擦槍走火的情形，當遊戲變得嚴肅，當代價變
得過於高昂，當我們不希望擁抱後現代主義(或自由主義
)，就像普蘭特(Plant 1992：7)的說法，「在一個看來永遠
不會轉變的資本主義下…它提供了存活的操作指南…」
，它向我們保證「對於腳下這塊土地，感受到失落、迷
惘和不確定，是極爲自然的心態。」也就是在這樣的時
刻，人們會重新回歸那些社會批判思想的傳統，因爲當
市場社會與消費文化最初萌生之際，便開啓了批判思潮
和現代性的理性支配與實踐轉型的長期抗爭。

參考書目

Adburgham, A. (1981) *Shops and Shopping*. London: Barrie & Jenkins.

Adorno, T. and Horkheimer, M. (1979) *Dialectic of Enlightenment*. London: Verso.

Aglietta, M. (1979) *A Theory of Capitalist Regulation: The US Experience*. London: Verso.

Agnew, J. (1986) *Worlds Apart: The Market and the Theater in Anglo-American Thought, 1550–1750*. New York: Cambridge University Press.

Altvater, E. (1993) *The Future of the Market: An Essay on the Regulation of Money and Nature after the Collapse of 'Actually Existing Socialism'*. London: Verso.

Anderson, P. (1983) *In the Tracks of Historical Materialism*. London: Verso.

Appadurai, A. (1986) *The Social Life of Things: Commodities in Cultural Perspective*. Cambridge: Cambridge University Press.

Appleby, J. (1993) 'Consumption in early modern social thought', in J. Brewer and R. Porter (eds), *Consumption and the World of Goods*, 162–73. New York: Routledge.

Appleby, J. O. (1978) *Economic Thought and Ideology in Seventeenth-Century England*. Princeton, NJ: Princeton University Press.

Bagguley, P. (1991) 'Post-Fordism and enterprise culture', in R. Keat and N. Abercrombie (eds), *Enterprise Culture*. London: Routledge.

Bagguley, P., Mark-Lawson, J., Shapiro, D., Urry, J., Walby, S. et al. (1990) *Restructuring: Place, Class and Gender*. London: Sage.

Baran, P. A. and Sweezy, P. M. (1968) *Monopoly Capital*. Harmondsworth: Penguin.

Baran, P. A. and Sweezy, P. M. (1977 (1966)) *Monopoly Capital: An Essay on the American Economic and Social Order*. Harmondsworth: Penguin.

Barthes, R. (1977) *Elements of Semiology*. New York: Hill and Wang.

Barthes, R. (1986) *Mythologies*. London: Paladin.

Baudrillard, J. (1968) *Le Système des objets: la consommation des signes*. Paris: Denoel/Gonthier.

Baudrillard, J. (1975) *The Mirror of Production*. St Louis, MO: Telos.

Baudrillard, J. (1981) *For a Critique of the Political Economy of the Sign*, St Louis, MO: Telos.

Baudrillard, J. (1983) *Simulations*. New York: Semiotext(e).

Bauman, Z. (1983) 'Industrialism, consumerism and power', *Theory, Culture and Society*, 1 (3).

Bauman, Z. (1987) *Legislators and Interpreters: On Modernity, Post-modernity and Intellectuals* Cambridge: Polity Press.

Bauman, Z. (1988) *Freedom*. Milton Keynes: Open University Press.

Bauman, Z. (1990) *Thinking Sociologically*. Oxford: Blackwell.
Bauman, Z. (1991) *Modernity and Ambivalence*. Cambridge: Polity Press.
Bauman, Z. (1993) *Postmodern Ethics*. Oxford: Blackwell.
Beck, U. (1992) *Risk Society: Towards a New Modernity*. London: Sage.
Bell, D. (1979) *The Cultural Contradictions of Capitalism*. London: Heinemann.
Benjamin, W. (1989) *Charles Baudelaire: A Lyric Poet in the Era of High Capitalism*. London: Verso.
Benson, S. P. (1986) *Counter Culture: Saleswomen, Managers, and Customers in American Department Stores, 1890–1940*. Urbana, IL: University of Illinois Press.
Berman, M. (1970) *The Politics of Authenticity*. New York: Atheneum.
Berman, M. (1983) *All That is Solid Melts into Air: The Experience of Modernity*. London: Verso.
Berry, C. J. (1994) *The Idea of Luxury: A Conceptual and Historical Investigation*. Cambridge: Cambridge University Press.
Boorstin, D. (1962) *The Image*. Harmondsworth: Penguin.
Boorstin, D. J. (1973) *The Americans: The Democratic Experience*. New York: Vintage Books.
Bordo, S. (1987) *The Flight to Objectivity: Essays on Cartesianism and Culture*. Albany, NY: State University of New York Press.
Bourdieu, P. (1973) 'The Berber house or the world reversed', in M. Douglas (ed.), *Rules and Meanings*. Harmondsworth: Penguin.
Bourdieu, P. (1984) *Distinction: A Social Critique of the Judgement of Taste*. Cambridge, MA: Harvard University Press.
Bourdieu, P. (1989) *Outline of a Theory of Practice*. Cambridge: Cambridge University Press.
Bowlby, R. (1987) 'Modes of modern shopping: Mallarmé at the Bon Marché', in N. Armstrong and L. Tennenhouse (eds), *The Ideology of Conduct: Essays in Literature and the History of Sexuality*, 185–205. New York: Methuen.
Braudel, F. (1981) *The Structures of Everyday Life*. London: Fontana.
Braverman, H. (1974) *Labour and Monopoly Capital: The Degredation of Work in the Twentieth Century*. New York: Monthly Review Press.
Breitenbach, H., Burden, T. and Coates, D. (1990) *Features of a Viable Socialism*. Brighton: Wheatsheaf.
Brewer, J. and Porter, R. (eds) (1993) *Consumption and the World of Goods*. New York: Routledge.
Brittan, S. (1988) *A Restatement of Economic Liberalism*. London: Macmillan.
Bronner, S. J. (ed.) (1989) *Consuming Visions: Accumulation and Display of Goods in America, 1880–1920*. New York: Norton.
Brown, S. (1994) *Postmodern Marketing*. London: Routledge.
Buck-Morss, S. (1989) *The Dialectics of Seeing: Walter Benjamin and the Arcades Project*. London: MIT Press.
Burchill, G. (1991) 'Peculiar interests: civil society and governing the system of natural liberty', in G. Buchill, C. Gordon, and P. Miller (eds), *The Foucault Effect: Studies in Governmentality*. London: Harvester/Wheatsheaf.
Callinicos, A. (1989) *Against Postmodernism: A Marxist Critique*. Cambridge: Polity Press.
Campbell, C. (1989) *The Romantic Ethic and the Spirit of Modern Consumerism*. Oxford: Blackwell.
Carter, E. (1984) 'Alice in the consumer wonderland: West German case studies in gender and consumer culture', in A. McRobbie and M. Nova (eds), *Gender and Generation*. London: Macmillan.

Castle, T. (1986) *Masquerade and Civilization: The Carnivalesque in Eighteenth-Century Culture and Fiction*. London: Methuen.
Certeau, M. de (1984) *The Practice of Everyday Life*. Berkeley, CA: University of California Press.
Chambers, I. (1986) *Popular Culture: The Metropolitan Experience*. London: Routledge.
Chaney, D. (1983) 'The department stores as a cultural form', *Theory, Culture and Society*, 1 (3).
Chaney, D. (1991) 'Subtopia in Gateshead: the MetroCentre as a cultural form', *Theory, Culture and Society*, 7.
Chaney, D. (1993) *Fictions of Collective Life: Public Drama in Late Modern Culture*. London: Routledge.
Clarke, J. and Simmonds, D. (1980) *Move over Misconceptions: Doris Day Reappraised*. London: British Film Institute.
Clarke, S. (1982) *Marx, Marginalism and Modern Sociology: From Adam Smith to Max Weber*. London: Macmillan.
Coats, A. W. (1958) 'Changing attitudes to labour in the mid-eighteenth century', *Economic History Review*, 2nd series, IX: 35–51.
Cohen, S. (1972) *Folk Devils and Moral Panics: The Creation of the Mods and Rockers*. London: Paladin.
Coward, R. (1989) *The Whole Truth: The Myth of Alternative Health*. London: Faber & Faber.
Crompton, R. (1993) *Class and Stratification: An Introduction to Current Debates*. Cambridge: Polity Press.
Cross, G. (1993) *Time and Money: The Making of Consumer Culture*. London: Routledge.
Cunningham, H. (1980) *Leisure in the Industrial Revolution, c.1780–c.1880*. London: Croom Helm.
Dabydeen, D. (1987) *Hogarth, Walpole and Commercial Britain*. London: Hansib.
Davis, M. (1990) *City of Quartz: Excavating the Future in Los Angeles*. London: Verso.
Deleuze, G. and Guattari, F. (1977) *Anti-Oedipus: Capitalism and Schizophrenia*. London: Athlone Press.
DiMaggio, P. (1990) 'Cultural aspects of economic action', in R. Friedland and A. F. Robertson (eds), *Beyond the Marketplace: Rethinking Models of Economy and Society*. Chicago, IL: Aldine.
Dore, R. (1983) 'Goodwill and the spirit of market capitalism', *British Journal of Sociology* 34: 459–82.
Douglas, M. (1979) *Implicit Meanings: Essays in Anthropology*. London: Routledge.
Douglas, M. (1984) *Purity and Danger: An Analysis of the Concept of Pollution and Taboo*. London: Routledge & Kegan Paul.
Douglas, M. and Isherwood, B. (1979) *The World of Goods: Towards an Anthropology of Consumption*. Harmondsworth: Penguin.
Doyal, L. and Gough, I. (1991) *A Theory of Human Needs*. London: Macmillan.
Du Gay, P. (1996) *Consumption and Identity at Work*. London: Sage.
Durkheim, E. (1987) *Suicide: A Study in Sociology*. London: Routledge & Kegan Paul.
Eagleton, T. (1983) *Literary Theory: An Introduction*. Oxford: Blackwell.
Eco, U. (1979) *A Theory of Semiotics*. Bloomington, IL: Indiana University Press.
England, P. (1993) 'The separative self: androcentric bias in neoclassical assumptions', in M. A. Ferber and J. A. Nelson (eds), *Beyond Economic Man: Feminist Theory and Economics*. Chicago, IL: University of Chicago Press.
Etzioni, A. (1988) *The Moral Dimension: Toward a New Economics*. New York: Free Press.
Eversley, D. E. C. (1967) 'The home market and economic growth in England 1750–

1780', in E. L. Jones and C. F. Mingay (eds), *Land, Labour and Population in the Industrial Revolution*. London: Edward Arnold.

Ewen, S. (1976) *Captains of Consciousness: Advertising and the Social Roots of Consumer Culture*. New York: McGraw-Hill.

Ewen, S. (1988) *All Consuming Images: The Politics of Style in Contemporary Culture*. New York: Basic Books.

Featherstone, M. (1991a) 'The body in consumer society', in M. Featherstone, M. Hepworth and B. Turner (eds), *The Body: Social Process and Cultural Theory*. London: Sage.

Featherstone, M. (1991b) *Consumer Culture and Postmodernism*. London: Sage.

Featherstone, M., Hepworth, M. and Turner, B. (1991) *The Body: Social Process and Cultural Theory*. London: Sage.

Feher, F., Heller, A. and Markus, G. (1984) *Dictatorship over Needs: An Analysis of Soviet Societies*. Oxford: Blackwell.

Ferber, M. A. and Nelson, J. A. (eds) (1993) *Beyond Economic Man: Feminist Theory and Economics*. Chicago, IL: University of Chicago Press.

Fine, B. and Leopold, E. (1990) 'Consumerism and the Industrial Revolution', *Social History*, xv: 151-79.

Fine, B. and Leopold, E. (1993) *The World of Consumption*. London: Routledge.

Finkelstein, J. (1991) *The Fashioned Self*. Cambridge: Polity Press.

Fiske, J. (1989) *Reading the Popular*. Boston, MA: Unwin Hyman.

Foucault, M. (1988) 'The political technology of individuals', in L. Martin, H. Gutman and P. Hutton (eds), *Technologies of the Self: A Seminar with Michel Foucault*. Amherst, MA: University of Massachusetts Press.

Fox, R. W. and Lears T. J. (1983) *The Culture of Consumption: Critical Essays in American History, 1880-1980*. New York: Pantheon.

Frankel, B. (1987) *The Post-Industrial Utopians*. Cambridge: Polity Press.

Fraser, W. H. (1981) *The Coming of the Mass Market, 1850-1914*. London: Macmillan.

Friedman, M. (1957) *A Theory of the Consumption Function*. Princeton, NJ: Princeton University Press.

Frisby, D. (1988) *Fragments of Modernity*. Cambridge: Polity Press.

Gaines, J. and Herzog, C. (eds) (1990) *Fabrications: Costume and the Female Body*. London: Routledge.

Galbraith, J. K. (1969) *The Affluent Society*. London: Hamish Hamilton.

Gambetta, D. (1989) *Trust: Making and Breaking of Cooperative Relations*. Oxford: Blackwell.

Gardner, C. and Sheppard, J. (1989) *Consuming Passion: The Rise of Retail Culture*. London: Unwin Hyman.

Gellner (1992) *Reason and Culture*. Oxford: Blackwell.

Geras, N. (1983) *Marx and Human Nature: Refutation of a Legend*. London: New Left Books.

Gershuny, J. and Miles, I. (1983) *The New Service Economy: The Transformation of Employment in Industrial Societies*. London: Francis Pinter.

Giddens, A. (1991) *Modernity and Self-Identity: Self and Society in the Late Modern Age*. Cambridge: Polity Press.

Gilboy, E. W. (1967) 'Demand as a factor in the Industrial Revolution', in R. M. Hartwell (ed.), *Causes of the Industrial Revolution in England*. London: Methuen.

Gilroy, P. (1993) *The Black Atlantic: Modernity and Double Consciousness*. London: Verso.

Godelier, M. (1972) *Rationality and Irrationality in Economics*. New York: Monthly Review Press.

Godelier, M. (1986) *The Mental and the Material: Thought, Economy and Society*. London: Verso.
Goldthorpe, J. and Lockwood, D. (1968–9) *The Affluent Worker*. Cambridge: Cambridge University Press.
Gorz, A. (1982) *Farewell to the Working Class: An Essay on Post-Industrial Socialism*. London: Pluto Press.
Gorz, A. (1989) *Critique of Economic Reason*. London: Verso.
Gottdiener, M. (1995) *Postmodern Semiotics: Material Culture and the Forms of Postmodern Life*. Oxford: Blackwell.
Granovetter, M. (1985) 'Economic action and social structure: the problem of embeddedness', *American Journal of Sociology*, 91 (3): 481–510.
Gray, A. (1987) 'Behind closed doors: video recorders in the home', in H. Baehr and G. Dyer (eds), *Boxed In: Women and Television*. London: Pandora.
Gray, A. (1992) *Video Playtime: The Gendering of a Leisure Technology*. London: Routledge.
Habermas, J. (1991) *The Structural Transformation of the Public Sphere: An Inquiry into a Category of Bourgeois Society*. Cambridge, MA: MIT Press.
Hacking, I. (1986) 'Self-improvement', in D. C. Hoy (ed.), *Foucault: A Critical Reader*. Oxford: Blackwell.
Hall, S. (1980) 'Encoding/decoding', in S. Hall, D. Hobson, A. Lowe and P. Willis (eds), *Culture, Media, Language*. London: Hutchinson.
Hall, S., Critcher, C., Jefferson, T., Clarke, J., and Roberts, B. (1978) *Policing the Crisis: Mugging, the State, and Law and Order*. London: Macmillan.
Hall, S. and Jacques, M. (eds) (1989) *New Times: The Changing Face of Politics in the 1990s*. London: Lawrence & Wishart.
Harland, R. (1987) *Superstructuralism: The Philosophy of Structuralism and Post-Structuralism*. London: Methuen.
Harvey, D. (1982) *The Limits to Capital*. Oxford: Blackwell.
Harvey, D. (1988) *The Condition of Postmodernity: An Enquiry into the Origins of Culture*. Oxford: Blackwell.
Haug, W. F. (1986) *Critique of Commodity Aesthetics: Appearance, Sexuality & Advertising*. Cambridge: Polity Press.
Hayek, F. A. (1976) *The Road to Serfdom*. London: Routledge & Kegan Paul.
Hebdige, D. (1979) *Subculture: The Meaning of Style*. London: Methuen.
Hebdige, D. (1988a) *Hiding in the Light: On Images and Things*. London: Comedia.
Hebdige, D. (1988b) 'Object as image: the Italian scooter cycle', in *Hiding in the Light: On Images and Things*. London: Comedia.
Hebdige, D. (1988c) 'Towards a cartography of taste 1935–1962', in *Hiding in the Light: On Images and Things*. London: Comedia.
Heelas, P. and Morris, P. (eds) (1992) *The Values of Enterprise Culture: The Moral Debate*. London: Routledge.
Hirsch, F. (1976) *Social Limits to Growth*. Cambridge, MA: Harvard University Press.
Hirschman, A. (1977) *The Passions and the Interests*. Princeton, NJ: Princeton University Press.
Hobbes, T. (1972 (1651)) *Leviathan*. London: Fontana.
Hochschild, A. (1983) *The Managed Heart: Commercialization of Human Feeling*. Berkeley, CA: University of California Press.
Hodgson, G. (1984) *The Democratic Economy: A New Look at Planning, Markets and Power*. Harmondsworth: Penguin.
Hodgson, G. (1988) *Economics and Institutions: A Manifesto for a Modern Institutional*

Economics. Cambridge: Polity Press.
Hodgson, G. M. and Screpanti, F. (1991) *Rethinking Economics: Markets, Technology and Economic Evolution*. Aldershot: Edward Elgar.
Hoggart, R. (1977 (1957)) *The Uses of Literacy*. Harmondsworth: Penguin.
Horowitz, D. (1985) *The Morality of Spending: Attitudes Toward the Consumer Society in America, 1875–1940*. Baltimore, MA: Johns Hopkins University Press.
Hoskins, W. (1963) 'Rebuilding of rural England, 1570–1640', in W. Hoskins (ed.), *Provincial England: Essays in Social and Economic History*, 131–48. London: Macmillan.
Huyssen, A. (1986) *After the Great Divide: Modernism, Mass Culture and Postmodernism*. London: Macmillan.
Ignatieff, M. (1984) *The Needs of Strangers*. London: Hogarth Press.
Ironmonger, D. S. (1972) *New Commodities and Consumer Behaviour*. Cambridge: Cambridge University Press.
Jameson, F. (1984) 'Postmodernism, or the cultural logic of late capitalism', *New Left Review*, 146.
Jhally, S. (1987) *The Codes of Advertising: Fetishism and the Political Economy of Meaning in the Consumer Society*. London: Frances Pinter.
Kahneman, D., Knetsch, J. and Thaler, R. (1987) 'Fairness and the assumptions of economics', in R. Hogarth and M. Reder (eds), *Rational Choice*. Chicago, IL: University of Chicago Press.
Kant, I. (1983) 'An answer to the question: what is Enlightenment?', in I. Kant (ed.), *Perpetual Peace and Other Essays*. Indianapolis, IN: Hackett.
Keat, R. and Abercrombie, N. (eds) (1991) *Enterprise Culture*. London: Routledge.
Kellner, D. (1989) *Jean Baudrillard: From Marxism to Postmodernism and Beyond*. Cambridge: Polity Press.
Kline, S. and Leiss, W. (1978) 'Advertising, needs and commodity fetishism', *Canadian Journal of Political and Social Theory*, 2 (1).
Lancaster, K. (1966) 'A new approach to consumer theory', *Journal of Political Economy*, 74: 132–57.
Lancaster, K. (1971) *Consumer Demand: A New Approach*. New York: Columbia University Press.
Lane, R. E. (1991) *The Market Experience*. Cambridge: Cambridge University Press.
Langholz Leymore, V. (1975) *Hidden Myth: Structure and Symbolism in Advertising*. London: Heinemann.
Lansley, S. (1994) *After the Gold Rush: The Trouble with Affluence, 'Consumer Capitalism' and the Way Forward*. London: Century Business Books.
Lasch, C. (1979) *The Culture of Narcissism*. London: Abacus.
Lash, S. (1990) *Sociology of Postmodernism*. London: Routledge.
Lash, S. and Urry, J. (1987) *The End of Organized Capitalism*. Cambridge: Polity Press.
Lash, S. and Urry, J. (1993) *Economies of Signs and Space*. London: Sage.
Lears, T. J. (1983) 'From salvation to self-realization: advertising and the therapeutic roots of the consumer culture, 1880–1930', in R. W. Fox and T. J. Lears (eds), *The Culture of Consumption: Critical Essays in American History, 1880–1980*. New York: Pantheon.
Leavis, F. R. (1930) *Mass Civilisation and Minority Culture*. Cambridge: Minority Press.
Leavis, F. R. and Thompson, D. (1933) *Culture and Environment: The Training of Critical Awareness*. London: Chatto & Windus.
Lee, M. J. (1992) *Consumer Culture Reborn: The Cultural Politics of Consumption*. London: Routledge.

Leiss, W. (1976) *The Limits to Satisfaction: On Needs and Commodities.* Toronto: University of Toronto Press.

Leiss, W. (1983) 'The icons of the marketplace', *Theory, Culture and Society*, 1 (3): 10-21.

Leiss, W., Kline, S. and Jhally, S. (1986) *Social Communication in Advertising: Persons, Products & Images of Well-Being.* London: Methuen.

Lewis, S. (1922) *Babbitt.* New York: Harcourt Brace Jovanovich.

Lovejoy, A. O. (1936) *The Great Chain of Being.* Cambridge, MA: Harvard University Press.

Lukács, G. (1971) 'Reification and the consciousness of the proletariat', in G. Lukács (ed.), *History and Class Consciousness: Studies in Marxist Dialectics.* London: Merlin Press.

Lunt, P. K. and Livingstone, S. (1992) *Mass Consumption and Personal Identity: Everyday Economic Experience.* Buckingham: Open University Press.

MacCannell (1989) *The Tourist: A New Theory of the Leisure Class.* New York: Schocken Books.

McCracken, G. (1990) *Culture and Consumption.* Bloomington, IN: Indiana University Press.

McGuigan, J. (1992) *Cultural Populism.* London: Routledge.

McKendrick, N. (1959-60) 'Josiah Wedgwood: an eighteenth-century entrepreneur in salesmanship and marketing techniques', *Economic History Review*, 2nd series, 12 (3): 408-33.

McKendrick, N. (1964) 'Josiah Wedgwood and Thomas Bentley: an inventor-entrepreneur partnership in the Industrial Revolution', *Transactions of the Royal Historical Society*, XIV: 1-33.

McKendrick, N. (1974) 'Home demand and economic growth: a new view of the role of women and children in the Industrial Revolution', in N. McKendrick (ed.), *Historical Perspectives: Studies in English Thought and Society in Honour of J. H. Plumb.* London: Europa.

McKendrick, N., Brewer, J. and Plumb, J. H. (1983) *The Birth of a Consumer Society: The Commercialization of Eighteenth-century England.* London: Hutchinson.

McRobbie, A. (1978) 'Working class girls and the culture of femininity', in Women's Studies Group (ed.), *Women Take Issue.* London: Hutchinson.

McRobbie, A. (1980) 'Settling accounts with subculture', in T. Bennett (ed.), *Culture, Ideology and Social Process.* London: Batsford/Open University Press.

McRobbie, A. (1991) *Feminism and Youth Culture: From 'Jackie' to 'Just Seventeen'.* Basingstoke: Macmillan Educational.

McRobbie, A. and Nova, M. (1984) *Gender and Generation.* London: Macmillan.

Mandel, E. (1976) *Late Capitalism.* London: NLB.

Marchand, R. (1986) *Advertising the American Dream: Making Way for Modernity - 1920-1940.* Berkeley, CA: University of California Press.

Marcuse, H. (1964) *One Dimensional Man.* London: Abacus.

Marcuse, H. (1972) *Negations: Essays in Critical Theory.* Harmondsworth: Penguin.

Marcuse, H. (1973 (1955)) *Eros and Civilisation.* London: Abacus.

Marcuse, H. (1973 (1969)) *An Essay on Liberation.* Harmondsworth: Penguin.

Marx, K. (1959) *Capital*, Vol. III. London: Lawrence & Wishart.

Marx, K. (1973) *Grundrisse.* Harmondsworth: Penguin / New Left Review.

Marx, K. (1975) *Early Writings.* Harmondsworth: Penguin / New Left Review.

Marx, K. (1976) *Capital*, Vol. I. London: Penguin / New Left Review.

Mattick, P. (1971) *Marx and Keynes: The Limits of the Mixed Economy.* London: Merlin.

Mauss, M. (1990) *The Gift: The Form and Reason for Exchange in Archaic Societies*. New York: W. W. Norton.

Meyrowitz, J. (1986) *No Sense of Place: The Impact of Electronic Media on Social Behaviour*. New York: Oxford University Press.

Miller, D. (1987) *Material Culture and Mass Consumption*. Oxford: Blackwell.

Miller, D. (1994) *Modernity – An Ethnographic Approach: Dualism and Mass Consumption in Trinidad*. Oxford: Berg.

Miller, D. (ed.) (1995) *Acknowledging Consumption: A Review of New Studies*. London: Routledge.

Miller, M. (1981) *The Bon Marché: Bourgeois Culture and the Department Store*. London: Allen & Unwin.

Mills, C. W. (1951) *White Collar*. London: Oxford University Press.

Millum, T. (1975) *Images of Women: Advertising in Women's Magazines*. London: Chatto & Windus.

Mintz, S. (1985) *Sweetness and Power: The Place of Sugar in Modern History*. New York: Viking.

Morley, D. (1980a) *The 'Nationwide' Audience*. London: Comedia.

Morley, D. (1980b) 'Texts, readers, subjects', in S. Hall, D. Hobson, A. Lowe, and P. Willis (eds), *Culture, Media, Language*. London: Hutchinson.

Morley, D. (1986) *Family Television: Cultural Power and Domestic Leisure*. London: Comedia.

Morley, D. (1992) *Television, Audiences and Cultural Studies*. London: Routledge.

Mort, F. (1989) 'The politics of consumption', in S. Hall and M. Jacques (ed.), *New Times: The Changing Face of Politics in the 1990s*. London: Lawrence & Wishart.

Mui, H.-C. and Mui, L. H. (1989) *Shops and Shopkeeping in Eighteenth-Century England*. London: Routledge.

Mukerji, C. (1983) *From Graven Images: Patterns of Modern Materialism*. New York: Columbia University Press.

Nelson, J. A. (1993) 'The study of choice or the study of provisioning? Gender and the definition of economics', in M. A. Ferber and J. A. Nelson (eds), *Beyond Economic Man: Feminist Theory and Economics*. Chicago, IL: University of Chicago Press.

Nove, A. (1983) *The Economics of Feasible Socialism*. London: George Unwin and Allen.

O'Neill, J. (1985) *Five Bodies: The Human Shape of Modern Society*. Ithaca, NY and London: Cornell University Press.

Packard, V. (1977) *The Hidden Persuaders*. Harmondsworth: Penguin.

Perkin, H. (1968) *The Origins of Modern English Society*. London: Routledge.

Plant, R. (1989) 'Socialism, markets and end-states', in J. Le Grand and S. Estrin (eds), *Market Socialism*. Oxford: Clarendon Press.

Plant, S. (1992) *The Most Radical Gesture: The Situationist International in a Postmodern Age*. London: Routledge.

Plumb, J. H. (1983) 'Commercialization and society', in N. McKendrick, J. Brewer and J. H. Plumb (eds), *The Birth of a Consumer Society: The Commercialization of Eighteenth-century England*. London: Hutchinson.

Pocock, J. G. A. (1975) *The Machiavellian Moment*. Princeton, NJ: Princeton University Press.

Pocock, J. G. A. (1985) *Virtue, Commerce and History*. Cambridge: Cambridge University Press.

Polanyi, K. (1957a) 'The economy as instituted process', in K. Polanyi, C. Arensberg and H. Pearson (eds), *Trade and Markets in Archaic Societies*, 243–59. Chicago, IL: Free Press.

Polanyi, K. (1957b) *The Great Transformation: The Political and Economic Origins of Our Time*. Boston, MA: Beacon Press.

Polhemus, T. (1994) *Streetstyle*. London: Thames and Hudson.

Pope, D. (1983) *The Making of Modern Advertising*. New York: Basic Books.

Porter, R. (1982) *English Society in the Eighteenth Century*. Harmondsworth: Penguin.

Porter, R. (1993a) 'Baudrillard: history, hysteria and consumption', in C. Rojek and B. S. Turner (eds), *Forget Baudrillard*. London: Routledge.

Porter, R. (1993b) 'Consumption: disease of the consumer society?', in J. Brewer and R. Porter (eds), *Consumption and the World of Goods*, 58–81. New York: Routledge.

Radway, J. (1987) *Reading the Romance: Women, Patriarchy and Popular Literature*. London: Verso.

Reekie, G. (1993) *Temptations: Sex, Selling and the Department Store*. London: Allen & Unwin.

Richards, T. (1991) *The Commodity Culture of Victorian England: Advertising and Spectacle, 1851-1914*. London: Verso.

Riesman, D. (1961) *The Lonely Crowd: A Study of the Changing American Character*. New Haven: Yale University Press.

Ritzer, G. (1993) *The McDonaldization of Society: An Investigation into the Changing Character of Contemporary Social Life*. London: Pine Forge Press.

Robinson, J. (1983) *Economic Philosophy*. Harmondsworth: Penguin.

Rojek, C. (1985) *Capitalism and Leisure Theory*. London: Methuen.

Rose, G. (1978) *The Melancholy Science: An Introduction to the Thought of Theodor W. Adorno*. London: Macmillan.

Rose, N. (1991) *Governing the Soul: The Shaping of the Private Self*. London: Routledge.

Rose, N. (1992a) 'Governing the enterprising self', in P. Heelas and P. Morris (eds), *The Values of the Enterprise Culture: The Moral Debate*. London: Routledge.

Rose, N. (1992b) 'Towards a critical sociology of freedom', inaugural lecture. London: Goldsmiths' College.

Rosenberg, N. (1968) 'Adam Smith, consumer tastes, and economic growth', *Journal of Political Economy*, 7.

Rothschild, E. (1973) *Paradise Lost: The Decline of the Auto-Industrial Age*. London: Allen Lane.

Rousseau, J. J. (1984 (1755)) *A Discourse on Inequality*. London: Penguin.

Rowthorn, B. (1980) 'Marx's theory of wages', in B. Rowthorn (ed.), *Capitalism, Conflict and Inflation*. London: Lawrence & Wishart.

Rule, J. (1992) *Albion's People: English Society, 1714-1815*. London: Longman.

Ryan, A. (ed.) (1987) *Utilitarianism and Other Essays: J. S. Mill and Jeremy Bentham*. London: Penguin.

Sahlins, M. (1974) *Stone Age Economics*. London: Tavistock.

Sahlins, M. (1976) *Culture and Practical Reason*. Chicago, IL: University of Chicago Press.

Schama, S. (1989) *Citizens: A Chronicle of the French Revolution*. London: Penguin.

Schudson, M. (1981) 'Criticizing the critics of advertising: towards a sociological view of marketing', *Media, Culture & Society*, 3.

Schudson, M. (1984) *Advertising, the Uneasy Persuasion: Its Dubious Impact on American Society*. New York: Basic Books.

Scitovsky, T. (1976) *The Joyless Economy*. New York: Oxford University Press.

Scitovsky, T. (1986) *Human Desire and Economic Satisfaction*. Brighton: Wheatsheaf.

Sekora, J. (1977) *Luxury: The Concept in Western Thought, Eden to Smollet*. Baltimore, MA: Johns Hopkins University Press.

Sen, A. (1985) *Commodities and Capabilities*. Amsterdam: Elsevier.
Sen, A. (1987a) *The Standard of Living: The Tanner Lectures*. Cambridge: Cambridge University Press.
Sen, A. K. (1987b) *On Ethics and Economics*. New York: Blackwell.
Sennett, R. (1977) *The Fall of Public Man*. Cambridge: Cambridge University Press.
Shammas, C. (1990) *The Preindustrial Consumer in England and America*. Oxford: Oxford University Press.
Shammas, C. (1993) 'Changes in English and Anglo-American consumption from 1550–1800', in J. Brewer and R. Porter (eds), *Consumption and the World of Goods*, 177–205. New York: Routledge.
Shields, R. (1990) *Places on the Margin: Alternative Geographies of Modernity*. London: Routledge.
Shields, R. (ed.) (1992) *Lifestyle Shopping: The Subject of Consumption*. London: Routledge.
Shilling, C. (1993) *The Body and Social Theory*. London: Sage.
Silverstone, R. (1990) 'Television and everyday life: towards an anthropology of the television audience', in M. Ferguson (ed.), *Public Communication: The New Imperatives*. London: Sage.
Silverstone, R. and Hirsch, E. (eds) (1992) *Consuming Technologies: Media and Information in Domestic Spaces*. London: Routledge.
Simmel, G. (1950) 'The metropolis and mental life', in K. Wolff (ed.), *The Sociology of Georg Simmel*. London: Collier-Macmillan.
Simmel, G. (1990) *The Philosophy of Money*. London: Routledge.
Simmel, G. (1991a (1896)) 'The Berlin Trade Exhibition', *Theory, Culture and Society*, 8: 119–23.
Simmel, G. (1991b (1896)) 'Money in modern culture', *Theory, Culture and Society*, 8: 17–31.
Slater, D. R. (1985) 'Advertising as a commercial practice: business strategy and social theory', PhD thesis. Cambridge University.
Slater, D. R. (1987) 'On the wings of the sign: commodity culture and social practice', *Media, Culture and Society*, 9.
Slater, D. R. (1989) 'Corridors of power: research into advertising', in D. Silverman and J. Gubrium (eds), *The Politics of Field Research*. London: Sage.
Slater, D. R. (1993) 'Going shopping: markets, crowds and consumption', in C. Jenks (ed.), *Cultural Reproduction*. London: Routledge.
Slater, D. R. (1995) 'Photography and modern vision: the spectacle of "natural magic" ', in C. Jenks (ed.), *Visual Culture*. London: Routledge.
Slater, D. R. (1996) 'Consumer culture and the politics of need', in M. Nava. A. Blake, I. MacRury and B. Richards (eds), *Buy This Book: Contemporary Issues in Advertising and Consumption*. London: Routledge.
Smith, A. (1986 (1776)) *The Wealth of Nations*. London: Penguin.
Smollett, T. (1985) *The Expedition of Humphrey Clinker*. London: Penguin.
Sontag, S. (1983) *Illness as Metaphor*. Harmondsworth: Penguin.
Soper, K. (1981) *On Human Needs: Open and Closed Theories in a Marxist Perspective*. Sussex: Harvester Press.
Soper, K. (1986) *Humanism and Anti-Humanism*. London: Hutchinson.
Soper, K. (1990) *Troubled Pleasures: Writings on Politics, Gender and Hedonism*. London: Verso.
Spufford, M. (1981) *Small Books and Pleasant Histories*. London: Methuen.
Spufford, M. (1984) *The Great Reclothing of Rural England: Petty Chapmen and Their*

Wares in the Seventeenth Century. London: Hambledon Press.

Swedberg, R. (1987) 'Economic sociology', *Current Sociology*, 35: 1–21.

Sweezy, P. M. (1942) *The Theory of Capitalist Development: Principles of Marxian Political Economy.* New York: Modern Reader.

Sydie, R. A. (1987) *Natural Women, Cultured Men.* Milton Keynes: Oxford University Press.

Talmon, J. L. (1986 (1952)) *The Origins of Totalitarian Democracy: Political Theory and Practice During the French Revolution and Beyond.* London: Peregrine.

Taylor, C. (1989) *Sources of the Self: The Making of the Modern Identity.* Cambridge: Cambridge University Press.

Thirsk, J. (1978) *Economic Policy and Projects: The Development of a Consumer Society in Early Modern England.* Oxford: Clarendon Press.

Thompson, D. (1964) *Discrimination and Popular Culture.* Harmondsworth: Penguin.

Thompson, E. P. (1971) 'The moral economy of the English crowd in the eighteenth century', *Past and Present*, 50: 78–98.

Thompson, E. P. (1975) *Whigs and Hunters: The Origin of the Black Act.* London: Allen Lane.

Thompson, E. P. (1978) *The Making of the English Working Class.* London: Penguin.

Thompson, G., Frances, J., Levacic, R. and Mitchell, J. (1991) *Markets, Hierarchies and Networks: The Coordination of Social Life.* London: Sage.

Thompson, K. (ed.) (1985) *Readings from Emile Durkheim.* London: Ellis Horwood / Tavistock.

Thornton, S. (1995) *Club Cultures: Music, Media and Subcultural Capital.* Cambridge: Polity Press.

Timpanaro, S. (1980) *On Materialism.* London: Verso.

Todd, J. (1986) *Sensibility: An Introduction.* London: Methuen.

Toqueville, A. de (1955 (1856)) *The Old Regime and the French Revolution.* New York: Doubleday Anchor Books.

Trilling, L. (1972) *Sincerity and Authenticity.* Cambridge, MA: Harvard University Press.

Turner, B. (1985) *The Body and Society: Explorations in Social Theory.* Oxford: Blackwell.

Turner, B. (1987) 'The rationalization of the body: reflections on modernity and discipline', in S. Whimster and S. Lash (eds), *Max Weber, Rationality and Modernity*, 222–41. London: Allen & Unwin.

Turner, B. S. (1986) 'Simmel, rationalization and the sociology of money', *Sociological Review*, 34 (1): 93–114.

Urry, J. (1988) 'Cultural change and contemporary holiday-making', *Theory, Culture and Society*, 5 (1).

Urry, J. (1990) *The Tourist Gaze: Leisure and Travel in Contemporary Societies.* London: Sage.

Veblen, T. (1953 (1899)) *The Theory of the Leisure Class: An Economic Study of Institutions.* New York: Mentor.

Vichert, G. (1971) 'The theory of conspicuous consumption in the eighteenth century', in P. Hughes and D. Williams (eds), *The Varied Pattern: Studies in the Eighteenth Century.* Toronto: McMaster University.

Walkowitz, J. R. (1992) *City of Dreadful Delight: Narratives of Sexual Danger in Late-Victorian Britain.* London: Virago.

Warde, A. (1994a) 'Consumers, identity and belonging: reflections on some theses of Zygmunt Bauman', in R. Keat, N. Whiteley and N. Abercrombie (eds), *The Authority of the Consumer*, 58–74. London: Routledge.

Warde, A. (1994b) 'Consumption, identity-formation and uncertainty', *Sociology*, 28 (4):

877-98.
Waters, M. (1995) *Globalization*. London: Routledge.
Weatherill, L. (1988) *Consumer Behaviour and Material Culture in Britain 1660-1760*. London: Routledge.
Weatherill, L. (1993) 'The meaning of consumer behaviour in late seventeenth- and early eighteenth-century England', in J. Brewer and R. Porter (eds), *Consumption and the World of Goods*, 206-27. New York: Routledge.
Webster, F. (1987) 'Advertising the American dream', *Media, Culture and Society*, 9.
Wernick, A. (1991) *Promotional Culture: Advertising, Ideology and Symbolic Expression*. London: Sage.
Whyte, W. H. (1957) *The Organization Man*. New York: Doubleday Anchor Books.
Wiles, R. C. (1968) 'The theory of wages in later English mercantilism', *Economic History Review*, 2nd series, XXI: 113-26.
Willan, T. S. (1970) *An Eighteenth-Century Shopkeeper: Abraham Dent of Kirkby Stephen*. Manchester: Manchester University Press.
Willan, T. S. (1976) *The Inland Trade*. Manchester: Manchester University Press.
Williams, R. (1976) *Keywords: A Vocabulary of Culture and Society*. Glasgow: Fontana.
Williams, R. (1980) 'Advertising: the magic system', in R. Williams (ed.), *Problems in Materialism and Culture*. London: Verso.
Williams, R. (1982) *Dream Worlds: Mass Consumption in Late C19th France*. Berkeley, CA: University of California Press.
Williams, R. (1985) *Culture and Society: 1780-1950*. Harmondsworth: Penguin.
Williamson, J. (1978) *Decoding Advertisements: Ideology and Meaning in Advertising*. London: Marion Boyars.
Williamson, J. (1979) 'The history that photographs mislaid', in Photography Workshop (ed.), *Photography/Politics: One*. London: Photography Workshop.
Willis, P. (1975) 'The expressive style of a motor-bike culture', in J. Benthall and T. Polhemus (eds), *The Body as a Medium of Expression*. London: Allen Lane.
Willis, P. (1978) *Learning to Labour*. London: Saxon House.
Willis, P. (1990) *Common Culture: Symbolic Work at Play in the Everyday Cultures of the Young*. Milton Keynes: Open University Press.
Wilson, E. (1991) *The Sphinx in the City*. London: Virago.
Wolff, J. (1985) 'The invisible *flâneuse*: women and the literature of modernity', *Theory, Culture and Society*, 2 (3): 37-47.
Wrigley, E. A. (1967) 'A simple model of London's importance in changing English society and economy, 1650-1750', *Past and Present*, 37: 44-60.
Xenos, N. (1989) *Scarcity and Modernity*. London: Routledge.
Zukin, L. A. (1991) *Landscapes of Power: From Detroit to Disney World*, Berkeley, CA: University of California Press.
Zukin, S. and DiMaggio, P. (eds) (1990) *Structures of Capital: The Social Organization of the Economy*. New York: Cambridge University Press.

弘 智 文 化 價 目 表

弘智文化出版品進一步資訊歡迎至網站瀏覽：http://www.honz-book.com.tw

書名	定價		書名	定價
			生涯規劃：掙脫人生的三大桎梏	250
社會心理學（第三版）	700			
教學心理學	600		心靈塑身	200
生涯諮商理論與實務	658		享受退休	150
健康心理學	500		婚姻的轉捩點	150
金錢心理學	500		協助過動兒	150
平衡演出	500		經營第二春	120
追求未來與過去	550		積極人生十撇步	120
夢想的殿堂	400		賭徒的救生圈	150
心理學：適應環境的心靈	700			
兒童發展	出版中		生產與作業管理（精簡版）	600
為孩子做正確的決定	300		生產與作業管理(上)	500
認知心理學	出版中		生產與作業管理(下)	600
醫護心理學	出版中		管理概論：全面品質管理取向	650
老化與心理健康	390		組織行為管理學	800
身體意象	250		國際財務管理	650
人際關係	250		新金融工具	出版中
照護年老的雙親	200		新白領階級	350
諮商概論	600		如何創造影響力	350
兒童遊戲治療法	500		財務管理	出版中
認知治療法概論	500		財務資產評價的數量方法一百問	290
家族治療法概論	出版中		策略管理	390
婚姻治療法	350		策略管理個案集	390
教師的諮商技巧	200		服務管理	400
醫師的諮商技巧	出版中		全球化與企業實務	出版中
社工實務的諮商技巧	200		國際管理	700
安寧照護的諮商技巧	200		策略性人力資源管理	出版中
			人力資源策略	390

弘智文化出版品進一步資訊歡迎至網站瀏覽：http://www.honz-book.com.tw

書名	定價	書名	定價
管理品質與人力資源	290	社會學：全球性的觀點	650
行動學習法	350	紀登斯的社會學	出版中
全球的金融市場	500	全球化	300
公司治理	350	五種身體	250
人因工程的應用	出版中	認識迪士尼	320
策略性行銷（行銷策略）	400	社會的麥當勞化	350
行銷管理全球觀	600	網際網路與社會	320
服務業的行銷與管理	650	立法者與詮釋者	290
餐旅服務業與觀光行銷	690	國際企業與社會	250
餐飲服務	590	恐怖主義文化	300
旅遊與觀光概論	600	文化人類學	650
休閒與遊憩概論	600	文化基因論	出版中
不確定情況下的決策	390	社會人類學	390
資料分析、迴歸、與預測	350	血拼經驗	350
確定情況下的下決策	390	消費文化與現代性	350
風險管理	400	肥皂劇	350
專案管理師	350	全球化與反全球化	出版中
顧客調查的觀念與技術	450	社會資本	出版中
品質的最新思潮	450		
全球化物流管理	出版中	教育哲學	400
製造策略	出版中	特殊兒童教學法	300
國際通用的行銷量表	出版中	如何拿博士學位	220
許長田著「行銷超限戰」	300	如何寫評論文章	250
許長田著「企業應變力」	300	實務社群	出版中
許長田著「不做總統，就做廣告企劃」	300	現實主義與國際關係	300
許長田著「全民拼經濟」	450	人權與國際關係	300
許長田著「國際行銷」	580	國家與國際關係	300
許長田著「策略行銷管理」	680		
		統計學	400

弘智文化出版品進一步資訊歡迎至網站瀏覽：http://www.honz-book.com.tw

書名	定價	書名	定價
類別與受限依變項的迴歸統計模式	400	政策研究方法論	200
機率的樂趣	300	焦點團體	250
		個案研究	300
策略的賽局	550	醫療保健研究法	250
計量經濟學	出版中	解釋性互動論	250
經濟學的伊索寓言	出版中	事件史分析	250
		次級資料研究法	220
電路學（上）	400	企業研究法	出版中
新興的資訊科技	450	抽樣實務	出版中
電路學（下）	350	審核與後設評估之聯結	出版中
電腦網路與網際網路	290		
應用性社會研究的倫理與價值	220	**書僮文化價目表**	
社會研究的後設分析程序	250		
量表的發展	200	台灣五十年來的五十本好書	220
改進調查問題：設計與評估	300	２００２年好書推薦	250
標準化的調查訪問	220	書海拾貝	220
研究文獻之回顧與整合	250	替你讀經典：社會人文篇	250
參與觀察法	200	替你讀經典：讀書心得與寫作範例篇	230
調查研究方法	250		
電話調查方法	320	生命魔法書	220
郵寄問卷調查	250	賽加的魔幻世界	250
生產力之衡量	200		
民族誌學	250		

消費文化與現代性

作　　者 / Don Slater 博士
譯　　者 / 林佑聖・葉欣怡
校 閱 者 / 王乾任
叢書主編 / 張家銘博士
叢書副主編 / 王乾任・徐偉傑
執行編輯 / 李茂德
出 版 者 / 弘智文化事業有限公司
登 記 證 / 局版台業字第 6263 號
地　　址 / 台北市大同區民權西路 118 巷 15 弄 3 號 7 樓
電　　話 / （02）2557-5685・0932-321-711・0921-121-621
傳　　真 / （02）2557-5383
發 行 人 / 邱一文
書店經銷 / 旭昇圖書有限公司
地　　址 / 台北縣中和市中山路 2 段 352 號 2 樓
電　　話 / （02）22451480
傳　　真 / （02）22451479
製　　版 / 信利印製有限公司
版　　次 / 2003 年 9 月初版一刷
定　　價 / 350 元
弘智文化出版品進一步資訊歡迎至網站瀏覽：
http://www.honz-book.com.tw

ISBN 957-0453-86-9（平裝）

國家圖書館出版品預行編目資料

消費文化與現代性／Don Slater
　著；林祐聖‧葉欣怡譯.
　--初版. --台北市：弘智文化；2003〔民 92〕
　冊： 公分
　參考書目：面
　譯自：Consumer Culture & Modernity
　ISBN 957-0453-86-9（平裝）

1. 消費　2. 文化

551.85　　　　　　　　　　　　　　　92012802